PLOETZ

Geschichte
des Landes
Niedersachsen

Geschichte der deutschen Länder

Territorien-Ploetz: Sonderausgaben

Geschichte des Landes Niedersachsen

von

Georg Schnath
Hermann Lübbing
Günther Möhlmann
Franz Engel
Dieter Brosius
Waldemar R. Röhrbein

Sechste aktualisierte Auflage

Verlag Ploetz Freiburg · Würzburg

Herstellung: Freiburger Graphische Betriebe 1994
ISBN 3-876-**40-344**-8

Inhaltsverzeichnis

Verzeichnis der Stammtafeln

Verzeichnis der Karten

Verzeichnis der Abbildungen

Quellennachweis der Abbildungen

Abb. 1: Vlg. Georg D. W. Callwey, München; aus Robert Holtzmann, Geschichte d. sächs. Kaiserzeit, 3. Aufl. 1955–2: Walter-Dorn-Vlg., Bremen; aus Karl Hoppe, Die Sage v. Heinrich d. Löwen. 1952–3, 14, 15, 19, 43: Archiv f. Kunst u. Geschichte, Berlin – 4: Foto Hans Wagner, Oberwössen – 5, 6: Amt f. Wirtschafts- u. Verkehrsförderung, Braunschweig; Foto Maria Kuchen (Abb. 6) – 7: Ratsbücherei Lüneburg; Foto Otto Baum & Sohn, Lüneburg – 8: Foto Dr. Harald Busch, Frankfurt/Main – 9, 38: Niedersächs. Landesverwaltungsamt, Landesbildstelle, Hannover – 10, 18: Bavaria Verlag Heinrich Frese, Gauting vor München – 11: Vlg. C. W. Niemeyer, Hameln; aus Kreft/Soenke, Die Weserrenaissance, 3. Aufl.; Foto Dr. Herbert Kreft – 12, 13, 21, 24, 45: Histor. Museum am Hohen Ufer, Hannover – 16: Foto Rahls, Hannover – 17: Niedersächs. Staats- u. Universitätsbibliothek Göttingen – 20, 23: Staatsbibliothek, Preuß. Kulturbesitz, Berlin – 22: Foto Günther Fischer, Hannover – 25, 34: Landesmuseum f. Kunst u. Kulturgeschichte, Oldenburg – 26: Staatsbibliothek, Bremen – 27: Heinz Holzberg Vlg., Oldenburg – 28, 29: Staatsarchiv, Oldenburg – 30: Foto C. Wöltje, Oldenburg – 31, 32, 33, 35, 36: Bildarchiv Ostfriesische Landschaft, Aurich – 37: Foto Ludwig Schumacher, Emden – 39: Städt. Verkehrsbüro und Schaumburg-Lippischer Heimatverein e. V., Bückeburg; aus Lippische Mitt., Heft 20, hrsg. v. Helge Bei der Wieden. Bückeburg 1969–40: Studio Reinhold Lessmann, Hannover – 41: Deutsche Messe- und Ausstellungs AG, Hannover; Luftbild freigeg. unter Nr. 11/1001/71 durch d. Niedersächs. Minister f. Wirtschaft u. Verkehr, Hannover – 42: Volkswagenwerk AG, Wolfsburg. 44: art-studio Manitzke, Rhauderfehn – 46: Niedersächsischer Landtag, Bildarchiv, Foto: W. Buhr.

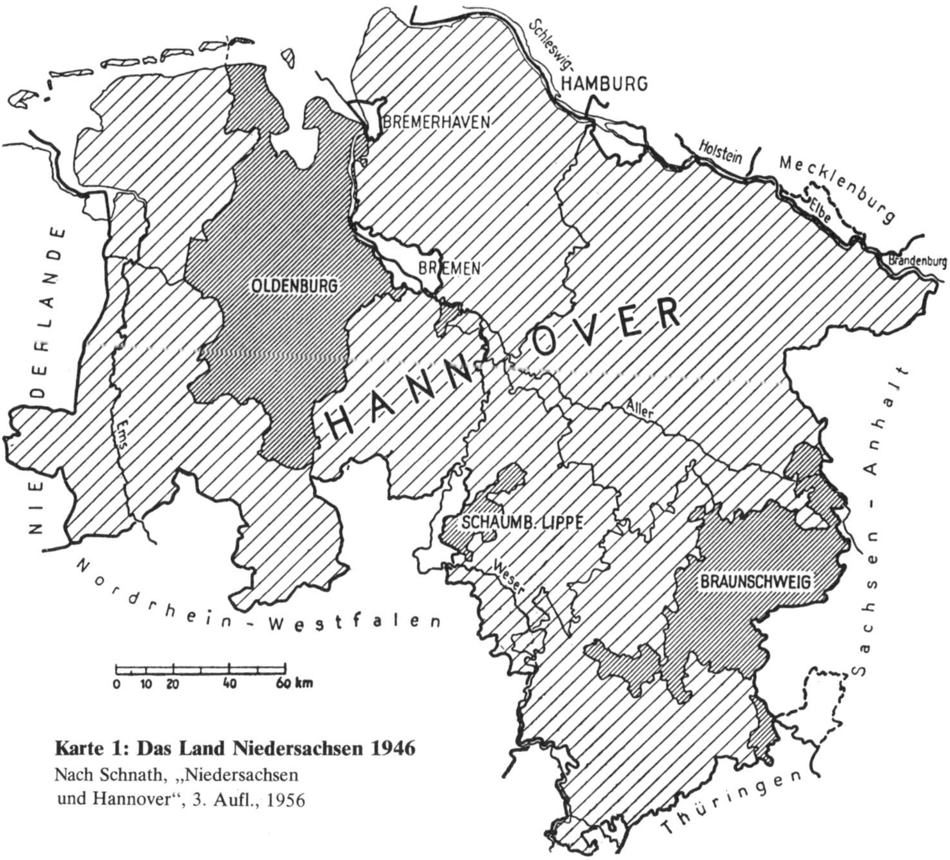

Karte 1: Das Land Niedersachsen 1946
Nach Schnath, „Niedersachsen und Hannover", 3. Aufl., 1956

Niedersachsen
Lage und Name

Das 1946 aus den Ländern Hannover, Oldenburg, Braunschweig und Schaumburg-Lippe gebildete **Bundesland Niedersachsen** (47411 qkm mit 7 Millionen Einwohnern) wird im Norden von der Nordsee begrenzt, im Nordosten gegen Schleswig-Holstein, Hamburg und Mecklenburg durch die Elbe, im Westen durch den Dollart und das Bourtanger Moor gegen die Niederlande. Im Süden (gegen Westfalen, Hessen, Thüringen) und im Osten (gegen Sachsen-Anhalt) fehlen natürliche Grenzen. Vom Harz gehört heute nur noch der westliche Hauptteil des Oberharzes zu Niedersachsen. Die Freie Hansestadt Bremen mit ihrem Seehafen Bremerhaven wird von niedersächsischem Gebiet umschlossen.

Niedersachsen hat als einzige deutsche Großlandschaft gleichzeitig Anteil an der Meeresküste und am Berg- und Hügelland, in das Niedersachsen im Südosten (südlich der Linie Minden–Hannover–Braunschweig) und im Osnabrücker Raum eingreift. Der Hauptteil gehört dem Norddeutschen Tiefland an, das sich von der Gebirgsschwelle über einen mit Löß bedeckten Vorlandstreifen und über die von Heide und Moor durchsetzten Geestrücken zu den Flachlandmarschen der Küste hinabsenkt. Diese liegen teilweise unter der Fluthöhe und sind infolgedessen nur im Schutz von Deichen bewohnbar. Die gleichläufig nach Norden gerichteten Hauptströme Elbe, Weser (mit Aller und Leine) und Ems entwässern den Raum zur Nordsee und gliedern ihn in der Ebene durch breite Urstromtäler, im Bergland durch die schmalen Durchgangstäler der Oberweser und Leine. Von den Böden des Landes sind 20 % als gut und besser, 20 % als mittel, 40 % als gering und 20 % als schlecht zu bezeichnen. Der Wald liegt trotz großer Forsten im Harz, im Weserbergland und in der Lüneburger Heide mit 19 % der Gesamtfläche unter dem Bundesdurchschnitt. Die früher bedeutende Ödlandreserve an Mooren und Unland ist durch intensive Erschließung in den letzten Jahrzehnten auf weniger als 10 % zusammengeschrumpft.

Mit Ausnahme des von Friesen besiedelten Küstenstreifens zwischen Ems und Weser gehört Niedersachsen zum *Stammesbereich der Sachsen.* Ihm verdankt das Land auch seinen Namen, der sich dadurch erklärt, daß die Bezeichnung Sachsen sich im Hoch- und Spätmittelalter, im Zuge dynastischer Verschiebungen elbaufwärts wandernd, auf die Gebiete des späteren Königreichs und der Provinz Sachsen, nach „Obersachsen“, verlagert hat. Die abwärts davon gelegenen, seeseitigen Teile des alten Stammesraumes zwischen Weser und Ostsee werden erstmalig 1354 als „Niedersachsen“ bezeichnet; sie bilden seit 1512 den Niedersächsischen Reichskreis. Die jahrhundertelang durch die Namen der Territorien (besonders Braunschweig-Lüneburg und Hannover) überlagerte Bezeichnung Niedersachsen setzt sich im 19. Jh. für das Gebiet, das 1946 zum Bundesland Niedersachsen wird, wieder durch.

Altsachsen

Die landesgeschichtliche Darstellung dieses Raumes muß ihren Ausgang vom Stamm und Land der alten Sachsen nehmen, worin sich Niedersachsen mit Westfalen, Holstein und dem Norden der früheren Provinz Sachsen teilt.

Ursitz der Sachsen ist „am Nacken der kimbrischen Halbinsel" das heutige Holstein. Dort werden sie zwar weder in der Zeit der Römerkriege um Christi Geburt noch von Tacitus (100 n. Chr.) erwähnt; doch nimmt man heute an, daß die entsprechende Notiz bei Claudius Ptolemäus (um 150 n. Chr.) auf älteren römischen Flottenerkundungen beruht. Vom Ende des 3. Jh. an hören wir von räuberischen Überfällen seefahrender Sachsen auf die Küsten Englands und Frankreichs bis zur Loire. Zugleich setzt eine starke *Ausbreitung der Sachsen* auf dem Festland ein, die bis ins 7. Jh. andauert und im Endergebnis das ganze heutige Nordwestdeutschland bis zur Unstrut mit den westlich angrenzenden niederländischen Landschaften Drente und Twente unter die Herrschaft der Sachsen bringt. Außerdem fassen sie um die Mitte des 5. Jh. mit anderen nordseegermanischen Stämmen auf der britischen Insel Fuß und errichten dort die angelsächsischen Königreiche.

Daß diese erstaunliche Ausbreitung allein von dem unbedeutenden Urstamm an der Elbmündung getragen wird, ist unwahrscheinlich. Man nimmt daher an, daß die Bezeichnung Sachsen ein Sammelname ist, unter dem sich mehrere verwandte Stämme zusammengeschlossen haben, vor allem die *Chauken*. Aber auch unter dieser Voraussetzung wird die spätere Ausdehnung des sächsischen Stammesgebietes nur erklärlich, wenn man unterstellt, daß weite Teile ihres Machtbereiches von den Sachsen nur beherrscht, nicht ausgefüllt sind. Rein sächsische Bevölkerung wird nur im Norden des Stammesgebietes zwischen Weser und Ostsee anzunehmen sein. Darüber hinaus haben die Sachsen ältere Bewohner (Cherusker, Angriwaren, Langobarden, Brukterer, vielleicht auch Thüringer) mit einer nach Süden und Westen abnehmenden Herrenschicht überlagert. Das erklärt wohl auch die eigentümliche *ständische Gliederung* des Stammes in die durch auffällige Unterschiede des Wergeldes und durch Heiratsverbote streng geschiedenen Klassen der Edelinge, Frilinge und Laten (Halbfreie, daneben noch die rechtlosen Unfreien).

Eine monarchische Spitze bildet sich bei den Festlandsachsen nicht. Die 70–80 Gaue des Sachsenlandes verteilen sich auf die durch ihr Recht unterschiedenen Stammeslandschaften („Heerschaften", herescephe, lat. exercitus) der Engern (an der Weser), Westfalen, Ostfalen und der Nordliudi, die wahrscheinlich nicht nur nördlich der Elbe in Nordelbingen, sondern auch zwischen Elb- und Wesermündung sitzen. Ein Allthing, die Stammesversammlung in Marklo (bei Nienburg/Weser), bildet anscheinend die einzige Verbindung der Teilstämme, die sonst immer getrennt handeln. Das wird dem Stamme zum Verhängnis bei seiner Auseinandersetzung mit dem Fränkischen Großreich, das bereits in merowingischer Zeit mit den Sachsen in häufigem Grenzkrieg steht. Schon in der ersten Hälfte des 7. Jh. hat die Tätigkeit angelsächsischer Missionare in Sachsen Teilerfolge, besonders in den südlichen Randgebieten und beim

Adel. Die Masse des Stammes verharrt jedoch unter altertümlichen Lebensformen beim alten Götterglauben. So wird die Bekehrung der Sachsen mit ihrer gewaltsamen *Einfügung in das Frankenreich* verbunden, die *Karl*
772–804 *der Große* in zahlreichen Feldzügen unter schweren Kämpfen durchführt. Der Widerstand der Sachsen, der nach dem berüchtigten Blutgericht von Verden (782; die Zahl der Opfer ist mit 4500 weit übertrieben) noch einmal zu einem Aufstand des Gesamtstammes unter Führung des Westfalen *Widukind* aufflammt, ist mit seiner Unterwerfung und Taufe 785 im wesentlichen gebrochen. Es folgen nur noch Teilaufstände, Strafexpeditionen und Massenaussiedlungen, besonders in Nordsachsen. Karl errichtet *Bistümer* in Bremen, Verden, Minden, Osnabrück, Münster, Paderborn; die südlichen und südwestlichen Randgebiete des Stammes werden den Diözesen Mainz und Köln angeschlossen, die Bistümer Hildesheim, Halberstadt und Hamburg erst von Karls Nachfolger errichtet. Die im Sachsenland eingesetzten *Grafen* werden vielfach dem z.T. frankenfreundlichen heimischen Adel entnommen. Auch sonst bekommt Sachsen im Rahmen des Frankenreiches unter Bewahrung seines Stammesrechtes **(Lex Saxonum)** eine gewisse Sonderstellung, die dem Stamm sein Eigenleben erhält.

Dieses verstärkt sich, als Sachsen beim einsetzenden Verfall der fränkischen Reichseinheit unter den Druck der von Norden und Osten andringenden Normannen (Wikinger) und Slawen gerät, bei deren Abwehr der Stamm auf Selbsthilfe angewiesen ist. Dadurch kommt es zur Ausbildung eines eigenen **Stammesherzogtums,** das seit der Mitte des 9. Jh. zunächst in Ostsachsen, dann im gesamten Stammesbereich von dem einheimischen, besonders im Harz- und Wesergebiet begüterten Geschlecht der *Liudolfinger* geführt wird. Sie wahren die Einheit und die Grenzen des Sachsenstammes nicht nur gegen die Normannen (trotz der Niederlage bei Ebbekesdorp 880) und Wenden, sondern bald auch wieder gegen die Franken. König Konrad, der erste Herrscher des Ostfränkisch-Deutschen Reiches (911–919), kann sich in Sachsen nicht durchsetzen und bezeichnet auf dem Totenbett den Sachsenherzog Heinrich aus dem Hause der Liudolfinger als seinen Nachfolger.

Das *Verfassungs- und Wirtschaftsleben* des Sachsenstammes steht schon in vorfränkischer Zeit im Zeichen einer *Adelsherrschaft,* die sich unter den Karolingern noch verstärkt. Mächtige, vielfach miteinander versippte Edelingsgeschlechter erscheinen im Besitz ausgedehnter und auf verschiedene Gebiete des Landes verteilter Grundherrschaften, die sich alsbald mit den Grafschaften verbinden. Ihre Inhaber werden dadurch Träger einer erblich werdenden öffentlich-rechtlichen Gewalt, auch über die von ihnen gestifteten Eigenkirchen und -klöster. Neben den Hörigen der Grundherren gibt es Freibauern in beträchtlicher, wenn auch allmählich abnehmender Zahl. Die Umwandlung der Verhältnisse durch die Frankenherrschaft und die Christianisierung, insbesondere der Zehntzwang, führen zu Spannungen und Unruhen, die teilweise mit Rückfällen ins Heidentum verbunden sind: *Stellinga-Aufstand* 841–843. Doch beweist u.a. die wohl erst um 850 in altsächsischer Sprache (in Werden oder Fulda) verfaßte Evangelienharmonie des Heliand das Bemühen um eine dem Sachsenstamm gemäße Vertiefung des neuen Glaubens.

Mit einer geschätzten Volksdichte von 3–5 Menschen je qkm ist Sachsen in dieser Frühzeit ein im Vergleich mit West- und Süddeutschland dünn besiedeltes, noch weithin von Wald, Moor und Ödland bedecktes Land mit vieh- und ackerbäuerlicher Bevölkerung. Die *Siedlungsformen* sind landschaftlich unterschiedlich. Im Tiefland überwiegen, besonders im Westen, kleine und kleinste Haufendörfer oder Hofgruppen. Ihre Flur ist der Esch, ein meist natürlich umgrenztes Feld mit Langstreifenflur, an der die Höfe im Gemenge beteiligt sind. Einzelhöfe mit geschlossener Kampflur kommen bereits vor, aber wohl schwerlich als primäre Siedlung. In den Marschen gibt es schon früh größere Haufendörfer auf künstlichen Wohnhügeln *(Wurten)*. Geschlossene Haufendörfer finden sich auf dem altoffenen, fruchtbaren Löß am Rande und in den Talungen des Berglandes, oft ebenfalls mit Langstreifen als ursprünglicher Flurform. Ein von Bevölkerungszunahme getragener Siedlungsausbau durch Rodungen scheint schon im 9. Jh. einzusetzen.

Dem Warenaustausch dienen als erste Vorläufer der späteren Städte an vielen Stellen *Wike,* Handelsplätze wandernder Kaufleute (Bardowick, Braunschweig-Brunswik), von denen uns im 9. Jh. bereits vier als Marktorte bezeugt sind: Corvey, Bremen, Hamburg, Osnabrück, also alles Plätze erster Wahl für geistliche Gründungen.

Die Zeit des Stammesherzogtums Sachsen

Der sächsische Raum bis 1180

Die Sachsenherrscher 919–1024

Durch die Wahl des Sachsenherzogs Heinrich zum deutschen König 919 tritt das Haus der Liudolfinger an die Spitze des Deutschen Reiches. Für mehr als ein Jahrhundert steht der sächsische Stamm an führender Stelle. Seine Geschichte fällt in dieser seiner Glanzzeit weithin mit der Reichsgeschichte zusammen.

Heinrich I. (919–936) behält auch als König das Herzogtum Sachsen in der Hand, verteidigt es nach Aufstellung eines Reiterheeres erfolgreich gegen die Einfälle der Ungarn und sichert es durch den Bau von umwallten, im Bergland auch schon ummauerten Burgen (nicht: Städten), die der Obhut des ländlichen Dienstadels (milites agrarii) anvertraut werden. Durch seine Ehe mit Mathilde, einer Nachkommin des Sachsenführers Widukind, vergrößert Heinrich seinen

Abb. 1: Otto der Große, Königin Adelheid und Otto II., anbetend vor Christus mit den Heiligen Maria und Mauritius. Elfenbeinminiatur, Ende 10. Jh.

Abb. 2: Krönung Heinrichs des Löwen und seiner zweiten Gemahlin Mathilde inmitten ihrer königlichen Vorfahren. Miniatur aus dem Helmarshausener Evangeliar Heinrichs d. Löwen, um 1175

Besitz und stärkt seine Stellung im Land, die hauptsächlich auf dem liudolfingischen Hausgut im Umkreis des Harzes beruht. Hier liegen auch die bedeutendsten, z.T. mit Hausklöstern verbundenen *Pfalzen* der Sachsenherrscher: Werla bei Goslar (zugleich Landtagsplatz des Sachsenstammes), Quedlinburg, Memleben, Allstedt, Nordhausen, Pöhlde, Grone bei Göttingen. Von hoher Bedeutung für die weitere Entwicklung des Stammes werden die Erfolge, die Heinrich auf verschiedenen Feldzügen gegen die Slawen erringt oder vorbereitet. Er sichert und überschreitet die Elbe und unterwirft die Wendenstämme im heutigen Mecklenburg, Brandenburg und der Lausitz bis zur Oder einer lockeren deutschen Oberherrschaft. Dadurch legt er den Grund zu den *Marken,* die Heinrichs Sohn und Nachfolger **Otto der Große** (936–973) bald nach seinem Regierungsantritt einrichtet: eine *südliche* unter dem Markgrafen Gero an der mittleren Elbe gegen die Wilzen (Lutizen) und Sorben, eine *nördliche* an der unteren Elbe gegen die Wagrier, Obotriten und Redarier unter dem Grafen Hermann. Dieser stammt aus einem besonders im Bardengau begüterten, mit dem Königshaus verschwägerten Sachsengeschlecht, das unter dem Namen

Stammtafel 1 **Stammtafel der Billunger** (Auszug)

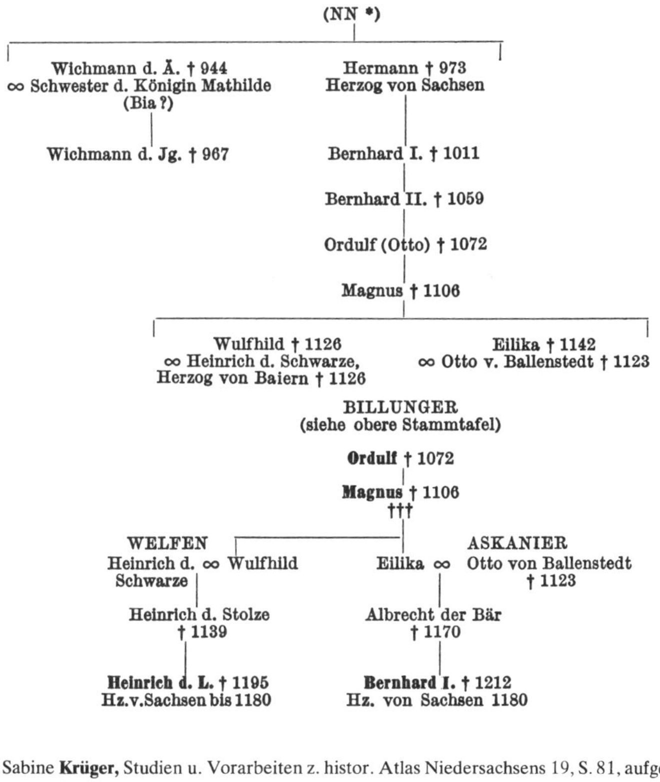

* Die bei Sabine **Krüger,** Studien u. Vorarbeiten z. histor. Atlas Niedersachsens 19, S. 81, aufgestellte ältere Ahnenschaft der Billunger ist nicht ausreichend gesichert.

der **Billunger** bekannt wird (die ärmliche Abkunft vom Heidehof Stübeckshorn ist spätere Legende). **Hermann Billung** wird von Otto mehrfach durch Prokuration mit der Vertretung des Königs betraut, zunächst nur im Mar-
966 kengebiet, dann für ganz Sachsen. Die so entstandene **Herzogsgewalt** der Billunger ist also von Haus aus ein „Oberkommando in den Marken", das sich zur Vertretung des abwesenden Königs gegenüber dem sächsischen Stamm auswächst, sich aber weder räumlich noch in seinen Funktionen mit dem älteren Stammesherzogtum deckt. Die Billunger sind nicht Herzöge *von* Sachsen, sondern *in* Sachsen, allerdings bald nicht mehr als Amtsherzöge kraft königlichen Auftrags, sondern – in Umkehrung der anfänglichen Stellung – als erbliche Vertreter des Stammes gegenüber dem König. Ihre Herzogsgewalt konkurriert im Land selbst mit mächtigen Grafenhäusern (Stade, Werl, Northeim). Schwerpunkte ihres Einflusses bleiben ihre eigenen zahlreichen Grafschaften, Eigengüter und Vogteien, besonders im Osten Sachsens und an der Weser. Hauptsitz der Billunger ist Lüneburg mit der Burg auf dem Kalkberg, dem Salzquell und dem bedeutenden Benediktinerkloster St. Michael.

Hermann I. Billung († 973) steht in allen Krisen der Regierung Ottos d. Gr. treu zum König, auch gegen seinen eigenen Neffen Wichmann, Sohn seines gleichnamigen älteren Bruders (Ortsnamen: Wichmannsburg und Hermannsburg!). Der jüngere Wichmann geht wiederholt zu den Slawen über und findet bei ihnen 967 den Tod.

Durch *Gründung von Bistümern* in den Marken (948: Havelberg, Brandenburg, die 968 zusammen mit Merseburg, Meißen und Zeitz dem Erzbistum Magdeburg unterstellt werden) wird die Christianisierung des Raumes zwischen Elbe und Oder vorbereitet und gegen den Slawenaufstand von 955 (Sieg Ottos d. Gr. an der Recknitz) behauptet. Doch bricht das gesamte ostelbische Vorfeld, mit Ausnahme von Holstein und der Lausitz, nach dem Tod Ottos I. unter seinem Nachfolger **Otto II.** (973–983) beim großen **Slawenaufstand** von **983** wieder ab. Auch die bis zur Schlei vorgeschobene Grenze gegen Dänemark (Errichtung der Bistümer Oldenburg [Holstein], Schleswig, Ripen und Aarhus unter dem Erzbistum Bremen 948) fällt auf die Eider zurück.

Trotz vorwiegend sächsischer Umgebung und Erziehung (durch Bernward, den späteren Bischof von Hildesheim) entfernt sich **Otto III.** (983–1002), für den anfänglich seine Mutter, die Byzantinerin Theophanu († 991), dann seine Großmutter Adelheid († 999) die vormundschaftliche Regierung führt, nach erlangter Großjährigkeit durch seine Rom- und Universalpolitik mehr und mehr vom sächsischen Stammland seines Hauses.

Nach Ottos III. Tod tritt Markgraf Ekkehard von Meißen als Thronbewerber auf und findet in Sachsen Unterstützung, wird aber 1002 in Pöhlde ermordet. Entsprechend dem Beschluß der Stammesversammlung erkennt nun Herzog Bernhard für den Sachsenstamm die Thronfolge Heinrichs II. aus der bairischen Linie des liudolfingischen Hauses an.

Heinrich II. (1002–1024) hält sich viel in Sachsen auf (er stirbt auf der Pfalz Grone 1024), hat aber bereits mit den Billungern Unfrieden, hauptsächlich wegen der Begünstigung der Lutizen durch den Kaiser in seinen Kriegen gegen Polen und wegen seiner vielfachen Zuwendungen an die Kirche, insbesondere an Paderborn (Bischof Meinwerk, † 1036) und Hildesheim (Bischof Bernward,

Abb. 3: St. Michael in Hildesheim, erbaut von Bischof Bernward um 1020, 1957 in der ursprünglichen Form wiederhergestellt

† 1022, zu dessen Gunsten der König auch den langwierigen Streit mit Mainz um Gandersheim entscheidet). Den Bistümern werden neben weitgehenden Immunitäten ganze Grafschaften und Forstbanne verliehen, letztere weniger als Jagdreviere denn als Rodungsgebiete wichtig.

Das *kulturelle Leben* nimmt im Herzogtum Sachsen unter den Ottonen einen bedeutenden Aufschwung und bewahrt dabei ein stammeseigenes Gepräge. Sitze und Träger dieses Kulturlebens sind, neben den Bistümern, vor allem die großen Klöster und Stifte. In dem liudolfingischen Hausstift Gandersheim wirkt die aus einem vornehmen Sachsengeschlecht stammende Stiftsfrau *Hrotsvith* (Roswitha) als Geschichtsschreiberin (Gesta Oddonis) und als Verfasserin lateinischer Dramen und Legenden. In Corvey schreibt der Mönch *Widukind* um 970 in betont sächsischem Geist seine Stammesgeschichte, die „Res gestae Saxonicae", unsere Hauptquelle für die Geschichte Heinrichs I. und Ottos des Großen. Für die folgende Epoche stellt Merseburg in Bischof *Thietmar* († 1018) den wichtigsten Geschichtsschreiber.

Ausgehend von der Wipertikapelle zu Quedlinburg (um 930) und der Stiftskirche zu Gernrode (um 960 begonnen), entwickelt die kirchliche *Baukunst* eine sächsische Besonderheit im System der dreischiffigen Basilika mit Stützenwechsel (Pfeiler und Säulen). Einen Höhepunkt erreicht das kulturelle Eigenleben Sachsens durch die Tätigkeit des Bischofs *Bernward von Hildesheim* (993–1022) mit der als doppelchoriger Gruppenbau gestalteten Michaeliskirche und mit den Leistungen seiner Werkstatt auf dem Gebiet des Bronzegusses (Bronzetüren, Christussäule) und der kirchlichen Kleinkunst. Eine ähnliche Förderung des Bauwesens erfährt gleichzeitig Paderborn unter *Bischof Meinwerk*. Beide Bischöfe haben auch in der Geschichtsschreibung bedeutende Lebensbeschreibungen erhalten.

Abb. 4: Die Kaiserpfalz in Goslar mit der St.-Ulrichs-Kapelle, ältester Profanbau Norddeutschlands, 11. Jh.; zur sächsischen Kaiserzeit Mittelpunkt des politischen Lebens und Stätte vieler Reichstage

Gegenüber der sächsischen Frühzeit bringt die ottonische Epoche im *Wirtschaftsleben* Sachsens Fortschritte in der Entwicklung des Verkehrswesens und des Handels: Anlage zahlreicher Märkte, Münzen und Zollstätten, Erschließung und Ausfuhr des Lüneburger Salzes und des Harzer Silbers, das seit Ende des 10. Jh. besonders in Gestalt der Sachsenpfennige und der Otto-Adelheid-Pfennige den ganzen Osten Europas durchdringt.

In der *Agrarwirtschaft* setzt sich die Ausbildung grundherrlicher Großbetriebe mit Streubesitz in Form der Fronhofsverbände (Villikationen) ebenso fort wie der innere Landesausbau durch umgreifende Rodung in den Waldgebieten, die eben dadurch ein begehrter Gegenstand königlicher Vergabungen werden.

Sachsen unter den Saliern 1024–1125

Unter dem salischen Königshaus wird Sachsen, aus der Führung des Reiches verdrängt, zu einem Herd der Unruhe und des Widerstandes, nicht weil es von den Königen vernachlässigt wäre, sondern im Gegenteil weil sie es verstärkt zu Leistungen heranzuziehen suchen. Sachsen wird ein *Hauptziel* der *salischen Reichslandpolitik,* des Versuchs, dem Königtum durch Erwerb von Königsgut und Landesausbau eine mehr flächenstaatliche Grundlage zu geben. Dieser Versuch stößt in Sachsen auf erbitterten Widerstand des Hochadels.

1039–1056 Unter *Heinrich III.* wird *Goslar* mit der Kaiserpfalz und dem Stift St. Simonis et Judae beinahe zu einer festen Residenz

des Reiches. Die Pfalzen in und vor dem Harz sind bevorzugte Aufenthaltsorte des Kaisers, der 1056 in Bodfelde stirbt. Entsprechend seinem Herrschaftssystem stärkt Heinrich III. die Kirche auch in Sachsen gegen die weltlichen Gewalten und kommt dadurch in Hader mit den sächsischen Großen, besonders den Billungern (Mordanschlag des Billungers Thietmar gegen den König in Lesum 1047). Die Herzöge stehen in heftigem Zwist mit dem vom König begünstigten Erzbischof Adalbert von Bremen (1043–1072) aus dem Haus der thüringischen Grafen von Goseck, der nicht nur den hochfliegenden Plan eines Patriarchats des Nordens verfolgt, sondern auch in Sachsen und Friesland die territoriale Stellung seines Erzstifts durch Erwerb von Grafschaften ausbaut. An seinem Sturz nach Heinrichs III. Tod sind sächsische Große maßgeblich beteiligt, vor allem Graf **Otto von Northeim,** der unter *Heinrich IV.* den schwachen Billunger-Herzögen die Führung des sächsischen Stammes entreißt. Er ist die Hauptfigur im Kampf der Sachsen gegen Heinrich IV., der sich aus dem Versuch entwikkelt, das Harzgebiet durch Anlage von Burgen und Einziehung entfremdeten Königsgutes unter Einsatz süddeutscher Kräfte (Bischof Benno II. von Osnabrück, teilweise auch Männer ministerialer Herkunft) als Bischöfe und Burgenkommandanten in ein Reichsland zu verwandeln (Reichsvogtei Goslar). Otto von Northeim, 1070 des ihm 1061 verliehenen Herzogtums Baiern
1073 entsetzt, tritt an die Spitze des **Sachsenaufstandes.** Heinrich IV. wird auf der Harzburg belagert, entkommt aber nach Süddeutschland und schlägt die Sachsen 1075 bei Homburg a.d. Unstrut.

Der weitere Verlauf des Sachsenkrieges verbindet sich mit den Kämpfen, die der König mit dem Papsttum und den deutschen Fürsten im *Investiturstreit* zu bestehen hat. Während die Bischöfe Sachsens zum Teil (besonders im Westen) dem König die Treue halten, stellen sich andere gegen ihn, am schärfsten Burchard (Buko) von Halberstadt († 1088). Neben den kriegerischen Auseinandersetzungen geht ein heftiger Federstreit in Streitschriften und Geschichtswerken einher (Brunos Buch vom Sachsenkrieg scharf gegen Heinrich IV., für ihn das Carmen de bello Saxonico).

Otto von Northeim unterwirft sich mehrmals, fällt aber immer wieder ab. Auch nach seinem Tode (1083) bleibt Sachsen unruhig und ein Hauptrückhalt der Gegenkönige Rudolf von Schwaben und Hermann von Salm.

Nach kurzer Beruhigung erneuert sich der Kampf unter *Heinrich V.,* der nach dem Aussterben der Billunger (mit Herzog Magnus 1106) den Grafen **Lothar von Süpplingenburg** als Herzog von Sachsen einsetzt, aber bald mit ihm in Streitigkeiten gerät. Heinrichs V. Feldherr Hoyer von Mansfeld wird 1115 am Welfesholz (Ostharz) von Lothar vernichtend geschlagen. Sachsen bleibt bis 1125 ein der königlichen Gewalt so gut wie entzogenes Aufstandsgebiet.

Lothar von Süpplingenburg und Heinrich der Löwe 1125–1180

1125 zum deutschen König gewählt, vereinigt Lothar, wie einst die Ottonen, die Führung des Reiches mit der Herzogswürde in Sachsen. Lothar nimmt die **Ostpolitik** der Ottonen wieder auf und stellt tatkräftige Fürstenhäuser an die Front: die *Grafen von Schaumburg* in Holstein 1110, die *Wet-*

Stammtafel 2 **Die Welfen als Erben der großen Geschlechter Sachsens**

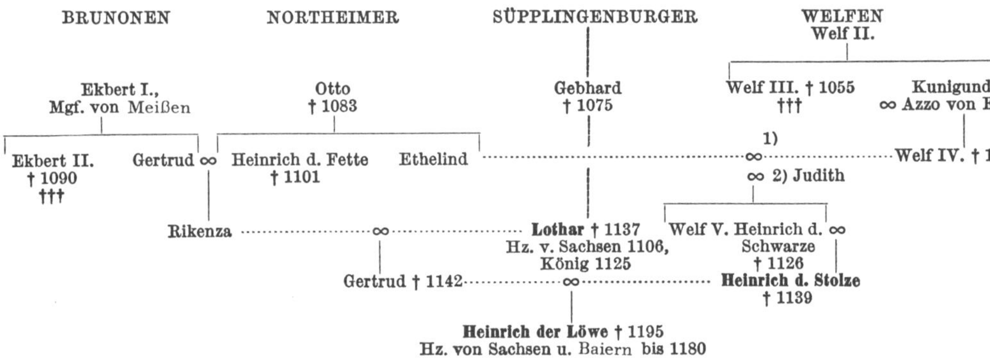

tiner in Meißen 1123 und in der Lausitz 1136, die *Askanier* in der Altmark 1134. Ihrem Vordringen über die Elbe ins Wendenland folgt jetzt die Zuwanderung bäuerlicher und bürgerlicher *Kolonisten* aus den übervölkerten und von Fluten bedrohten westlichen Gebieten des Reiches. In Wagrien (Ostholstein) missioniert der aus Hameln stammende Vizelin. Zur *Christianisierung* und *Kolonisierung* tragen maßgebend Zisterzienser und Prämonstratenser bei (Norbert von Xanten, 1126 Erzbischof von Magdeburg), die aus dem Sachsenland heraus (erste Zisterzienserklöster Walkenried und Amelungsborn, erste Prämonstratenserklöster Kappenberg und Pöhlde, alle um 1130) zahlreiche Neugründungen in den Osten vortreiben. Die Bistümer Oldenburg (Lübeck), Ratzeburg, Mecklenburg (Schwerin), Havelberg, Brandenburg werden erneut aufgerichtet; die Lehnshoheit des Reiches über Dänemark, Pommern, Polen und Böhmen wird wiederhergestellt.

In Sachsen gewinnt Lothar, der selbst aus einem wenig begüterten Hause stammt, durch seine Ehe mit Rikenza, der Erbtochter der Northeimer und Brunonen, ein stattliches Hausgut. Es vererbt sich mit seiner Tochter Gertrud auf seinen Schwiegersohn Herzog *Heinrich den Stolzen von Baiern* aus dem Hause der (jüngeren) Welfen.

Die der hohen fränkischen Reichsaristokratie entstammenden älteren **Welfen,** deren früheste Vorfahren im 8. Jh. im Maas-Mosel-Gebiet auftreten, haben später ihren Hauptbesitz im schwäbisch-bairischen Grenzgebiet. Ihr Mannesstamm erlischt 1055 und wird in weiblicher Linie von den Markgrafen von **Este** unter dem Namen der jüngeren Welfen fortgesetzt. Sie haben schon durch die Ehe von Heinrichs des Stolzen Vater, Heinrich dem Schwarzen, mit der billungischen Erbtochter Wulfhild 1106 einen Teil der billungischen Güter an sich gebracht (der andere geht mit Wulfhilds Schwester Eilika an die Askanier über) und in Sachsen Fuß gefaßt.

Mit dem Besitz des Herzogtums Baiern, der Stammgüter der Welfen in Süddeutschland und der Este in Italien verbindet also Heinrich der Stolze die northeimischen, brunonischen, süpplingenburgischen und einen Teil der billungi-

schen Güter in Sachsen sowie die sächsische Herzogswürde, in der ihn sein Schwiegervater Lothar zum Nachfolger bestimmt hat. Aber gerade diese Machtfülle macht ihn den Fürsten verdächtig. Obwohl von Lothar, der 1137 auf der Rückkehr vom Italienzug in Tirol stirbt, zum Thronfolger designiert, unterliegt Heinrich der Stolze bei der Königswahl dem Staufer Konrad III. (1137–1152). Dieser spricht ihm das Herzogtum Baiern ab und gibt Sachsen an *Albrecht den Bären.* In dem nun einsetzenden Kampf der Staufer und Welfen stirbt Heinrich der Stolze schon 1139. Seine Witwe Gertrud heiratet in zweiter Ehe den Babenberger Heinrich (Jasomirgott), der Baiern behält. Doch wird
1142 Sachsen, wo sich Albrecht der Bär gegen die Anhänger der Welfen nicht durchsetzen kann, an den jugendlichen Sohn Heinrichs des Stolzen, Heinrich den Löwen (geb. um 1129, vermutlich in Ravensburg), herausgegeben. Albrecht der Bär behält die Nordmark (Altmark).

Heinrich der Löwe ist von Anfang an mit Erfolg bestrebt, seine Machtstellung in Sachsen zu verstärken. Mit rücksichtslosem Zugriff, Gewalt und List nicht scheuend, entreißt er 1144 der Bremer Kirche das reiche Erbe der Grafen von *Stade* und setzt sich weiterhin in den Besitz mehrerer anderer Gebiete. Er nimmt

Abb. 5: Gemeinsames Grabmal Heinrichs des Löwen und Mathildes im Braunschweiger Dom. Idealplastiken, um 1240

Abb. 6: Braunschweig, Burglöwe, errichtet von Heinrich dem Löwen 1166; im Hintergrund der Dom, erbaut 1173 bis 1195

den Kampf um das Herzogtum Baiern wieder auf, erreicht dieses Ziel aber erst unter Friedrich I. Barbarossa, der Heinrich den Löwen, die Babenberger mit dem Herzogtum Österreich abfindend, 1156 mit Baiern belehnt. Doch bleibt Sachsen die Hauptgrundlage seiner Macht. Heinrich erobert in verschiedenen Feldzügen das Gebiet von Mecklenburg und Vorpommern bis zur Peene und setzt in Ratzeburg, Schwerin und Dannenberg deutsche Grafen ein. Er überläßt aber einen Teil des Landes als Lehen dem Obotritenfürsten Pribislaw (Stammvater der Großherzöge von Mecklenburg). 1154 erlangt der Herzog von Friedrich I. das Recht der Investitur für die Bistümer des eroberten Gebiets: Oldenburg/Lübeck, Ratzeburg und Schwerin. Durch Erwerb und Neugründung von Lübeck 1158 in den Besitz des zukunftsreichsten Ostseehafens gelangt, schließt Heinrich Verträge mit den nordischen und baltischen Mächten und erläßt 1161 eine Satzung für die Deutschen auf Gotland (Keimzelle der späteren *Hanse*).

Diese Erfolge werden ermöglicht durch enges Zusammenwirken mit seinem kaiserlichen Vetter Friedrich I., den Heinrich auf mehreren Italienzügen (1154/55, 1159/60, 1161) unterstützt und der ihm dafür nicht nur freie Hand im Nordosten läßt, sondern ihm auch gegen wiederholte Koalitionen seiner Gegner und Nachbarn Deckung gewährt. Auf der Höhe seiner Erfolge unternimmt Heinrich 1172 eine Pilgerfahrt nach Jerusalem, bei der er in Byzanz und von den Fürsten des Orients wie ein König empfangen wird.

Heinrichs *Machtstellung* beruht im Reich auf dem Doppelherzogtum in Sachsen und Baiern sowie auf dem welfischen Besitz in Oberdeutschland und Norditalien, in Sachsen auf der Fülle seiner Eigengüter, besonders zwischen Weser und Elbe, ferner auf seiner nahezu unbeschränkten Herrschergewalt im Markengebiet östlich der Elbe. Im Westen Sachsens, wo diese Grundlagen fehlen, versucht Heinrich, die frühere Herzogsgewalt wieder zu beleben; doch kann man nicht sagen, daß er das alte Stammesherzogtum als solches habe wiederherstellen wollen. Sein sächsischer „Staat" ist vielmehr im ganzen auf die neuen Elemente der Territorialmacht gegründet, ohne daß es nötig wäre, hierfür das Vorbild der englisch-normannischen Staatsform als richtungweisend zu betrachten.

Als *Wesenszüge* seiner Herrschaft treten hervor: Begünstigung, aber auch Ausnutzung der werdenden Städte, Anhäufung bedeutender Geldmittel, straffe Durchbildung des Lehnsstaates unter starker Beteiligung der Ministerialität, königlicher Zuschnitt der Hofhaltung, Förderung der Künste und Wissenschaften (Ausbau des Welfenschatzes, deutschsprachige Enzyklopädie des „kleinen Lucidarius"). Der Herzog macht die um Neustadt und Hagenstadt erweiterte Stadt *Braunschweig* zur festen Residenz und baut die Burg *Dankwarderode* nach dem Muster von Aachen und Goslar zur Pfalz aus; 1166 wird dort als Gerichts- und Hoheitszeichen des Herzogs der bronzene *Burglöwe* aufgestellt.

In erster Ehe mit Klementia von Zähringen vermählt, von der er sich 1162 scheiden läßt, heiratet Heinrich 1168 in zweiter Ehe *Mathilde,* die Tochter König Heinrichs II. von England und Schwester der Könige Richard Löwenherz und Johann ohne Land. Er gewinnt dadurch nahe Beziehungen zum angiovinisch-englischen Herrscherhause.

Das gute Einvernehmen Heinrichs mit Friedrich I. gerät ins Wanken, als sich Anfang der 1170er Jahre ihr Verhältnis zu trüben beginnt und nun Heinrichs gewaltige Macht und überherzogliche Stellung zu einer Gefahr für das staufische

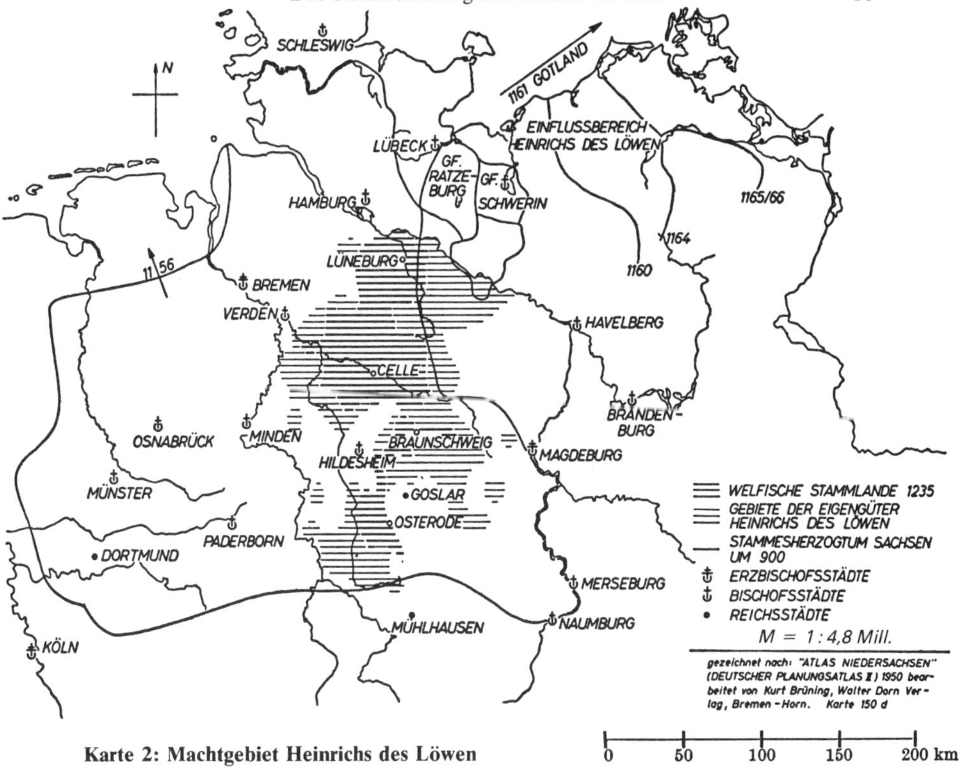

Karte 2: Machtgebiet Heinrichs des Löwen

Reichsgefüge wird. Der Bruch tritt ein, als Heinrich die Heeres-
1176 folge in Italien, zu der er nur moralisch, nicht rechtlich verpflichtet war, von der Abtretung Goslars abhängig macht, die Friedrich I. verweigert (Zusammenkunft mit Heinrich in Chiavenna unter angeblichem Fußfall des Kaisers, Niederlage Friedrichs bei Legnano). Doch hält der Kaiser selbst sich noch zurück und überläßt es den von Heinrich bedrängten sächsischen Fürsten, *1178* den *Prozeß* gegen ihn durch eine Klage wegen Landfriedensbruchs zu eröffnen. Da Heinrich sich allen Ladungen entzieht, wird er in doppeltem, land- und lehnsrechtlichem Verfahren formell wegen Rechtsverweigerung und Majestätsbeleidigung geächtet und aller Lehen und Eigengüter verlustig erklärt. Während Baiern an die Wittelsbacher fällt, wird
1180 das Herzogtum **Sachsen** in Gelnhausen **geteilt.** Der Südwesten
13. April (Westfalen) wird der Herzogsgewalt des Erzbischofs von Köln unterstellt, das übrige fällt an den zum Herzog erhobenen Sohn Albrechts des Bären, Bernhard von Anhalt, der allerdings nur in den östlichen Randgebieten des früheren Stammesherzogtums eine eingeschränkte Herzogsgewalt durchsetzen kann. Das Gebiet zwischen Oberweser und Niederelbe bleibt in der Hand Heinrichs des Löwen, der seine hier massierten Eigengüter nach seiner Unterwerfung 1181 zurückerhält, nachdem sein Versuch, sich gegen die Aberkennung der Herzogswürde zur Wehr zu setzen, vor der über-

Stammtafel 3 **Stammtafel des welfischen Hauses A: Gesamtübersicht**

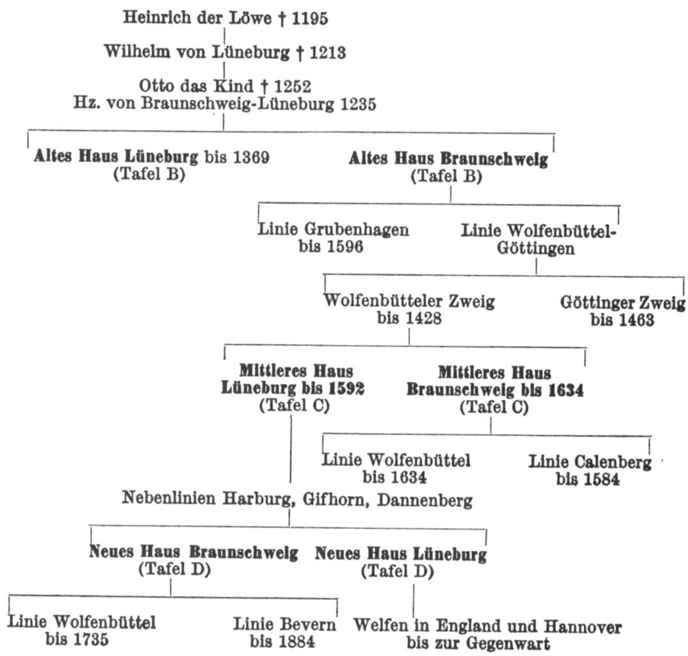

legenen Macht des Kaisers zusammengebrochen ist, hauptsächlich wegen des Abfalls zahlreicher Vasallen und des Ausbleibens der von England und Dänemark erwarteten Hilfe.

Der Sturz Heinrichs des Löwen bedeutet das **Ende des sächsischen Stammesherzogtums,** das freilich bereits ebenso in Auflösung begriffen war wie die anderen Stammesherzogtümer. War Heinrichs des Löwen Staat auch schon auf dem Weg zum Territorium neuer Art, so doch zu einem den Stamm vertretenden und ihn führenden Territorium. Damit ist es nun zu Ende. An die Stelle des stammgebundenen alten Herzogtums Sachsen treten zwei neue Herzogtümer vorwiegend territorialstaatlichen Zuschnittes, das kölnische in Westfalen und das askanische im Osten Sachsens, denen sich 1235 als drittes das Herzogtum Braunschweig-Lüneburg zugesellen wird. Keines dieser neuen Herzogtümer vermag den Raum und die Funktionen des alten Stammesherzogtums auch nur entfernt zu erfüllen. Zwischen ihnen entwickeln sich weitere geistliche und weltliche Territorien in solcher Zahl, daß es am Ende des Mittelalters auf altsächsischem Gebiet nicht weniger als 75 Landesherren gibt, davon 40 im Bereich des heutigen Landes Niedersachsen. Zunächst ein Sieg der staufischen Reichsgewalt über die gefährliche Machtsteigerung eines königgleichen Nebenbuhlers, wirken sich der Sturz Heinrichs des Löwen und die Zerschlagung seines Machtbereichs nicht nur in einem Fortschreiten der Kleinstaaterei und *Zersplitterung* aus, sondern haben auch außenpolitisch nachteilige Folgen. Denn nicht imstande, den Raum des früheren Herzogtums Sachsen auszufüllen, muß die Reichsgewalt das Gebiet nördlich der Elbe für längere Zeit dem emporstrebenden Königreich Dänemark überlassen und schließlich den vollen Rückzug aus Nordwestdeutschland antreten.

Sachsens kulturelles und wirtschaftliches Leben in der salischen und staufischen Zeit

Das 11. Jh. sieht in Sachsen nur noch wenige Klostergründungen, aber eine starke Vermehrung der Kollegiatstifte. Im 12. Jh. führt das Aufkommen der neuen Orden der Zisterzienser und Prämonstratenser zu einer bedeutenden Zunahme der Klöster. In der *Baukunst* bringt das 11. Jh. in Sachsen Neu- und Umbauten der meisten Domkirchen, bei denen in Goslar, Hildesheim und Osnabrück Bischof Benno als Baumeister beteiligt ist. Hirsauer Einflüsse machen sich im 12. Jh. im Kaiserdom Lothars zu Königslutter und vor allem in der Godehardikirche zu Hildesheim bemerkbar. Eine Sonderstellung hat die von Bischof Sigward von Minden um 1130 gegründete Kirche von Idensen (Landkreis Neustadt am Rübenberge) mit Wandgemälden von hoher Qualität.

Einen Höhepunkt erreicht die Kunst in der Zeit Heinrichs des Löwen: Dombauten in Braunschweig (erster geschlossener Gewölbebau Niedersachsens), in Ratzeburg und Lübeck, Blüte der Schulen von Hildesheim, Braunschweig und Helmarshausen, wo im Anschluß an das um 1100 geschriebene Kunsthandbuch des Mönches Rogerus (Theophilus) Evangeliar und Psalter Heinrichs des Löwen entstehen. In der *Geschichtsschreibung* tritt im 11. Jh. der Domscholaster *Adam von Bremen* mit seiner Biographie des Erzbischofs Adalbert hervor, der er eine Beschreibung der Länder des Nordens anfügt. Das Leben des heiligen Bischofs Godehard von Hildesheim († 1038) schreibt Wolfhere, das des Bischofs Benno von Osnabrück († 1088) Nortbert. Für die Zeit Lothars sind zu nennen der Annalista Saxo und die (rekonstruierten) Paderborner Annalen. Das Zeitalter Heinrichs des Löwen hat in den Slawenchroniken des *Helmolt von Bosau* (um 1170) und seines Fortsetzers Arnold von Lübeck († 1212) gute Leistungen aufzuweisen. Wichtig für die persönliche Lebensgeschichte des Herzogs sind die Annalen des Propstes Gerhard von Steterburg und die Pöhlder Annalen. Bald nach 1200 entstehen in der Gandersheimer Chronik des Priesters Eberhard und der *Sächsischen Weltchronik* des *Eike von Repgow* die ersten Geschichtswerke in niederdeutscher Sprache.

Eine einzigartige Leistung der mittelalterlichen Kartographie stellt die *Ebstorfer Weltkarte* dar (Original früher im Kloster Ebstorf bei Lüneburg, 1943 in Hannover vernichtet). Sie beruht auf den Otia imperialia des Gervasius von Tilbury (um 1210), ist aber nach neuester Forschung wohl erst später gezeichnet.

An dem Aufschwung der deutschen *Dichtung* im staufischen Zeitalter hat Sachsen geringen Anteil. Zu nennen ist die (hochdeutsche!) Tristan-Bearbeitung des welfischen Ministerialen Eilhard von Oberg. Des „Minnesangs Frühling" bleibt in Niedersachsen aus.

Von höchster Bedeutung ist dagegen die Aufzeichnung des in Sachsen, insbesondere in Ostsachsen, herrschenden Stammesrechts durch den schöffenbarfreien Ritter Eike von Repgow zwischen 1220 und 1230. Der von ihm zunächst in lateinischer Sprache verfaßte, dann ins Deutsche übersetzte **Sachsenspiegel** wird zum bekanntesten und verbreitetsten deutschen Rechtsbuch, welches das Rechtsleben im ganzen niederdeutschen Bereich und weit in den Osten hinein bis zum Eindringen des römischen Rechts im 16. Jh. beherrscht.

Im *Wirtschaftsleben* Sachsens ist die Zeit vom 11. bis 13. Jh. gekennzeichnet durch einen mit der beginnenden Ostwanderung gleichlaufenden *Landesausbau* und durch eine ausgreifende Rodetätigkeit, zum Teil in der besonderen Form der Marsch- und Waldhufendörfer (Hagenkolonisation). Hierdurch wird stellenweise der Wald weiter zurückgedrängt, als er es heute ist; doch werden gerade diese z. T. in ungünstiges Gelände vorgetriebenen Neusiedlungen besonders anfällig für die im Spätmittelalter eintretenden Rückschläge der Wüstungsperiode.

Die Wirtschaftsform der Fronhofsverbände verfällt seit dem 12. Jh. der Auflösung. Als Villici auf den Haupthöfen eingesetzte Ministerialen werden zu Gutsherren; ihre Hintersassen, die auf den Lathufen tätigen hörigen Bauern, erlangen mit dem *Meierrecht* eine persönlich freiere, besitzrechtlich allerdings stärker gebundene Stellung, die allmählich in ein vererbliches Dauerpachtverhältnis übergeht. Sie wird zu der für Niedersachsen bezeichnenden Form des bäuerlichen Besitzes.

Von der Entstehung der Territorien bis zur Entstehung des Landes Niedersachsen

Ausgang Heinrichs des Löwen. Otto IV., der „Welfenkaiser". Das Herzogtum Braunschweig-Lüneburg

Mit der Zerschlagung des Stammesherzogtums und dem Eintritt in die Epoche der Territorialstaaten verengt sich für unsere Betrachtung der Schauplatz der niedersächsischen Landesgeschichte auf den Kreis der Territorien, die schließlich das heutige Bundesland Niedersachsen bilden. Das sind von Haus aus und in der Hauptsache die Länder des Welfenhauses, dem es nach Aufrichtung des *Herzogtums Braunschweig-Lüneburg* (1235) in jahrhundertelanger zäher Aufbauarbeit gelingt, einen großen Teil des Länderbesitzes Heinrichs des Löwen wieder an sich zu bringen und zu kurfürstlicher und königlicher Würde aufzusteigen.

In den Vordergrund tritt für unsere Darstellung also die Entstehung und Entwicklung der *Welfenlande.* Die besondere Geschichte der mit ihnen vereinigten geistlichen und weltlichen Territotien wird eingefügt, nachdem diese Bestandteil der Lande Hannover und Braunschweig geworden sind. Doch erfährt Ostfriesland – ebenso wie Oldenburg und Schaumburg-Lippe – im Rahmen dieses Werkes eine gesonderte Darstellung.

Trotz des Verlustes seiner Herzogtümer und Grafschaften nimmt Heinrich der Löwe nach 1180, gestützt auf seinen großen Besitz an Eigengütern, eine fürstengleiche Stellung ein und setzt sogar den Kampf gegen die Staufer und ihren Anhang in Sachsen nach der Rückkehr aus zweimaliger Verbannung in England (1182–1185 und 1189) fort. Die überraschende Heirat seines Sohnes Heinrich mit Agnes, der Tochter des Pfalzgrafen Konrad und Nichte Friedrichs I., führt 1194 zu einer Entspannung. Heinrich der Löwe, auf der Reise zu einem Treffen mit Kaiser Heinrich VI. durch Sturz mit dem Pferd im Harz schwer verunglückt, verbringt sein letztes Lebensjahr auf dem Krankenlager in Braunschweig († 1195, Grabmal im Dom daselbst um 1240; Gruft 1935 geöffnet und neu hergerichtet; Zweifel an der Identität der Gebeine nicht begründet).

Der Zwist der beiden Herrscherhäuser erneuert sich nach dem Tode Heinrichs
VI. durch die Doppelwahl, bei der Heinrichs des Löwen Sohn **Otto**
1198 **(IV.)** gegen den Staufer Philipp von einem Teil der Wähler zum
König erhoben wird. Er stützt sich vorwiegend auf den Nordwesten Deutschlands, das Niederrheingebiet und die Geld- und Machtmittel des mit ihm verwandten englischen Königshauses, kann sich aber erst nach der Ermordung
seines Gegners (1208) allgemeiner durchsetzen und die **Kaiser-**
1209 **krone** erringen. Hierbei in Gegensatz zur Kurie geraten, die ihn
anfänglich unterstützt hat, verliert Otto nach diesem Höhepunkt seiner Laufbahn bald an Einfluß, namentlich als der Papst ihm den Sohn Heinrichs VI., Friedrich II., als Gegenkönig entgegenstellt. In den französisch-englischen Krieg an der Seite seines Oheims Johann ohne Land eingreifend, verliert Otto IV. 1214 die Schlacht bei Bouvines (nahe Lille) und hat damit seine poli-

Abb. 7: Herzog Otto das Kind wird 1235 von Kaiser Friedrich II. mit dem Herzogtum Braunschweig-Lüneburg belehnt. Miniatur aus dem Lüneburger Sachsenspiegel, 1448

tische Rolle ausgespielt. Es bedeutet den Rückzug der Welfen aus der Weltgeschichte. Otto IV. stirbt, von seinen Anhängern verlassen, 1218 auf der Harzburg.

Da weder Otto noch sein ihn bis 1227 überlebender Bruder Pfalzgraf Heinrich Söhne hinterlassen, vereinigt sich der 1202 zu Paderborn unter den drei Brüdern verteilte Besitz wieder bei dem Sohn Herzog Wilhelms von Lüneburg, **Otto dem Kind.** Er trägt auf dem Reichstag zu Mainz seine Eigengüter
1235 dem Reich auf und bekommt sie als **Herzogtum Braunschweig-Lüneburg** in Form eines Reichslehens zurück. Damit ist der Stammbesitz Heinrichs des Löwen wieder zu einem Reichsfürstentum erhoben und endgültig von der sächsischen Herzogsgewalt der Askanier ausgenommen.

Teilungen und Erwerbungen des welfischen Hauses im Spätmittelalter

Der Besitz des welfischen Hauses, den bereits Herzog Otto das Kind durch verschiedene Erwerbungen bzw. Wiedererwerbungen (Hannover, Göttingen, Münden, Duderstadt) erweitert, wird nach seinem Tod (1252) unter seinen Söhnen in der Weise geteilt, daß Albrecht (der Lange) **Braunschweig,** Johann **Lüneburg** erhält. Die so voneinander geschiedenen Hauptteile des Herzogtums sind bis auf eine kurze Unterbrechung (1400–1409) immer getrennt geblieben;

doch gelten die beiden Hauptstädte als gemeinsamer Besitz des Hauses (Lüneburg bis 1512, Braunschweig bis 1671). Es gibt nur *ein* Herzogtum Braunschweig-Lüneburg als Reichslehen, die Teile sind daher bis ins 17. Jh. als Fürstentümer zu bezeichnen. Es sind ihrer viele, da die Teilungen sich fortsetzen. So spaltet sich noch im 13. Jh. das **Ältere Haus** Braunschweig in die Linien *Grubenhagen, Wolfenbüttel* und *Göttingen* auf, während Lüneburg seine Geschlossenheit bewahrt.

Von drei anfänglich unzusammenhängenden Kerngebieten aus: der Lüneburger Heide zwischen Lüneburg und Celle (billungisches Erbe), dem Gebiet um Braunschweig (brunonisches Erbe) und dem Land zwischen Harz und oberer Leine (northeimisches Erbe), gewinnt die **welfische Territorialbildung** schon im 13. Jh. den Anschluß an die obere Weser (1247 Münden, 1261/77 Hameln, 1269/72 Teile der Grafschaft Dassel), die *1260 im Vertrag von Kogelnberg* als Grenze des welfischen Machtbereiches gegen das kölnische Westfalen anerkannt wird. Ebenfalls noch im 13., teilweise im 14. Jh. wird das nördliche Vorland des Harzes welfisch, ebenso das spätere *Calenberger Land* zwischen Leine und Deister mit den Grafschaften Roden-Wunstorf, Hallermund und Wölpe. Die Stellung an der Elbe wird ausgebaut durch den Erwerb der Grafschaften Dannenberg und Lüchow (1303 bzw. 1321) sowie von Bleckede, Hitzacker und Gartow. Doch bleibt der nördliche Hauptteil des Territoriums durch das Bistum Hildesheim und die Oberweserherrschaften Everstein und Homburg vom kleineren Südteil getrennt. Verluste sind eingetreten: im Norden durch endgültigen Verzicht auf die Grafschaft Stade, die 1236 mit Ausnahme von Harburg dem Erzstift Bremen überlassen wird; im Süden durch Aufgabe des Landes an der Werra 1264, durch Verpfändung der Vogtei Gieselwerder an Mainz 1256, durch Verkauf des Untereichsfeldes oder der Mark Duderstadt an Mainz 1342 seitens der durch weitgehende Besitzteilung und abenteuerliche Unternehmungen im Mittelmeerraum verschuldeten Grubenhagener Linie (Heinrich „von Griechenland", Otto von Tarent).

Der Bestand des welfischen Staates gerät in ernste Gefahr, als beim *Aussterben des Älteren Hauses Lüneburg (1369)* Kaiser Karl IV. das Fürstentum Lüneburg nicht dem Haus Braunschweig, sondern den askanischen Herzögen von *Sachsen-Wittenberg* verleiht. Das Bemühen der Braunschweiger, sich das Lüneburger Erbe zu erhalten, führt zu dem an Kämpfen und
1371–1388 Wechselfällen reichen **Lüneburger Erbfolgekrieg,** den schließlich die Welfen mit dem Sieg bei Winsen (Aller) 1388 zu ihren Gunsten entscheiden. Zu dieser Zeit (zuerst 1361) nimmt das Welfenhaus neben seinen alten Wappenzeichen (Löwen bzw. Leoparden) das weiße Pferd im roten Feld als neues Wappen an, das später auf die Lande Braunschweig und Hannover, Westfalen und Niedersachsen übergeht. Der Grund der Wappenneuerung ist eine politische Demonstration des Anspruches der Welfen auf die Führerstellung im Sachsenland, als dessen altes Abzeichen (Hengist und Horsa) man das **„Sachsenroß"** betrachtete.

Der Lüneburger Erbfolgekrieg und die verlustreichen Fehden der Herzöge Magnus II. Torquatus (gefallen bei Leveste 1373) und Ottos des Quaden von Göttingen († 1394) haben eine erhebliche Schwächung des Landesfürstentums zur Folge. Die *Städte* benutzen die Lage, sich weitgehend unabhängig zu machen.

Stammtafel 4

Stammtafel des welfischen Hauses B: die Nachkommen Heinrichs des Löwen in den Häusern Alt-Lüneburg und Alt-Braunschweig bis 1428

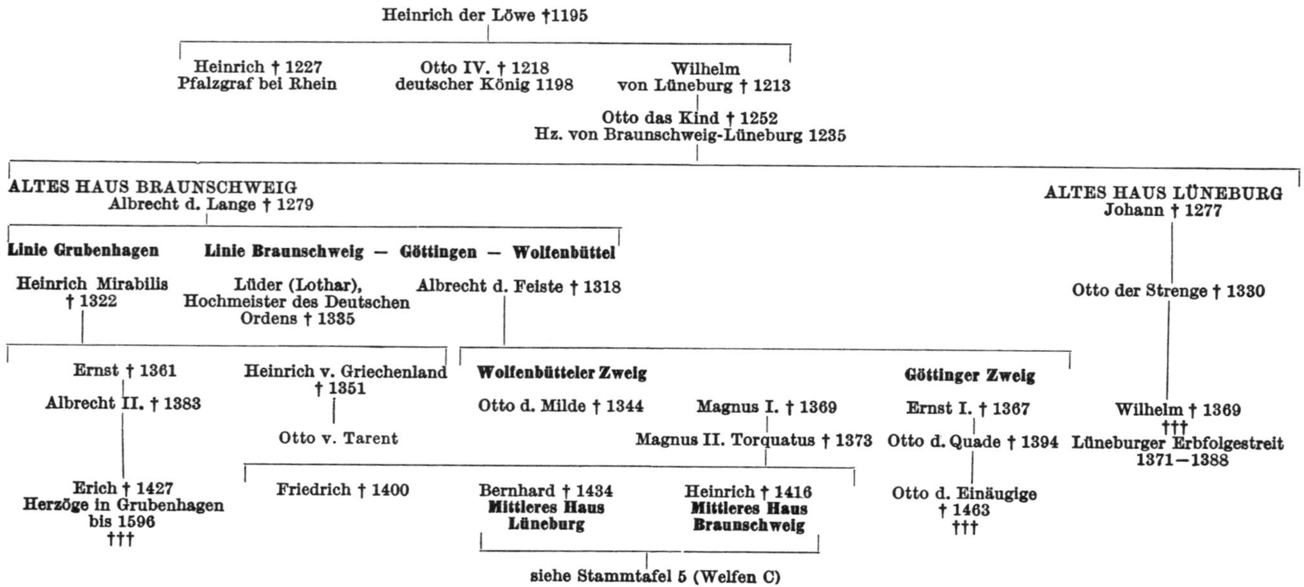

Lüneburg bricht 1371 die Burg auf dem Kalkberg, wehrt in der Ursulanacht (21. 10.) einen Überfall des Herzogs Magnus ab und nötigt den Landesherrn, die Residenz des Fürstentums nach Celle zu verlegen. Ebenso brechen die Städte Hannover und Göttingen die Stadtburgen der Herzöge. Das schon vorher so gut wie unabhängige Braunschweig kann von ihnen nur durch große Zugeständnisse gewonnen werden. Neben den Städten bilden *Prälatur* und *Ritterschaft* nunmehr eine fest organisierte ständische Gewalt, die so anwächst, daß die **Lüneburger Stände** in der sogenannten **Sate** (Satzung) fast die
1392 Herrschaft über das tiefverschuldete Fürstenhaus gewinnen.

Auf dem Rückweg von der Königswahl in Frankfurt a.M. wird Herzog Friedrich von Braunschweig 1400 bei Fritzlar ermordet. Seine Brüder Heinrich und Bernhard regieren zunächst Braunschweig und Lüneburg gemeinsam, entschließen sich aber nach dem Erwerb der einträglichen Oberweserlande, der Grafschaft Everstein (1408) und der Herrschaft Homburg (1409), zu einer neuen Teilung, aus der (unter nochmaligem Besitztausch 1428) die sogenannten **Mittleren Häuser Braunschweig** und **Lüneburg** hervorgehen. Während das großflächige Fürstentum Lüneburg weiterhin seine Einheit bewahrt, bleibt der Süden des welfischen Machtbereichs auf verschiedene Linien aufgeteilt: *Grubenhagen, Wolfenbüttel, Göttingen* (bis 1463), an dessen Stelle später *Calenberg* tritt. Das 15. Jh. bringt keinen nennenswerten Gebietszuwachs für das welfische Haus; doch gelingt es, im Zeichen der wiedererstarkenden Fürstenmacht die drückende Abhängigkeit von den Ständen zu lockern. Hierbei kommt es zu zahlreichen Zwistigkeiten und Fehden mit den Städten, die sich ihrerseits innerhalb und außerhalb der Hanse häufig zu Städtebünden zusammenschließen. Sie umgeben sich mit Landwehren und suchen die Handelsstraßen durch Erwerb von Pfandschlössern und anderen „Schlüsselburgen“ zu sichern.

Wirtschaftliches und kulturelles Leben in den Welfenlanden 1180–1495

Die Unabhängigkeit der *Städte* von der Landesherrschaft stützt sich auf ihren wirtschaftlichen Aufschwung, in Lüneburg hauptsächlich auf den Ertrag seiner Saline, deren Salzausfuhr den ganzen Norden Europas beherrscht und große Reichtümer bei den städtischen Salzjunkern ansammelt. *Braunschweig,* mit fast 20000 Einwohnern die einzige mittelalterliche Großstadt der Welfenlande, hat eine reichsstadtähnliche Stellung, wird aber durch schwere soziale Kämpfe zwischen dem patrizischen Rat und den demokratischen Zünften erschüttert (die sogenannten „Schichten“ 1292, 1374, 1445, 1488, 1513).

Während der Edelmetallabbau auf dem Oberharz Mitte des 14. Jh. zum Erliegen kommt, blüht die Reichsstadt *Goslar* durch den Ertrag des Rammelsbergs besonders an Blei und Kupfer auf. Im Süden Niedersachsens gewinnt Einbeck durch den Vertrieb seines berühmten Bieres eine bedeutende Stellung, ebenso Göttingen durch die Herstellung und den Vertrieb von Tuchen. Den Ausfuhrgütern der Städte erschließt die *Hanse,* der die meisten Städte auch in den Welfenlanden angehören, mit ihrem weiten Wirtschaftsraum auswärtige Märkte im Westen, Norden und Osten. Die Handelsbeziehungen zu Oberdeutschland treten dagegen zurück.

Stammtafel 5

Stammtafel des welfischen Hauses C: die Mittleren Häuser Braunschweig und Lüneburg 1428–1634

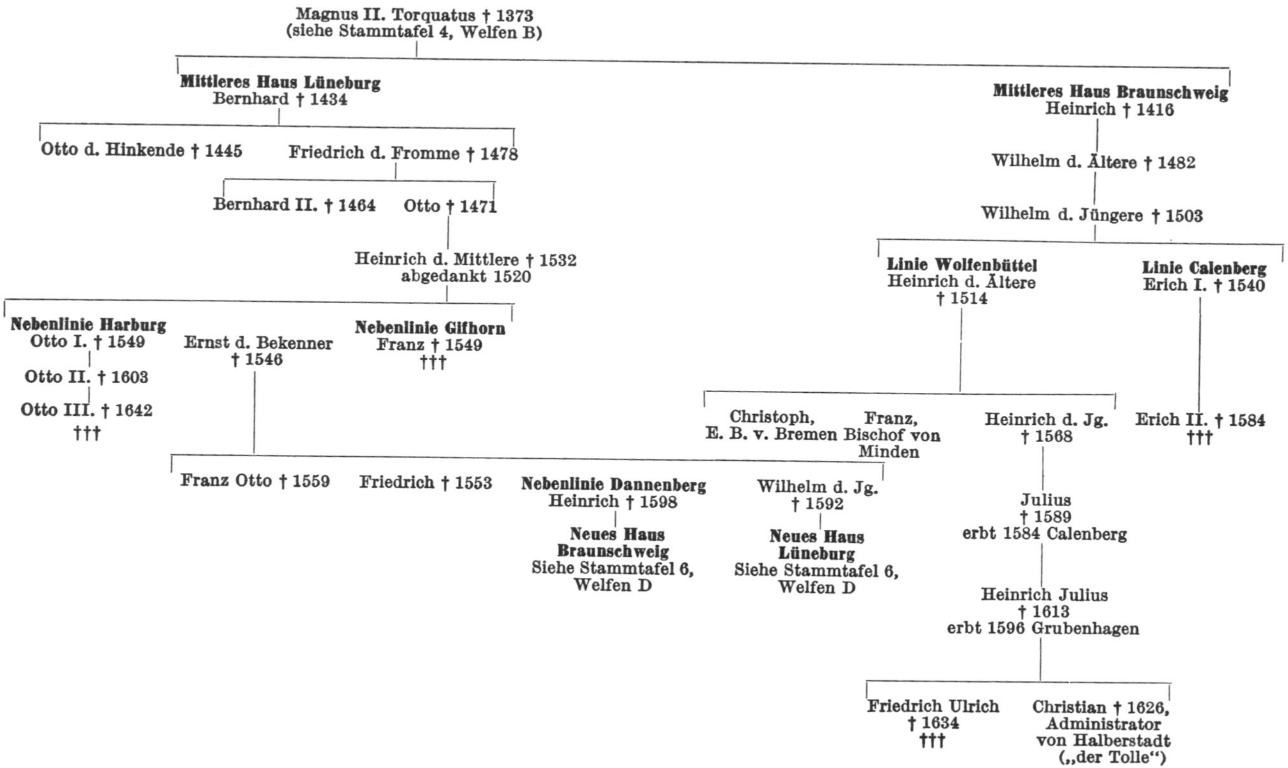

In der *Agrarverfassung* ist das Hoch- und Spätmittelalter in Niedersachsen gekennzeichnet durch die fortschreitende Umwandlung des bäuerlichen Besitzrechtes zum *Meierverhältnis,* das die herrschende Besitzform wird. Der Bauer ist im allgemeinen persönlich frei (Reste der Hörigkeit nur noch in einzelnen Gegenden), aber dinglich seinem Grundherrn gegenüber in einem Abhängigkeitsverhältnis, gegen dessen Überspannung die Landesherrschaft die Bauern schon im 15. Jh. in fiskalischem Interesse schützt, um sich die Steuern und Dienste der Bauernhöfe zu sichern.

Die Periode des inneren Landesausbaues läuft im 13. Jh. aus und wird im 14. Jh. – z. T. in Auswirkung der Pest von 1348/50 – von einem Bevölkerungsrückgang abgelöst, der viele Dörfer wüst werden läßt. Ihre Bewohner wandern teils in die alten Dörfer, teils in die Städte ab. Der Ostlandzug, auf den die Sage vom Auszug der Hamelner Kinder (1284) zurückzugehen scheint, hört im späten 14. Jh. in Niedersachsen auf.

Das *literarische Leben* in Niedersachsen steht vom 13. bis ins 16. Jh. im Zeichen des Niederdeutschen, das in dieser Zeit zu einer hochentwickelten Schriftsprache wird und in der Geschichtsschreibung (Städtechroniken), in Rechtsbüchern, Volkslied und Volksbuch (Eulenspiegel, Reinke de Vos) bedeutende Leistungen aufweist. Die niederdeutsche Sprache verliert in dieser Zeit an Raum im Gebiet südöstlich des Harzes, breitet sich aber weithin im Küstenbereich der Ostsee aus und erobert auch Ostfriesland, wo das Friesische bis auf Reste verschwindet.

Während die *Klostergründungen* des Benediktinerordens im 13. Jh. nachlassen und im 14. fast ganz aufhören, setzen die Zisterzienser auch nach 1200 ihre Aufbauarbeit fort. In den Städten lassen sich seit 1220 die *Bettelorden* der Franziskaner und Dominikaner nieder, häufig im Zwist mit der Stadtgeistlichkeit, die ihrerseits vom 14. Jh. an zunehmend unter das Kirchenregiment der Städte gezogen wird.

Im *Kirchenbau* dringt mit der Gotik im 13. Jh. von Westen her die Bauform der Hallenkirche ein, im Norden als Backsteinbau (südlichster Vertreter die Marktkirche in Hannover), im Süden als Hausteinbau. Im *Profanbau* tritt die Gotik in vielen Städten mit bedeutenden Rathäusern in Erscheinung (Lüneburg, Braunschweig, Goslar, Hannover, Göttingen, Hildesheim, Osnabrück u. a.). In *Plastik* und *Malerei* bringt die romanische Epoche noch nach 1200 große Leistungen hervor – Teile des Welfenschatzes, Ausmalung des Domes in Braunschweig, die Decke der Michaeliskirche in Hildesheim, Taufbecken des Hildesheimer Domes, Grabmal Heinrichs des Löwen in Braunschweig. Die Gotik wird vertreten durch den als Maler und Bildhauer gleich bedeutenden Meister Bertram (2. Hälfte des 14. Jh.), die Malereien des Codex Gisle in Osnabrück, den Meister Franke und die Plastik der Goldenen Tafel von Lüneburg. Im Ausklang der Gotik stehen die aus Niedersachsen stammenden Bildschnitzer Tilman *Riemenschneider* – in Würzburg tätig – und Hans *Brüggemann* sowie der Maler Hans Raphon. Hervorragende Leistungen in der Anfertigung kunstvoller Teppiche und Altardecken erbringen die Frauenklöster besonders der Lüneburger Heide (Wienhausen, Lüne, Ebstorf, Isenhagen).

Die das 15. Jh. erfüllende *kirchliche Reformbewegung* findet in Niedersachsen starken Widerhall. Vorbereitet durch die im Zeichen der devotio moderna seit

Abb. 8: Der Sand zu Lüneburg mit der Kirche St. Johannis; Beispiel norddeutscher Backsteingotik, 14.–16. Jh.

1430 zahlreich errichteten Frater- und Süsternhäuser der Brüder und Schwestern vom gemeinsamen Leben, erfaßt die klösterliche Reformbewegung der *Windesheimer Kongregation* durch die Wirksamkeit des Niedersachsen Johann Busch die meisten Augustinerchorherrenstifte. Die gleichläufige Erneuerung der Benediktinerklöster gewinnt in Niedersachsen sogar einen besonderen Schwerpunkt. Als Abt von Bursfelde legt der Northeimer Mönch Johannes Dederoth († 1439) den Grund zur *Bursfelder Kongregation,* deren Reformprogramm Busch seit 1450 in weiten Teilen Niedersachsens durchführt, teilweise mit Unterstützung der geistlichen und weltlichen Landesherren, die hierbei ihre Vogteigewalt über die Klöster ausbauen und Widerstände der Konvente stellenweise mit Gewalt brechen. Auch die Bettelorden kehren vielfach zu strengerer Observanz zurück, während in der höheren und niederen Weltgeistlichkeit auch in Niedersachsen manche Verfallserscheinungen hervortreten.

Die welfischen Fürstentümer im Zeitalter der Reformation und Gegenreformation 1495–1648

Mit den 1495 zwischen Heinrich d. Ä. und Erich d. Ä. auseinandergeteilten Fürstentümern Wolfenbüttel und Calenberg zählt das Welfenhaus im 16. Jh. vier Linien nebeneinander: Lüneburg, Grubenhagen, Calenberg und Wolfenbüttel. Von ihnen sterben bis 1648 drei aus: Calenberg 1584, Grubenhagen 1596, Wolfenbüttel 1634. Die allein überlebende **Lüneburger Linie,** von der sich Nebenlinien in Gifhorn (1527–1549), Harburg (1527–1642) und Dannenberg (seit 1569) abzweigen, erbt den Gesamtbesitz, **teilt** ihn aber 1635 erneut in die Fürstentümer Lüneburg, Calenberg und Wolfenbüttel auf, und zwar in

der Weise, daß die (ältere) Nebenlinie Dannenberg Wolfenbüttel übernimmt, die (jüngere) Hauptlinie die beiden anderen Fürstentümer Lüneburg und Calenberg unter sich teilt. Noch immer waltet im Hause Braun-
1519–1523 schweig die Sitte der Erbteilungen vor. Häufig treten sich die einzelnen Linien feindlich gegenüber, so in der **Hildesheimer Stiftsfehde,** in der Lüneburg auf der Seite des Bischofs von Hildesheim gegen Calenberg und Wolfenbüttel steht und trotz der siegreichen Schlacht bei Soltau (1519) unterliegt. In das größtenteils eroberte Stift Hildesheim teilen sich Calenberg und Wolfenbüttel.

Auch die **Reformation** wirkt sich, in politischer Hinsicht, zunächst gegen die Einheit des Hauses aus, da sie nur von einem Teil der Herzöge angenommen, von anderen abgelehnt wird. Allgemein ist zu sagen, daß die neue Lehre in den Welfenlanden von der Bevölkerung, ihrer bedächtigen Art entsprechend, ohne stürmischen Überschwang, aber auch ohne Widerstreben aufgenommen wird. Unter ihren geistigen Führern sind in diesem Lande kaum Einheimische. Erste Einbruchsstellen sind die Städte, in denen insbesondere der „kleine Mann" (Kleinbürgertum und Zünfte) dem Luthertum zufällt, während sich die meist konservativen Stadträte anfänglich vielfach ablehnend verhalten. Auch die Klöster, namentlich die der Bettelorden und die adligen Jungfrauenklöster, leisten hier und da Widerstand. Die durch die Glaubenserneuerung ausgelösten sozialen Unruhen (Bauernaufstände, Wiedertäufer, Schwarmgeister) berühren die Welfenlande kaum. Der große *Bauernkrieg* von 1525 macht sich nur in Randgebieten, besonders südlich des Harzes, bemerkbar, wird aber schnell niedergeworfen: Schlacht bei Frankenhausen, Hinrichtung Thomas Münzers – beides unter starker Beteiligung Herzog Heinrichs d.J. von Wolfenbüttel.

Bedeutsamer ist, daß der Adel in weiten Teilen Niedersachsens durch die Wandlungen der *Wirtschaft* und das Sinken des Geldwertes auf seinen meist kleinen Rentengütern in eine Krise gerät und, von den Fürsten aus dem bisherigen Pfandbesitz landesherrlicher Burgen und Ämter verdrängt, den Weg des Aufruhrs einschlägt.

Fürstentum Lüneburg

In dem durch die Stiftsfehde an den Rand des Ruins gebrachten Fürstentum Lüneburg überläßt Herzog Heinrich der Mittlere 1521 die Regierung seinem Sohn Ernst (1521–1546), der, als Wittenberger Student für Luther gewonnen, alsbald die neue Lehre in seinem Fürstentum einführt. Die Stände schließen sich nach einigem Zögern an. Ihnen zuliebe bleibt ein Teil der Frauenklöster als Versorgungsstätten für die Töchter der Ritterschaft in evangelischer Umformung erhalten. Bei der Durchführung der neuen Lehre dient ihm seit 1530 der Oberdeutsche *Urban Rhegius. Herzog Ernst* steht auf den Reichstagen in Speyer 1526 und 1529 sowie in Augsburg 1530 in der vordersten Reihe der protestierenden Fürsten (daher „Ernst der Bekenner") und zählt zu den Führern des Schmalkaldischen Bundes.

Nach Ernsts Tod regieren nacheinander seine Söhne. 1569 überläßt Heinrich, sich mit der abgeteilten Herrschaft Dannenberg begnügend, die Regierung des

Fürstentums Lüneburg dem jüngeren Bruder Wilhelm, einem glaubensfesten „Betefürsten", der in geistiger Umnachtung stirbt (1592). Seine sieben Söhne regieren unter Verzicht auf weitere Erbteilungen hintereinander und bestimmen in brüderlicher Eintracht, daß nur einer von ihnen in ebenbürtiger Ehe den Stamm fortpflanzen soll; das Los trifft Herzog Georg († 1641).

Fürstentum Grubenhagen

Auch die Herzöge von Grubenhagen gehören zu den ersten Anhängern der neuen Lehre im Reich und zum Schmalkaldischen Bund. Ihr kleines Territorium, das den Westharz und, getrennt davon, die Gegend von Einbeck umfaßt, fällt nach ihrem Aussterben 1596 an Wolfenbüttel, 1617 an Lüneburg.

Fürstentum Calenberg

Der in den Idealen des Rittertums aufgewachsene Herzog *Erich I. der Ältere* (1495–1540) bleibt für seine Person dem alten Glauben treu, duldet aber, daß seine zweite Gemahlin, Elisabeth von Brandenburg, 1538 die neue Lehre annimmt. Schon vorher sind die größeren Städte des Fürstentums lutherisch geworden, Hannover erst spät und unter heftigen Auseinandersetzungen zwischen Rat und Bürgerschaft (1534). Nach Erichs Tod gelingt es *Elisabeth,* einer ebenso tiefgläubigen wie tatkräftigen Frau, in vormundschaftlicher Regierung für ihren minderjährigen Sohn Erich II. (den Jüngeren) die *Reformation* mit Hilfe des Westfalen *Anton Corvinus* im ganzen Fürstentum Calenberg durchzuführen (Kirchenordnung von 1542). Hierbei werden die Kirchen- und Klostergüter nicht einfach vom Staat vereinnahmt, sondern bleiben als zweckgebundenes Staatsvermögen im Sinne ihrer Stifter Träger kirchlicher, kultureller und wohltätiger Einrichtungen: Anfänge des späteren *hannoverschen Klosterfonds.*

Fürstentum Wolfenbüttel

Hier ersteht dem neuen Glauben ein erbitterter Widersacher in Herzog *Heinrich d.J.* (1514–1568), der bedeutendsten Persönlichkeit unter den damaligen Welfenfürsten, einem echten Renaissancemenschen voll Tatkraft, Machtsucht und Bedenkenlosigkeit. Gleich seinen Brüdern Christoph (Erzbischof von Bremen) und Franz (Bischof von Minden) stellt er sich gegen die neue Lehre, weniger aus gläubigem Eifer für die alte Kirche als aus einer konservativen Grundhaltung heraus, die ihn zum Feind aller Rebellion bei Bauern, Adel und Städten macht. Er bekämpft Luther in einem groben Flugschriftenwechsel (Luthers Antwort: „Wider Hans Wurst"), erregt aber durch seinen ärgerlichen Lebenswandel (Liebschaft mit Eva von Trott, die der Herzog zum Schein begraben läßt und noch lange Jahre auf einer Burg verborgen hält) unliebsames Aufsehen im Reich.

Heinrich vollzieht in seinem Fürstentum den *Aufbau des modernen Beamten-*

staats und führt die Erstgeburtsordnung ein. Er kann zwar nicht verhindern, daß seine Hauptstadt Braunschweig 1528 evangelisch wird (Kirchenordnung durch den Pommern *Johann Bugenhagen*), hält aber das Fürstentum beim alten Glauben und ist, als Mitglied des Nürnberger Bundes von 1538, der letzte Vorkämpfer des Katholizismus in ganz Niedersachsen. Der Schmalkaldische Bund vertreibt ihn 1542 aus seinem Fürstentum, das anschließend unter hessisch-sächsischer Militärverwaltung reformiert wird, und setzt ihn 1545 bei einem gescheiterten Versuch, sein Land zurückzuerobern, gefangen. Heinrich wird wieder frei beim Sieg Kaiser Karls V. über die Schmalkaldener 1547, der sich in Niedersachsen jedoch infolge des Sieges der niedersächsischen Städte über einen kaiserlichen Heerhaufen unter Herzog Erich II. von Calenberg bei Drakenburg weniger auswirkt. Dieser, zum Katholizismus zurückgekehrt, führt in seinem Lande das Interim ein und nimmt Anton Corvinus mehrere Jahre in Haft. Von Erich II. ins Land gerufen, unterliegt Markgraf Albrecht Alkibiades von Brandenburg-Kulmbach 1553 bei Sievershausen nahe Peine einem Bündnis Heinrichs von Wolfenbüttel mit Kurfürst Moritz von Sachsen, der in dem überaus blutigen Treffen tödlich verwundet wird. Es ist in erster Linie ein Sieg des Wolfenbüttelers über den rebellischen Adel, der Hunderte von Toten auf der Walstatt läßt.

Während sich der neue Glaube im Fürstentum Calenberg unter dem Einfluß der Stände gegen den Landesherrn Erich II. behauptet, wird Wolfenbüttel durch Heinrich d. J. noch einmal zum Katholizismus zurückgeführt.

Sein Sohn und Nachfolger *Julius* (1568–1589), ein hervorragender Regent und kluger Rechner, führt sofort das Luthertum ein (Kirchenordnung durch Martin Chemnitz) und verhilft ihm auch im Fürstentum Calenberg, das nach Erichs II. Tod 1584 an Wolfenbüttel fällt, endgültig zum Sieg. Auch in Wolfenbüttel wird das Gut der geistlichen Hand nicht schlechthin verstaatlicht, sondern in der Hauptsache kirchlichen und kulturellen Zwecken vorbehalten. Julius ist der Gründer der Universität Helmstedt (1576), der ersten Hochschule Niedersachsens, und der erste Vertreter eines staatswirtschaftlichen *Merkantilismus:* Förderung des Berg- und Hüttenwesens, das auf dem Harz im 16. Jh. durch Zuzug obersächsischer Bergleute („7 Bergstädte") einen starken Aufschwung nimmt; Pflege der Land- und Forstwirtschaft, der Landeskultur; Kanal- und Talsperrenbauten; Abbau der Staatsschuld.

Heinrich Julius (1589–1613), Julius' Sohn und Nachfolger, ist ebenfalls ein begabter Fürst, Verfasser deutschsprachiger Dramen, Humanist und Kenner des römischen Rechts. Er verzehrt sich im Kampf mit den Landständen und der Stadt Braunschweig. Es gelingt ihm, das Bistum Halberstadt, dessen Administrator er seit 1578 ist, weitgehend mit den Welfenlanden zu verbinden und die Harzgrafschaften *Hohnstein* und *Blankenburg-Regenstein* beim Aussterben ihrer Grafenhäuser 1593 bzw. 1599 als heimgefallene braunschweigische und halberstädtische Lehen an sich zu ziehen. Hingegen fällt die 1571 ausgestorbene Herrschaft *Plesse* bei Göttingen nicht an die Welfen, sondern an Hessen-Kassel (bis 1815).

Abb. 9: Die Wehlburg bei Bersenbrück im Osnabrücker Artland; Beispiel bäuerlichen Hausbaues im 18. Jh.

Wirtschaftliche und kulturelle Blüte der Welfenlande vor dem Dreißigjährigen Krieg

Die siebzigjährige Friedenszeit nach 1553 kommt dem Wohlstand des Landes sehr zugute. Die meisten Städte erreichen um die Mitte des 16. Jh. einen Höhepunkt ihrer wirtschaftlichen Blüte, die freilich schon um 1600 allenthalben nachläßt. Die *Landwirtschaft* erfährt in den Welfenlanden nach mehrfachen Krisen in der zweiten Hälfte des 16. Jh. einen entschiedenen Aufschwung durch verstärkte Nachfrage nach ihren Erzeugnissen und steigende Preise. Wie in Ostdeutschland sucht der Adel diese Konjunktur durch Erweiterung seiner Rittergüter zu nutzen, stößt aber bei dem Bestreben, die meierrechtlichen Grundlagen der Agrarverfassung zu beseitigen, auf den Widerstand des Staates, der, wie schon im 15. Jh., das Bauerntum in Schutz nimmt, um sich seine Steuerleistungen zu erhalten. Nach erbitterten Kämpfen setzt Herzog Heinrich Julius mit den Landtagsabschieden von Salzdahlum (für Wolfenbüttel, 1597) und Gandersheim (für Calenberg, 1601) eine für Jahrhunderte richtunggebende Lösung durch: Schutz des Bauern gegen willkürliche Abmeierung durch den Grundherrn, aber auch Schutz des Grundherrn gegen einseitige Verfügung des Bauern über das in dinglicher Erbpacht stehende Meiergut, das durch das Anerbenrecht vor Zersplitterung bewahrt bleibt. Die Landesherrschaft rettet dadurch das Bauerntum der Welfenlande vor dem Absinken in die ostdeutsche Gutsuntertänigkeit.

Das 16. Jh. sieht die reiche Entfaltung einer adligen und bürgerlichen *Kultur* im Zeichen der Renaissance: Schloßbauten der Fürsten und des Adels, besonders im Wesergebiet (*Weserrenaissance:* Schlösser Hämelschenburg, Bevern, Schwöbber usw.), bürgerlicher Rathaus- und Wohnbau (erhaltene Beispiele in

Abb. 10: Hildesheim, Marktplatz mit Knochenhauer-amtshaus, erbaut 1529, zerstört 1945; Beispiel bürgerlichen Wohnbaues im 16. Jh.

Abb. 11: Die Hämelschenburg bei Hameln, Südflügel; erbaut um 1600; Beispiel des Schloßbaues der Weserrenaissance

Hameln, Celle, Wolfenbüttel, Lüneburg, Einbeck, Goslar, Duderstadt, Göttingen). Kennzeichnend für Niedersachsen ist die bedeutende Entwicklung der ländlichen und städtischen Fachwerkbauweise (außer in den eben genannten Städten bis zum Zweiten Weltkrieg besonders in Braunschweig, Hildesheim, Hannover vertreten).

In Wolfenbüttel und Bückeburg entstehen am Anfang des 17. Jh. die ersten großen protestantischen Kirchenbauten im Stil einer gotisierenden Renaissance, in Helmstedt der Universitätsbau des Juleums von Paul Francke.

In ihrer *Glaubensrichtung* halten die Welfenlande nach dem endgültigen Sieg des Luthertums im allgemeinen eine gemäßigte Linie. In Helmstedt vertritt seit 1614 Georg Calixt eine versöhnliche Richtung, in Celle Johann Arndt (gest. 1621) einen protestantischen Mystizismus.

Blickt man über die Welfenlande hinaus auf das weitere Niedersachsen, so ergibt sich 1618 folgendes Bild des Bekenntnisstandes: der um 1570 aus dem Gesamtgebiet nahezu verdrängte Katholizismus hat durch die Gegenreformation einzelne Landesteile (Niederstift Münster, Eichsfeld) zurückerobert; Hildesheim, Osnabrück und Lingen sind gespalten. Das übrige Niedersachsen ist lutherisch mit Ausnahme von Ostfriesland, der Stadt Bremen, der Grafschaft Bentheim und der hessischen Gebietsinseln in Südhannover, wo der Calvinismus sich ganz oder teilweise durchgesetzt hat.

In *sprachlicher* Hinsicht bringt das 16. Jh. das Eindringen und den Sieg des Hochdeutschen als Schriftsprache, nicht gerade in unmittelbarer Auswirkung der Reformation, da Bibel, Gesangbuch und Predigt bis ins 17. Jh. weithin niederdeutsch bleiben. Das Niederdeutsche sinkt zur Mundart, zum „Plattdeutschen", ab.

Die Welfenlande und der Dreißigjährige Krieg

Schon bevor der Krieg auf Niedersachsen übergreift, stürzt sich Herzog *Christian von Braunschweig-Wolfenbüttel* († 1626), als Nachfolger seines Vaters Heinrich Julius Administrator von Halberstadt (der „tolle Halberstädter"), zugunsten seiner Base Elisabeth von der Pfalz, der „Winterkönigin" von Böhmen, in die „böhmische Unruhe". Nach seinen Niederlagen bei Höchst und Stadtlohn zieht er den Krieg nach Nordwestdeutschland. Den herandringenden Heeren der Liga tritt König Christian IV. von Dänemark als Oberster des Niedersächsischen Reichskreises 1625 entgegen, wird aber bei Lutter am Barenberge 1626 von Tilly völlig geschlagen und muß im Frieden von Lübeck Nieder-
1629 sachsen preisgeben. Das Restitutionsedikt 1629 setzt in weiten Teilen Nordwestdeutschlands die Katholiken wieder in den Besitz der Stifte, Klöster und Kirchen. Doch wendet sich die Lage durch das Eingreifen der Schweden, mit denen im Bunde Herzog Georg von Lüneburg 1633 die Kaiserlichen bei Hessisch Oldendorf schlägt und zum Abzug nötigt.

Mitten im Krieg *stirbt* das Haus *Wolfenbüttel* mit dem untüchtigen, zeitweise von verbrecherischen Landdrosten beherrschten Herzog Friedrich Ulrich *1634 aus.* Das allein überlebende Haus Lüneburg nutzt jedoch diese einmalige Gelegenheit, alle Welfenlande zu vereinigen, nicht aus, sondern teilt erneut. Immerhin gelingt es dem mit dem Fürstentum Calenberg (Residenz seit 1636 Hannover) ausgestatteten tatkräftigen Herzog Georg, eine gemeinsame „Armatur" des Gesamthauses zustande zu bringen (Anfang eines stehenden Heeres) und die Bistümer Minden und Hildesheim in Besitz zu nehmen. Sein jäher Tod macht 1641 alles zunichte. In dem Bestreben, um jeden Preis aus dem verheerenden

Stammtafel des welfischen Hauses D: die Neuen Häuser Braunschweig und Lüneburg 1634 bis zur Gegenwart

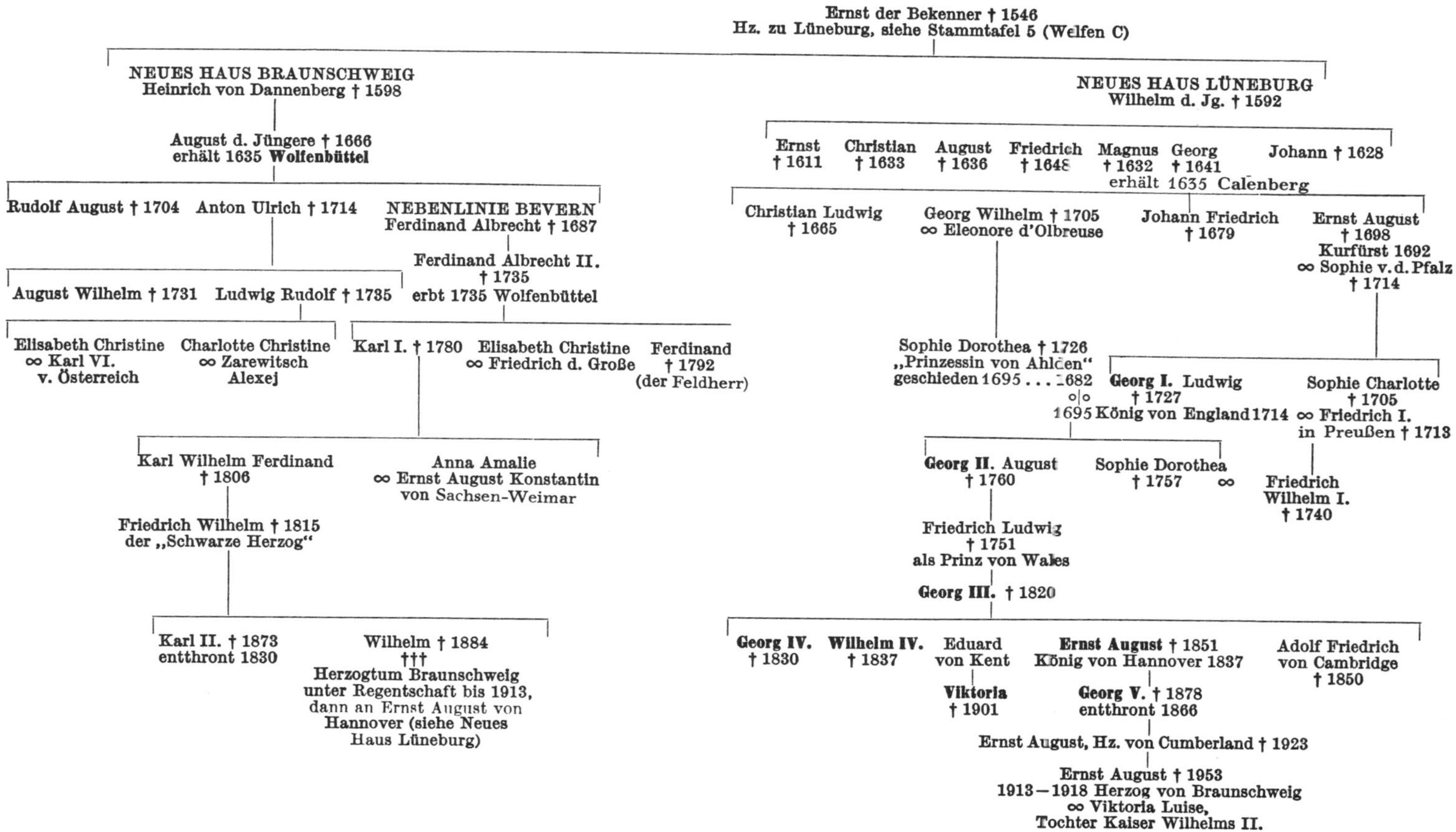

Krieg zu kommen, geben die Welfen ihre „Armatur“ preis, überlassen im Frieden von Goslar 1642 das Stift Hildesheim wieder den Bischöfen (und zwar im alten Umfang, den es vor 1523 gehabt hatte) und verlieren auch Minden. Erneut werden weite Teile Niedersachsens zum Schauplatz des Krieges und seiner Verwüstungen. Bei den Friedensverhandlungen in Osnabrück spielt das Haus Braunschweig, vertreten durch Jakob Lampadius und Heinrich Langenbeck, in seiner Wehrlosigkeit nur eine untergeordnete Rolle und schneidet bei der Säkularisation der geistlichen Stifte in Nordwestdeutschland
1648 schlecht ab. Im **Westfälischen Frieden** fallen Bremen und Verden an Schweden, Magdeburg, Halberstadt und Minden an Brandenburg, das auch den größten Teil der Grafschaft Hohnstein an sich bringt. Die Welfen müssen sich mit der Abtei Walkenried und der „Alternation“ im Bistum Osnabrück begnügen.

Wie in ganz Deutschland sind auch in Niedersachsen die *Auswirkungen* der dreißig Kriegsjahre landschaftlich sehr ungleich. Neben Schongebieten, die wenig oder gar nicht vom Krieg heimgesucht wurden, stehen Gebiete mit starker und stärkster Zerstörung, namentlich an den Durchgangsstraßen, aber auch in entlegenen Landesteilen (Ostfriesland). Das flache Land leidet unter der Kriegsfurie im allgemeinen stärker als die Städte, die jedoch vielfach zu Seuchenherden werden. Über den *Rückgang der Bevölkerung* lassen sich noch keine sicheren Angaben machen. Er war im ganzen erheblich, ist aber bis Ende des 17. Jh. größtenteils wieder aufgeholt. Die allgemeinen Folgen des Krieges sind überall spürbar: trostlose Verarmung, Niedergang der Wirtschaft, Verwilderung der Sitten, kulturelle Entwurzlung, die dem Eindringen der Fremdtümelei, des „à la mode“-Wesens, die Tore auftut.

Die Welfenlande 1648–1803/06

Die Fürstentümer Calenberg (Hannover) und Lüneburg (Celle) 1648–1714

In den durch die Erbverträge von *1635* neu entstandenen Fürstentümern *Calenberg (Hannover)* und *Lüneburg (Celle),* deren Vereinigung das Testament Herzog Georgs entgegensteht, regieren nacheinander die „vier welfischen Brüder“ Christian Ludwig (in Hannover 1641–1648, in Celle 1648–1665), Georg Wilhelm (in Hannover 1648–1665, in Celle 1665–1705), Johann Friedrich (in Celle 1665, in Hannover 1665–1679), Ernst August (in Hannover 1679–1698).

Sie wandeln ihre Fürstentümer durch Stärkung der Zentralgewalt, Vermehrung der Armatur (Heer des Gesamthauses mit Subsidien fremder Mächte auf 30 000 Mann gebracht) und straffe Organisation des Behördenapparats in *absolutistisch regierte Staaten* um, ohne jedoch die Teilhabe der Stände (Ritterschaft, Prälatur und Städte) am Staat gänzlich zu beseitigen.

Im europäischen Kräftespiel geschickt lavierend, sich nicht selten auf die rivalisierenden Mächtegruppen aufteilend, nehmen alle Linien einen starken Aufschwung. Hannover erreicht 1692 seinen Eintritt in die Reihe der Kurfürsten. Demgegenüber bleibt der Gebietszuwachs gering: 1679 von Schweden einige Randstücke von Bremen und Verden; 1689 das Herzogtum Lauenburg,

Abb. 12: Kurfürst Ernst August von Hannover (1629–1698). Schabkunstblatt von P. Schenk, um 1695

Abb. 13: Kurfürstin Sophie von Hannover (1630–1714). Gemälde von Andreas Scheits, 1706

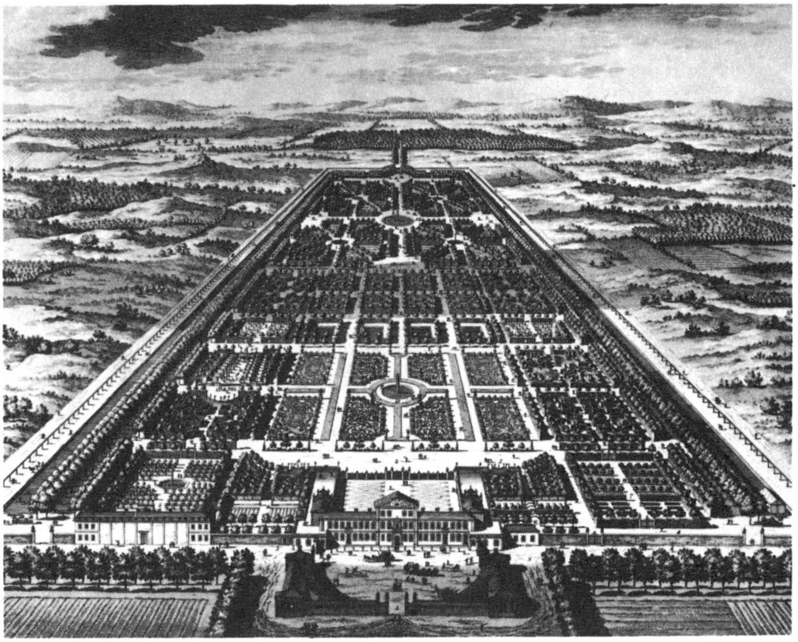

Abb. 14: Herrenhausen, barocke Schloß- und Gartenanlage. Holländischer Stich, vor 1714

das nach dem Aussterben der dortigen Askanier von den Welfen als Allod Heinrichs des Löwen in Besitz genommen und behauptet wird. 1705 gelingt die *Vereinigung der beiden Fürstentümer Calenberg und Lüneburg* im hannoverschen Kurstaat.

1665–1679 regiert in Hannover Herzog *Johann Friedrich,* der zum Katholizismus übertritt, aber den protestantischen Bekenntnisstand des Landes nicht beeinträchtigt. In seinem Streben nach der Kurwürde ein Vorläufer seines Bruders Ernst August, jedoch ohne dessen Glück und Geschicklichkeit, ist er durch seine enge Bindung an Frankreich der politische Außenseiter des Hauses. Er holt 1676 *Gottfried Wilhelm Leibniz* († 1716) nach Hannover.

Ihm folgt Herzog **Ernst August** (1679–1698), 1658 (nach Brauttausch mit seinem Bruder Georg Wilhelm) verheiratet mit *Sophie von der Pfalz* (1630–1714), die als Enkelin König Jakobs I. von England dem Haus Hannover die Anwartschaft auf die englische Thronfolge zubringt. Seit 1661 auf Grund des Westfälischen Friedens Bischof von Osnabrück, wird Ernst August 1679 Herzog von Calenberg zu Hannover. Gegen heftigen Widerstand der eigenen Familie (Prinzenverschwörung 1691) führt er die *Erstgeburtsordnung* von *1683* durch und erreicht die Verleihung der *9. Kurwürde*

1692 19. Dez. (Kurfürstentum Braunschweig-Lüneburg, doch wird bald die staatsrechtlich nicht korrekte Bezeichnung *Kurhannover* üblich). Der Kurvertrag mit dem Kaiser bindet die politischen und militärischen Kräfte Hannovers auf lange Sicht eng an das Haus Österreich.

Die aus Staatsgründen 1682 geschlossene Ehe des Kurprinzen Georg Ludwig mit seiner Base Sophie Dorothea, Tochter des Herzogs Georg Wilhelm von Celle (1624–1705) aus seiner unebenbürtigen Verbindung mit der Französin Eleonore d'Olbreuse, wird 1695 geschieden, die Kurprinzessin nach Ahlden verbannt („Prinzessin von Ahlden"), wo sie 1726 stirbt; ihr Liebhaber *Graf Philipp Christoph Königsmarck* wird im Leineschloß zu Hannover ermordet.

Kurfürst **Georg Ludwig** (1698–1727) beteiligt sich 1702–1714 auf kaiserlicher Seite, mit Subsidien der Seemächte, am Spanischen Erbfolgekrieg.

Die Parlamentsakte *„Act of Settlement"* bestimmt *1701* die Kurfürstin *Sophie* zur *Erbin des englischen Throns.* Nach dem Tod des Herzogs Georg

1705 Wilhelm wird das Fürstentum Lüneburg mit Hannover vereinigt.

1708 erreicht Kurfürst Georg Ludwig nach langen Kämpfen gegen die Kurgegner seine Einführung ins Kurfürstenkolleg und damit die volle *Anerkennung der 9. Kurwürde* im Reich. International wird sie durch die europäischen Friedensschlüsse von 1713/14 bestätigt, 1710 die Erzschatzmeisterwürde als Kuramt an Hannover übertragen.

Während Georg Ludwig selbst, ein guter Regent und tapferer Soldat, wenig für Kunst und Wissenschaft tut, macht seine Mutter, die Kurfürstin Sophie, im Wetteifer mit ihrer geistvollen Tochter Sophie Charlotte (Gemahlin König Friedrichs I. in Preußen) ihren Witwensitz Herrenhausen zu einem Musenhof mit *G. W. Leibniz* und *Georg Friedrich Händel.*

1714 Die Kurfürstin Sophie stirbt im Alter von 84 Jahren, ohne die englische Sukzession erlebt zu haben. Die **englische Krone** fällt noch im gleichen Jahr, beim Tod der Königin Anna, dem Kurfürsten **Georg Ludwig** zu, der als **Georg I.** den Thron besteigt.

Abb. 15: Der Philosoph und Mathematiker Gottfried Wilhelm Leibniz (1646–1716). Stich von Bernigeroth nach einem Gemälde von Andreas Scheits, 1703

Fürstentum Wolfenbüttel 1648–1806

Herzog *August d. J.* (1634–1666), ein gelehrter Fürst, wird zum Begründer der nach ihm benannten *Bibliotheca Augusta* in Wolfenbüttel. Ihm folgt sein Sohn Rudolf August (1666–1704), der ganz im Schatten seines ungleich bedeutenderen Bruders Anton Ulrich steht (seit 1685 Mitregent). **Anton Ulrich** ist eine hervorragende, vielseitig gebildete Persönlichkeit, in der Literaturgeschichte als Verfasser von Liedern und Romanen („Römische Octavia") bekannt. Sein von Hermann Korb erbautes Lustschloß *Salzdahlum* wird ein bedeutender Musenhof mit großartiger Gemäldesammlung (heute z.T. im Anton-Ulrich-Museum in Braunschweig).

1671 gelingt dem Gesamthaus Braunschweig die Unterwerfung der bis dahin nahezu unabhängigen Stadt *Braunschweig.* Politisch erschöpft sich Wolfenbüttel durch den von Herzog Anton Ulrich seit 1692 mit allen Mitteln betriebenen Kampf gegen die hannoversche Kurwürde. 1702 wird Wolfenbüttel durch militärisches Eingreifen von Hannover und Celle zum Verzicht auf sein Bündnis mit Frankreich, 1706 zur Anerkennung der hannoverschen Kur gezwungen, auf die es dann 1726 eine Anwartschaft erhält.

1714 stirbt Anton Ulrich, nachdem er seine Enkelinnen Elisabeth Christine mit Karl VI. von Österreich und Charlotte Christine mit dem Zarewitsch Alexej von Rußland verheiratet und noch ganz zuletzt selbst den Übertritt zum Katho-

Abb. 16 (links): Krönungsmedaille König Georgs I. von G. W. Westner, 1714. Vorderseite: Porträt des Königs; Rückseite: Sprung des Sachsenrosses von Hannover nach London

Abb. 17 (rechts): Gerlach Adolf von Münchhausen (1688–1770), hannoverscher Premierminister. Gemälde von Godefr. Boy, 1747

lizismus vollzogen hat. Mit seinen nacheinander regierenden Söhnen August Wilhelm (1714–1731) und Ludwig Rudolf (1731–1735) geht die Hauptlinie des Hauses Wolfenbüttel aus. Es folgt 1735 die Nebenlinie Braunschweig-**Bevern** (bis 1884), die sich in enger verwandtschaftlicher Verbindung mit dem Hause Hohenzollern (Friedrich der Große vermählt mit Elisabeth Christine von Wolfenbüttel, seine Schwester Philippine mit Karl I. von Braunschweig) politisch meist zu Preußen hält.

Karl I. (1735–1780) sorgt für *Kultur* und *Wirtschaft* (Collegium Carolinum: die erste Technische Hochschule Deutschlands 1745; Fürstenberger Porzellanfabrik 1747; Landesvermessung, Brandkasse und andere soziale Einrichtungen), pflegt auch Oper und Schauspiel, beruft *G. E. Lessing* als Bibliothekar nach Wolfenbüttel (1776–1781), bringt das Land aber in erhebliche Schulden. Die Residenz wird 1753 nach Braunschweig verlegt.

Sein Nachfolger *Karl Wilhelm Ferdinand* (1780–1806) ist hauptsächlich als preußischer Heerführer bekannt (Valmy 1792), im Dienste Preußens stirbt er 1806 an der bei Auerstedt erhaltenen schweren Verwundung. Das Herzogtum Braunschweig wird von den Franzosen besetzt.

Das Kurfürstentum Hannover 1714–1806

1714–1837 Die *Personalunion Hannovers mit Großbritannien* besteht staatsrechtlich nur in der Gemeinsamkeit des Herrschers. Das deutsche Stammland der Dynastie Hannover wird nicht Teil des Britischen Reiches, sondern bleibt ein selbständiges Kurfürstentum im deutschen Reichsverband. In Abwesenheit der Landesherrn wird es, unter starker Mitwirkung der Stände, von dem mit erheblicher Machtvollkommenheit ausgestatteten *Geheimen Ratskollegium* regiert – Premierminister *Gerlach Adolf von Münchhausen* ist von 1730 bis 1770 Leiter der inneren und äußeren Politik Hannovers und eigentlicher Vater der *Universität Göttingen* (1737). Neben den ausschließlich adligen Ministern bringt es die aus dem gehobenen Bürgertum, den sogenannten „hübschen" (höfischen) Familien, hervorgegangene „Sekretariokratie" zu Einfluß und bedeutenden Leistungen.

Politisch wirkt sich die Verbindung mit England dahin aus, daß Hannover zur Achillesferse des Inselreichs wird, von jedem Gegner bedroht oder angegriffen, der England auf dem Festland treffen will. Andererseits verdankt Hannover seine Wiederherstellung und Vergrößerung nach der französischen Fremdherrschaft vor allem dem Eingreifen Englands.

Englischer Einfluß ist auch maßgebend beim Übergang der Herzogtümer Bremen und Verden an Hannover, die Georg I. 1720 durch Kauf von Schweden erwirbt. Dänemark, das die Herzogtümer 1712 besetzt hatte, ist bereits 1715, ebenfalls mit Geld, abgefunden worden.

Auf der Reise nach Hannover stirbt Georg I. 1727 in Osnabrück. Sein Nachfolger *Georg August* (als englischer König **Georg II.** 1727–1760) besucht seine hannoverschen Stammlande häufig und ist auf ihre Vergrößerung bedacht. 1737 wird die nach ihm benannte Georg-August-Universität in Göttingen errichtet, die sich in der zweiten Hälfte des Jahrhunderts in die Reihe der ersten Hochschulen Europas aufschwingt.

1740–1748 Im *Österreichischen Erbfolgekrieg* bewahrt Hannover staatsrechtlich Neutralität, stellt aber, in englischem Sold, Truppen für die sog. Pragmatische Armee, mit der Georg II. die Franzosen 1743 bei Dettingen schlägt. Durch die „Umkehr der Bündnisse" von 1756 aus der herkömmlichen Verbindung mit Österreich gelöst und durch das englische Bündnis mit Friedrich dem Großen an Preußens Seite geführt, sucht Hannover im *Siebenjährigen Krieg* 1756–1763 zunächst neutral zu bleiben, wird aber bereits 1757 das Angriffsziel der Franzosen: Niederlage von Hastenbeck und Kapitulation von Kloster Zeven 1757, die Georg II. nicht anerkennt. Unter Führung des Prinzen *Ferdinand von Braunschweig* († 1792) gelingt es, die Kurlande von der französischen Besetzung zu befreien und den Gegner durch Westfalen und Hessen bis zum Rhein und Main zurückzudrängen. Durch den Sieg bei Minden 1759 entlastet Ferdinand an der Spitze eines Koalitionsheeres Friedrich den Großen in einer besonders kritischen Phase des Krieges (Kunersdorf!) und behauptet sich auf dem westlichen Kriegsschauplatz unter wechselvollen Kämpfen bis zum Frieden 1762/63, der für Hannover den territorialen Vorkriegsstand wiederherstellt.

König **Georg III.** (1760–1820), Enkel Georgs II., besucht seine Stammlande nie, wendet ihnen aber beachtliche Fürsorge zu: Gründung der Landwirtschafts-

Stammtafel 7 Die Personalunion zwischen Hannover und Großbritannien

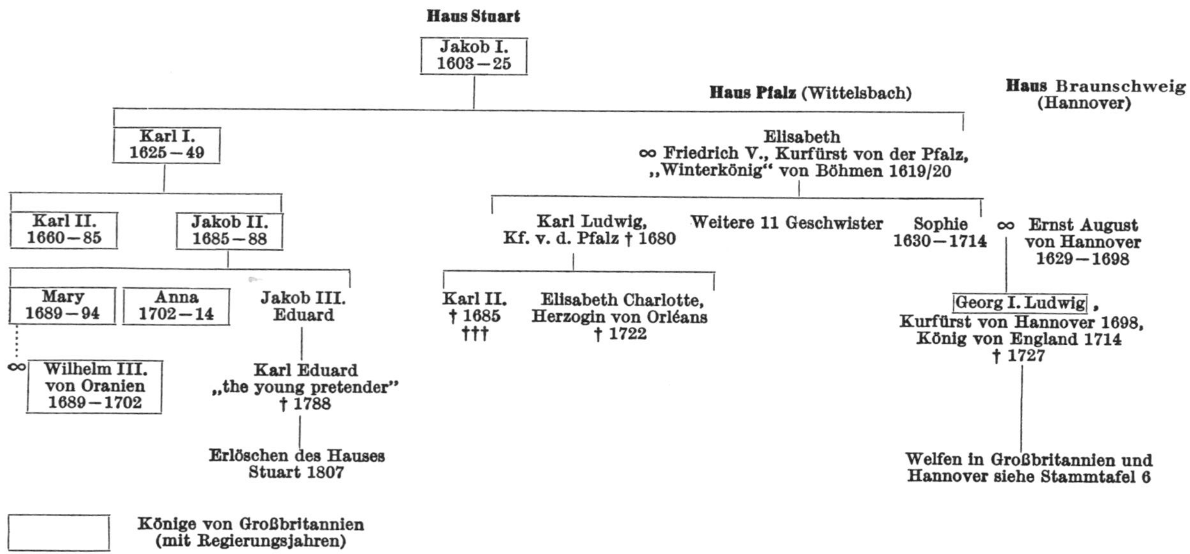

gesellschaft in Celle 1764 (*Albrecht Thaer,* der „Vater der Landwirtschaft"), Urbarmachung der Moore im Bremischen (Jürgen Christian Findorff), Beginn der Bauernbefreiung auf den königlichen Domänen, topographische Landesaufnahme. In dreißigjähriger Friedenszeit nimmt das *wirtschaftliche* und *kulturelle Leben* einen großen *Aufschwung:* die Universität und der „Hainbund" in Göttingen, die „Goldenen Tage von Hannover" (Hölty, Zimmermann, Knigge).

Hannoversche Truppen werden *in englischem Dienst* in Gibraltar, Minorca, Ostindien (nicht im amerikanischen Unabhängigkeitskrieg) eingesetzt. Seit 1793 beteiligen sie sich, im Rahmen des englischen Heeres, am Koalitionskrieg gegen das revolutionäre Frankreich (Selbstbefreiung der Garnison von Meenen 1794 unter Hammerstein und Scharnhorst).

Die durch den Frieden von Basel 1795 festgesetzte Demarkationslinie schützt Hannover vor dem Einbruch der bereits bis Bentheim vorgedrungenen Franzosen, doch wird es 1801 vorübergehend von Preußen besetzt.

Im *Reichsdeputationshauptschluß* erwirbt Preußen Hildesheim,
1803 Goslar, das Eichsfeld und Teile der westfälischen Bistümer, während dem Kurfürstentum Hannover das Hochstift Osnabrück zugesprochen wird.

Nach Wiederausbruch des Krieges zwischen Frankreich und England wird Hannover im Sommer 1803 fast widerstandslos von den Franzosen besetzt. Die hannoversche Armee tritt nach den Kapitulationen von Sulingen und Artlenburg großenteils als Königlich Deutsche Legion (King's German Legion) nach England über.

Das von den Franzosen besetzte Kurfürstentum wird von *Napoleon* im Vertrag von Schönbrunn 1805 dem König von Preußen aufgedrängt, um ihn mit England zu verfeinden. Preußen nimmt Hannover 1806 in Besitz, muß es aber noch im gleichen Jahr, bei Jena und Auerstedt geschlagen, erneut den Franzosen überlassen (unrühmliche Kapitulation der Festung Hameln).

Andere Territorien

Heinrich der Löwe beherrschte noch den ganzen Raum des sächsischen Stammesherzogtums und darüber hinaus die Lande an der Ostsee. Der neue Herzog von Braunschweig und Lüneburg, Otto das Kind, und seine Nachkommen müssen sich mit einem engeren Herrschaftsbereich begnügen: die „Welfenlande" umfassen nur den östlichen Teil des Stammesherzogtums, von Lüneburg über Celle und Braunschweig bis Hann. Münden reichend.

Neben den Welfen, die sich in mehrere Linien aufspalten, siedeln sich auf den Trümmern des Stammesherzogtums noch andere Territorialherren an. Nach dem Fortfall der herzoglichen Macht, die sie, vor allem in den Händen Heinrichs des Löwen, einengt, gewinnen sie freien Raum, sich zu entfalten. Sie sind zum Teil älter als die Welfen, die erst 1106 infolge der Heirat Heinrichs des Schwarzen mit einer Billunger Erbtochter in Sachsen Fuß fassen. Dazu gehören in erster Linie das Erzstift Bremen, die Hochstifte Verden, Hildesheim, Osnabrück – sie reichen in die Zeiten Karls des Großen, der Eroberung und Christianisierung zurück.

Während sich Bremen und Verden am Rande, Osnabrück abseits der Welfenlande befinden, liegt Hildesheim mitten darin.

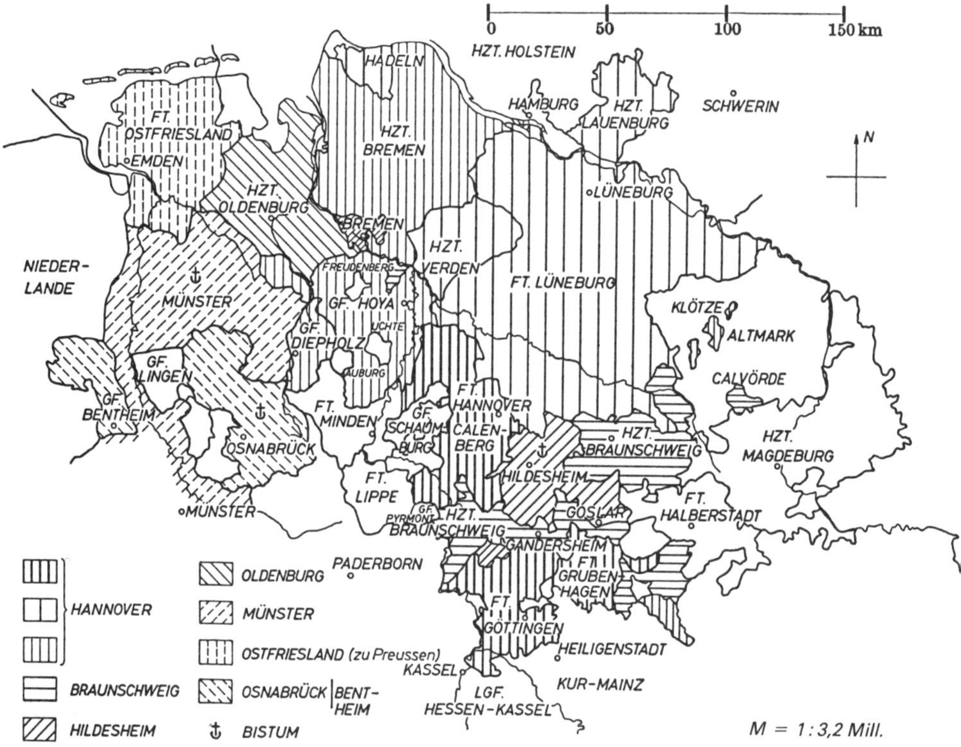

Karte 3: Die Territorien im Raume Niedersachsen am Ende des 18. Jahrhunderts

Erzstift (Herzogtum) Bremen und Land Hadeln

Das 787 als erstes Bistum in Sachsen begründete Bistum Bremen (Bischof Willehad † 789) wird 848 mit dem 831 gegründeten Erzbistum Hamburg zum Erzbistum Hamburg-Bremen vereinigt und Hauptträger der *Mission* in Nordeuropa (Erzbischöfe Ansgar und Rimbert). Bis ins 11. Jh. hat der Elbe-Weser-Winkel unter häufigen Überfällen der *Wikinger* zu leiden, die wiederholt Hamburg und Bremen bedrohen und den damals bedeutendsten Handelsplatz an der Niederelbe, Stade, noch 994 ausplündern.

Die weitgespannten Pläne des Erzbischofs *Adalbert,* ein Patriar-
1043–1072 chat des Nordens zu errichten, scheitern an der allzu schmalen Basis. In seiner territorialen Entwicklung durch die billungischen Herzöge von Sachsen und die mächtigen Grafen von Stade gehemmt, kommt das Erzstift im 12. Jh. in die Gewalt Heinrichs des Löwen, der das Erbe der Grafen von Stade 1144 an sich reißt. Erst 1236 treten die Welfen die Grafschaft *Stade* wieder an das Erzstift ab; sie wird die Grundlage seines Territoriums, das den Raum zwischen Niederweser und Niederelbe umfaßt.

Von den im Küstengebiet entstandenen Bauernrepubliken wird die der *Stedinger* nach zweimaligem Kreuzzug 1234 zwischen Oldenburg und Bremen geteilt. Das Land *Hadeln* kommt im 13. Jh. an die Herzöge von Sachsen-Lauenburg, nach ihrem Aussterben (1689) 1731 an Kurhannover. Das friesisch besiedelte Land Wursten wird erst 1525 dem Erzstift Bremen unterworfen. Die *Stadt Bremen* entzieht sich früh der Oberhoheit der Erzbischöfe, baut ein eigenes Territorium in Richtung auf die Wesermündung auf, erlangt aber erst 1646 die endgültige und förmliche Bestätigung der Reichsfreiheit. Hauptresidenz der Erzbischöfe und Verwaltungsmittelpunkt ihres Territoriums wird schon im 13. Jh. Bremervörde. Der Reformation, die in der Stadt Bremen bereits 1522 Eingang findet, setzt im Erzstift der altgläubige Erzbischof Christoph von Braunschweig-Wolfenbüttel bis 1558 vergeblichen Widerstand entgegen. Nach seinem Tod verwandeln lutherische Administratoren das Erzstift nach und nach in ein weltliches Herzogtum, das 1648 endgültig säkularisiert und der Krone Schweden zugeteilt wird. Schweden verlegt den Verwaltungssitz nach der Festung Stade, nimmt der Stadt Bremen den größten Teil ihres Territoriums ab, muß aber 1666 ihre Unabhängigkeit anerkennen. Nur der Dom mit seinem Zubehör innerhalb der Stadt bleibt beim Herzogtum und fällt mit diesem 1720 an Hannover.

Bistum (Herzogtum) Verden

Die Anfänge des Bistums Verden liegen im dunkeln; die Gründungsurkunde Karls des Großen von 786 ist im 12. Jh. gefälscht. Manches spricht dafür, daß der Bischofssitz zunächst in Bardowick war und erst im 9. Jh. nach Verden verlegt wurde. Territorial kann das Bistum seine weit nach Osten bis in die Altmark

Abb. 18: Verden, Blick von Nordwesten über die Aller auf Stadt und Dom

Abb. 19: Der Jurist und Schriftsteller Justus Möser (1720–1794). Schabkunstblatt von J. C. Huck nach einer Kohlezeichnung von Caroline Rehberg, 1788

ausgedehnte Diözese nicht entfernt ausfüllen. Seine Landeshoheit bleibt, im wesentlichen auf die Gogerichtsbarkeit gestützt, auf ein verhältnismäßig kleines Gebiet um Verden und Rotenburg a. d. Wümme beschränkt, das die Geschicke des Erzstifts Bremen teilt: 1568 Einführung der Reformation, protestantische Administratoren, 1648 als weltliches Herzogtum an Schweden, 1715/20 an Hannover, das bereits 1712 den größten Teil des Landes, einer dänischen Besitznahme vorgreifend, in seine Hand gebracht hat.

Bistümer Osnabrück und Hildesheim; das Eichsfeld, Goslar

Kurz vor 800 gründet Karl der Große das **Bistum Osnabrück** am Haseübergang zwischen Osning und Wiehengebirge. Unter den mittelalterlichen Bischöfen tritt der Schwabe Benno II. (1068–1088) als Ratgeber und Baumeister Heinrichs IV. hervor, aber auch als geistiger Urheber der Osnabrücker Fälschungen im Streit mit Corvey um das sogenannte Nordland (Visbek und Meppen).

Territorial durch die mächtigen Grafen von Tecklenburg (Kirchenvögte bis 1236) und Ravensberg beengt, verliert das Hochstift die weltliche Hoheit über den nördlichen Teil seiner Diözese an Münster, behauptet sie aber, hauptsächlich auf Grund der 1225 erworbenen Gogerichtsbarkeit, im ganzen Flußgebiet der Hase bis Quakenbrück und in der Exklave Reckenberg (Wiedenbrück).

Die *Stadt Osnabrück* erlangt weitgehende Unabhängigkeit; doch steht einer ihrer bedeutendsten Bürgermeister, der Geschichtsschreiber Ertwin Erdmann, im 15. Jh. als geistiger Wegbereiter des Landesfürstentums im Dienste des Bischofs.

In der Reformation spaltet sich das Land: Städte und Ritterschaft treten der neuen Lehre bei, das Domkapitel bleibt größtenteils altgläubig. Dann wechseln katholische Bischöfe mit protestantischen Administratoren; seit 1628 setzt eine scharfe Gegenreformation unter Bischof Franz Wilhelm von Wartenberg ein. Artikel XIII des in Osnabrück 1648 geschlossenen Westfälischen Friedens bestimmt die „Alternation", d.h. die abwechselnde Regierung des Hochstifts durch katholische und protestantische Bischöfe, letztere aus dem Haus Braunschweig-Lüneburg – unter gegenseitiger Duldung und Gleichberechtigung der Bekenntnisse. Dieser Wechsel wird bis 1802 auch durchgeführt. Unter dem letzten Fürstbischof, Herzog Friedrich von York (Sohn Georgs III., 1763–1802), ist *Justus Möser* (1720–1794), der „Patriarch von Osnabrück", Volkskundler, Schriftsteller und Staatsmann, als advocatus patriae die Seele der Regierung. 1803 fällt das Bistum an Hannover und teilt fortan dessen Schicksal.

Das (nach einer Missionsstation in Elze) 815 von Ludwig dem Frommen gegründete ostfälische **Bistum Hildesheim** erlebt eine hervorragende Blütezeit unter den heiligen Bischöfen Bernward (993–1022: Michaeliskirche, Bronzetüren, Christussäule) und Godehard (1022–1038). Territorial bleibt es nach verheißungsvollen Anfängen (Erwerb zahlreicher Grafschaften im 11. Jh.) auf den Kernraum der Diözese zwischen Leine und Oker beschränkt, unter ständigem Kampf mit den Welfen, deren Stammlande vom Hochstift Hildesheim in störender Weise zerrissen werden („Hildesheimer Burgenvieleck"). Die Geschichte des Bistums ist daher durch häufige Kämpfe mit den Herzögen von Braunschweig gekennzeichnet, die in der sogenannten Stiftsfehde 1519–1523 den größten Teil des Bistums erobern und später dem Protestantismus zuführen. Erst 1643 wird das sogenannte „Große Stift" fast im früheren Umfang wiederhergestellt, bleibt aber bis auf die unmittelbare Umgebung der Hauptstadt Hildesheim evangelisch. Diese selbst hat seit dem 18. Jh. eine ständige Garnison ihrer welfischen Erbschutzherren in den Mauern.

In die *wittelsbachischen Pfründenkombinate* mit den westfälischen Bistümern, dem Erzbistum Köln usw. einbezogen, wird das Hochstift, dessen Domkapitel nicht mehr vom lutherisch gewordenen Stiftsadel, sondern von rheinisch-westfälischen Geschlechtern beherrscht wird, zum Zankapfel zwischen Hannover und Brandenburg-Preußen. So fällt es 1802 zuerst an Preußen, dann 1815 an Hannover.

Die Grenze Niedersachsens im Süden wird in Auseinandersetzung mit dem Erzstift Mainz festgelegt. Anfänglich reichen Mainzer Besitz und Mainzer Rechte ins Leine-Gebiet, bis Northeim, bis Einbeck und Osterode, also fast bis an die Nordgrenze des Erzbistums, heran. Hier muß das Erzstift den Rückzug antreten, dagegen erwirbt es das Eichsfeld.

Das (Unter-) **Eichsfeld** mit **Duderstadt,** ursprünglich liudolfingisches Hausgut und ottonisches Reichsgut, fällt teilweise als Lehen des Stifts Quedlinburg im 13. Jh. an die Herzöge von Braunschweig-Grubenhagen. Sie müssen jedoch diesen Teil ihres Besitzes 1334/42 an Kurmainz verpfänden bzw. verkaufen. Seitdem ist die Mark Duderstadt, zusammen mit dem Obereichsfeld, eine entlegene Exklave der Erzbischöfe von Mainz, die Ende des 16. Jh. die bereits zum Luthertum übergegangene Bevölkerung zum alten Glauben zurückzwingen. Das fruchtbare Gebiet („Goldene Mark") wird notleidend durch die Nachlässigkeit der kurmainzischen Verwaltung und die ungesunden bäuerlichen Besitzverhältnisse (Realteilungsgebiet). Preußen, das 1802 das ganze Eichsfeld erhält, gibt 1815 den niederdeutsch sprechenden nördlichen Teil an Hannover ab.

Wie unabhängig die niedersächsischen Städte zeitweilig sich auch aufspielen können, Niedersachsen kennt – von der „Freien Hansestadt Bremen" abgesehen – nur eine Reichsstadt: **Goslar.**

Goslar, schon unter den Ottonen durch den *Silberbergbau* des Rammelsberges von hoher Bedeutung, unter den Saliern (Heinrich III.) bevorzugte Residenz der deutschen Herrscher, ist und bleibt Reichsgut. Friedrich I. behauptet Goslar gegen Heinrich den Löwen. Es wird freie Reichsstadt. Im 14. und 15. Jh. nimmt Goslar eine glänzende Entwicklung, kommt dann aber durch den nachlassenden Ertrag des Bergwerks in Bedrängnis und verliert im *Vertrag von*
1552 *Riechenberg* sein bis dahin nicht unbedeutendes Territorium an Herzog Heinrich d. J. von Wolfenbüttel. Fortan auf die Mauern der Stadt beschränkt, verfällt die Reichsstadt in ein kleinstädtisches Stilleben, wird 1802 preußisch und 1815 hannoversch.

Für weltliche Territorien findet sich neben den Welfenlanden wenig Raum. Diese nehmen den ganzen Osten ein; im Westen überwiegen die geistlichen Territorien: das Hochstift Osnabrück, das Niederstift Münster. Dazwischen liegen die Grafschaften Schaumburg, Hoya, Diepholz und Oldenburg. Davon werden zuerst Hoya und Diepholz mit den Welfenlanden vereinigt (1582/85), Schaumburg, soweit hessisch geworden, 1932 mit Hannover, der Rest Schaumburg (-Lippe) und Oldenburg 1946 mit Niedersachsen.

Die Grafschaften Hoya und Diepholz

Der Erwerb der 1582 bzw. 1585 ausgestorbenen Grafschaften Hoya und Diepholz ermöglicht dem Haus Braunschweig den ersten entscheidenden Schritt nach Westen über die Weser. Die Grafen von **Hoya** aus dem Haus der Edelherren von Stumpenhausen bauen durch geschickte Politik im Kampf mit Bremen, Minden und Münster ein nicht unbedeutendes Territorium an der mittleren Weser (Hauptort Nienburg) auf, das auch die Besitzungen der oldenburgischen Nebenlinie Bruchhausen aufsaugt. Das Grafenhaus, das sich zeitweise durch kulturelle Interessen auszeichnet, teilt sich um 1350 in eine Ober- und Niedergrafschaft, die 1503 wieder zusammenfallen. Hinter ihnen sitzen in fast unangreifbarer Moorstellung die aus Nordniedersachsen (Hadeln) stammenden Edelherren (im 16. Jh. Grafen) von **Diepholz** in einem kleinen, durch ständigen Grenzkampf verkümmerten Territorium.

Der Übergang beider Grafschaften an die Welfen beruht auf Lehnsanwartschaften, von denen allerdings die von Hessen lehnrührigen Ämter Auburg, Uchte und Freudenberg ausgenommen bleiben; sie sind demzufolge bis 1815 hessische Gebietsinseln im Welfenlande.

Die napoleonische Zeit 1806–1815

1807 Das südliche *Hannover* mit *Braunschweig* wird zu dem für Napoleons Bruder Jérôme errichteten **Königreich Westphalen** geschlagen, das 1810 auch den bis dahin unter französischer Militärverwaltung stehenden nördlichen Teil des Kurfürstentums bis zur Nordsee erhält. Einteilung in Departements ohne historische Grenzen, Einführung zahlreicher, nicht durchweg unvorteilhafter *Neuerungen* im Sinne des französischen Liberalismus: Aufhebung der Standesvorrechte, des Zunftzwanges, der bäuerlichen Lasten, der Patrimonialgerichtsbarkeit, Trennung von Justiz und Verwaltung, einheitliches Recht *(Code Napoléon)*, Maß und Gewicht usw.; die Universitäten Rinteln und Helmstedt 1809 aufgehoben.

Noch im Jahre 1810 wird dann der *nördliche Teil Niedersachsens* bis zur Linie Minden-Lauenburg-Lübeck zwecks wirksamerer Durchführung der *Kontinentalsperre* zum **Kaiserreich Frankreich** gezogen. Einteilung in die Departements Oberems, Wesermündungen, Elbmündungen; starker Druck namentlich durch Steuern und Aushebungen, zunehmende Auflehnung der Bevölkerung im Zeichen des wachsenden Nationalgefühls. 1809 durchquert der „Schwarze Herzog" Friedrich Wilhelm von Braunschweig auf seinem Zug von Böhmen zur Nordsee Niedersachsen, besetzt vorübergehend Braunschweig und entkommt nach England.

Während der ganzen Zeit 1803–1813 kämpft die aus Resten des hannoverschen Heeres gebildete und durch ständigen Zuzug aus der Heimat bis auf 15 000 Mann aufgefüllte *„Königlich Deutsche Legion"* auf den verschiedensten Kriegsschauplätzen gegen Napoleon: vor Kopenhagen, auf Walcheren, in Italien, besonders aber in Spanien und Portugal.

Bei der ersten Annäherung preußischer und russischer Truppen 1813 kommt es zu verfrühten Aufständen in Oldenburg und an der Wesermündung, die blutig unterdrückt werden. Erst nach dem *Sieg bei Leipzig* gelingt die Befreiung und die Wiederherstellung der einheimischen Regierungen. **Hannover** wird zum **Königreich** erklärt.
1814 12. Okt. Preußen hat bereits 1807 England gegenüber auf Hannover verzichtet und 1813 eine angemessene Vergrößerung des Landes zugesichert. Sie wird durch den *Wiener Kongreß* 1815 vorgenommen, wo Hannover durch seinen bedeutenden Staatsmann *Ernst Herbert Graf Münster* († 1839) mit Geschick und Erfolg vertreten wird. Die erstrebte Abrundung durch Minden und Ravensberg scheitert am Widerstand Preußens; es überläßt aber Hildesheim, Goslar, das untere Eichsfeld und zuletzt – unter englischem Druck – auch Ostfriesland an Hannover und handelt dafür Lauenburg (für einen Ringtausch mit Dänemark) ein. Um Hannover eine Gebietsverbindung mit dem durch Oldenburg abgekeilten Ostfriesland zu verschaffen, werden ihm auch die Grafschaften Nieder-Lingen und Bentheim sowie das Emsland (Herzogtum Meppen-Arenberg) zugesprochen.

Die Grafschaft **Bentheim,** die nach dem Aussterben ihres ursprünglichen, von den Grafen von Holland stammenden Grafenhauses seit 1421 von dem niederrheinischen Geschlecht Götterswick regiert wird, wird von ihm bereits 1752 an Kurhannover verpfändet. Das Pfandverhältnis wird wiederholt verlängert und die Grafschaft 1815 in eine Standesherrschaft unter hannoverscher Landeshoheit überführt.

Der Feldzug von *Waterloo* 1815 sieht Braunschweiger und Hannoveraner (darunter die Königlich Deutsche Legion) im Heere Wellingtons in vorderer Linie bei der Abwehr der letzten Angriffe Napoleons. Herzog Friedrich Wilhelm von Braunschweig fällt bei Quatrebras, und zum Sieg von Waterloo tragen die Hannoveraner unter General Karl v. Alten nicht unwesentlich bei.

Hannover 1815–1866

Grundzüge

Die **Verbindung des Königreichs Hannover mit Großbritannien** besteht bis 1837 fort, nach wie vor als reine **Personalunion** unter vollständiger Trennung der beiden Staaten. Infolgedessen nimmt die Deutsche Bundesakte vom 8. Juni 1815 von der Verbindung Hannovers mit England auch keine Notiz. Sie kennt – im Gegensatz zu Holstein, für das der König von Dänemark, und zu Luxemburg, für das der König der Niederlande Bundesmitglieder sind – nur den König von Hannover als Mitglied, nicht etwa den König von Großbritannien für Hannover. Im Deutschen Bund steht Hannover mit rund 38000 qkm Fläche und (1821) 1,5 Millionen Einwohnern, die sich bis 1866 auf etwa 1,9 Millionen vermehren, der Größe nach hinter Österreich, Preußen und Bayern an vierter, der Einwohnerzahl nach an fünfter Stelle (hinter dem Königreich Sachsen, jedoch vor Württemberg). Es gehört also zu den sog. deutschen Mittelstaaten, die im Rahmen des Bundes, aber im Besitz der vollen Souveränität auch in der Außenpolitik eine gewisse Rolle zu spielen sich bemühen. Hierbei wird Hannover noch stärker als die süddeutschen Königreiche vom *Dualismus* zwischen *Österreich* und *Preußen* berührt. Seine Politik ist daher durch ein ständiges Lavieren zwischen den beiden deutschen Führungsmächten gekennzeichnet, gelegentlich auch durch Versuche, in Verbindung mit anderen Mittelstaaten eine „dritte Kraft" zum Tragen zu bringen *(Triasgedanke).* Als Anrainer der Nordsee entwickelt Hannover seit den 1840er Jahren gewisse maritime Interessen und eine nicht unbeträchtliche Handelsflotte, ohne es jedoch zu einer eigenen Kriegsmarine zu bringen oder die übermächtige Stellung der Großhäfen Hamburg oder Bremen erschüttern zu können. Der Raumdruck *Preußens,* das Hannover im Osten und Westen umklammert, wirkt sich immer stärker aus, je mehr sich Preußens Griff nach der Hegemonie in Norddeutschland abzeichnet. Auf die Wahrung seiner Souveränität und Unabhängigkeit bedacht und zu keinerlei Opfern an staatlichen Rechten bereit, klammert sich Hannover 1866 an den Deutschen Bund und wird mit diesem ein Opfer der Bismarckischen Lösung der deutschen Frage.

Nach außen ist die Politik Hannovers durch passives Festhalten am Bestehenden unter Verzicht auf Angriff und Ausdehnung gekennzeichnet, im Innern durch eine *konservative Haltung* gegenüber den liberalen Bestrebungen der Zeit, denen die Staatsführung nur zögernd und unter starkem Gegendruck nachgibt. Hannover gilt daher zeitweise als Hochburg der Reaktion. Auch bei dem wirtschaftlichen und insbesondere dem industriellen Aufschwung des Jahrhunderts geht das Königreich nur behutsam mit und findet erst 1851 den Anschluß an den *Deutschen Zollverein.* Dennoch ist das Land Hannover mit seiner gesunden Wirtschaft, Rechtspflege und Verwaltung ein durchaus lebensfähiger und zukunftsreicher Staat, als die Katastrophe von 1866 über ihn hereinbricht.

Ausgang der Personalunion 1815–1837

Die erste Aufgabe des neuen Königreichs ist die Verschmelzung der bisher nur lose verbundenen, mit eigenen ständischen Vertretungen versehenen Landesteile (ehemalige Fürstentümer und Grafschaften). Wie in anderen größeren Staaten des Deutschen Bundes ergeben sich auch in Hannover anfänglich gewisse *Spannungen zwischen zentralen und regionalen Tendenzen,* hier den altwelfischen Landesteilen und den erst 1803 bzw. 1815 hinzugekommenen Gebieten, von denen sich besonders Ostfriesland, in geringerem Maße auch Osnabrück und Hildesheim gegen die Eingliederung in den Gesamtstaat sperren. Doch schwächen sich diese Hemmungen im Laufe der Zeit erheblich ab. Die am 15. Dezember 1814 ins Leineschloß zu Hannover einberufene provisorische **Allgemeine Ständeversammlung** vertritt – unter Fortbestand der Provinziallandschaften – das ganze Königreich. Sie hat mit Widerständen einzelner Landesteile (vor allem Ostfrieslands) und den Sonderinteressen der bevorrechtigten Stände zu kämpfen, insbesondere des Adels, dessen beherrschender Einfluß in vollem Umfang wiederhergestellt wird. Eine oktroyierte
1819 **Verfassung** führt anstelle der bisherigen Ständeversammlung das
7. Dez. Zweikammersystem ein. Die erste Kammer wird völlig vom grundbesitzenden Adel, die zweite von den Städten beherrscht, der Bauernstand ist nicht vertreten („in der Verfassung unerfindlich").

Der 1820 als Nachfolger seines Vaters Georg III. zur Regierung gelangte bisherige Prinzregent **Georg IV.** besucht 1821 Hannover und wird im Land nach 66jähriger Abwesenheit des Herrschers mit Jubel empfangen, unternimmt aber nichts, um einer fortschrittlichen Entwicklung die Bahn frei zu machen. Der Rücktritt des liberalen Geheimen Kabinettsrats August Wilhelm Rehberg bezeichnet 1821 den vollen *Sieg der Adelskreise,* deren geistiger Führer der immer stärker der Reaktion zuneigende *Ernst Herbert Reichsgraf von Münster* ist. Demgegenüber kämpft eine Opposition unter der Führung des Osnabrückers *Johann Karl Bertram Stüve* (geb. 1798, gest. 1872) für die Entlastung des Bauernstandes und die Beteiligung des Bürgers und Landmanns an der Macht im Staate. Die Pariser Julirevolution 1830, die einen Aufstand in Braunschweig und kleinere Unruhen in Osterode und Göttingen im Gefolge hat, veranlaßt den soeben zur Regierung gelangten **König Wilhelm IV.** (1830–1837) zum Einlenken. Graf Münster wird 1831 entlassen, der wegen seiner Leutseligkeit beliebte bisherige Generalgouverneur Herzog *Adolf Friedrich von Cambridge* (geb. 1774, gest. 1850) Vizekönig. 1833 erlangen zwei grundlegende Neuerungen Gesetzeskraft: das von *Friedrich Christoph Dahlmann*
1833 beeinflußte Staatsgrundgesetz und die von Stüve maßgeblich ge-
23. Juli staltete Ablösungsordnung. Die **Ablösungsordnung** beruht auf dem **Ablösungsgesetz** vom 10. November 1831. Sie holt die in

Abb. 20: Johann Karl Bertram Stüve (1798–1872). Nach einer Lithographie von Neelmeyer, um 1842

Abb. 21: Ernst Herbert Graf Münster (1766–1839), der Vertreter Hannovers auf dem Wiener Kongreß. Lithographie von M. Gauci nach einem Gemälde von Eduard Stroehling, 1823

Preußen bereits vor mehr als 20 Jahren im Stein-Hardenbergschen Reformwerk durchgeführte *Bauernbefreiung* nach, unterscheidet sich aber von jener grundlegend dadurch, daß die Gutsherren für die Aufgabe der bäuerlichen Lasten und Abgaben nicht, wie in Preußen, mit Land, sondern im wesentlichen durch Geld entschädigt werden. Dadurch wird eine ungesunde Vergrößerung der Güter vermieden und dem Land ein kräftiges und leistungsfähiges Bauerntum auf den durch das Anerbenrecht gegen Realteilung geschützten Höfen erhalten. Weniger befriedigend gestaltet sich die Lage der nichthofbesitzenden Schicht der Häuslinge und Heuerleute, die auch durch Aufteilung der Marken und Allmenden („Gemeinheiten") nicht zu Landbesitz gelangen und daher vielfach in gedrückten Verhältnissen verbleiben. Ihre Abwanderung in die Industrie wird teils durch deren gehemmte und langsame Entwicklung, teils durch gesetzliche Sperrmaßnahmen gegen Freizügigkeit und Arbeitsplatzwechsel (Domizil- und Trauscheinzwang) gebremst. Für die Aufbringung der Ablösungsgelder, die sich auf 70 Millionen Taler belaufen und bis 1864 bereits zu zwei Drittel abgezahlt sind, sorgt die 1840 eingerichtete Landeskreditanstalt.

1833
26. Sept. Das **Staatsgrundgesetz** behält das Zweikammersystem bei, eröffnet aber dem Bauern- und Bürgertum den Zugang zur zweiten Kammer, führt eine beschränkte Ministerverantwortlichkeit ein und vereinigt die ständische Generalsteuerkasse mit der bisher davon getrennten Königlichen Generalkasse zu einer einheitlichen, dem Haushaltsrecht der Ständeversammlung unterworfenen Staatskasse.

Hannover hatte 1815 mit dem Emsland, Teilen von Osnabrück und Hildesheim sowie mit dem Eichsfeld einen erheblichen *Zuwachs katholischer Einwohner* erhalten. Ihr Verhältnis zum Staat regelt die 1824 nach ergebnislosen Konkordatsverhandlungen erlassene päpstliche Bulle „Impensa Romanorum Pontificum", die vom Staat anerkannt wird. Für das Königreich Hannover sind fortan zwei durch die Weser gegeneinander abgegrenzte Bistümer zuständig, Hildesheim (seit 1834 auch für Braunschweig) und Osnabrück; doch wird das letztere erst 1858 auf Betreiben König Georgs V. mit einem eigenen Bischof besetzt.

Unter König Ernst August 1837–1851

Als 1837 König Wilhelm IV. ohne Leibeserben stirbt, tritt die **Trennung der englisch-hannoverschen Personalunion** ein, aber nicht, weil nach dem salischen Recht in Hannover die weibliche Erbfolge ausgeschlossen gewesen wäre. Sie konnte vielmehr nach dem Hausstatut von 1836 auch in Hannover eintreten,

Abb. 22: König Ernst August von Hannover (1771–1851). Gemälde von Franz Krüger, um 1838; im Besitz von Prinz Ernst August von Hannover, Schloß Marienburg bei Hannover

Abb. 23: Die „Göttinger Sieben", die Professoren Wilhelm und Jacob Grimm, Gervinus, Albrecht, W. Weber, Dahlmann und Ewald. Zeitgenössische Lithographie, 1837

aber erst nach gänzlichem Erlöschen des Mannesstammes in beiden Linien des welfischen Hauses. Durch diesen *Unterschied der Thronfolgeordnung* kommt in England Königin Viktoria auf den Thron, in Hannover ihr Oheim **Ernst August,** Herzog von Cumberland (geb. 1771, gest. 1851). Der 66jährige Monarch, ein tapferer Soldat und kluger Politiker, aber ein streng konservativer, dem Fortschritt abgeneigter Hochtory, eröffnet seine Regierung
1837 mit der **Aufhebung des Staatsgrundgesetzes,** gegen das er bereits
1. Nov. vor der Thronbesteigung protestiert hat. Daß er zu einseitiger Aufhebung der Verfassung berechtigt war, ist fraglich und wurde von der liberalen Opposition bestritten. Die meisten Staatsrechtler insbesondere der späteren Zeit sehen darin in der Tat einen mit Verfassungsbruch verbundenen *Staatsstreich,* da der König auch nach Bundesrecht (Art. 56 der Wiener Schlußakte) die in anerkannter Wirksamkeit bestehende Verfassung nicht ohne Mitwirkung der Ständeversammlung habe außer Kraft setzen können. Doch ist Ernst August, der seinen Entschluß nicht überstürzt, sondern nach monatelangen Überlegungen faßt, subjektiv überzeugt, im Recht zu sein und dem Besten seines Landes zu dienen.

Während die Bevölkerung die Aufhebung der Verfassung im großen und ganzen passiv hinnimmt, legen **sieben Göttinger Professoren** unter Berufung auf ihren Diensteid Protest ein: der Jurist Wilhelm Albrecht, der Historiker und Staatsrechtler Friedrich Christoph Dahlmann, der Orientalist Heinrich Ewald, der Literarhistoriker Georg Gottfried Gervinus, die Germanisten Jacob und Wilhelm Grimm, der Physiker Wilhelm Eduard Weber. Der König verfügt ihre *Amtsenthebung;* Dahlmann, Gervinus und Jakob Grimm werden wegen Verbreitung der Protestation aus dem Lande gewiesen, auch die übrigen verlassen Hannover.

Erst diese Maßnahme, für die sich Ernst August wie bei der ganzen Verfassungsangelegenheit auf den Rat des reaktionären Kabinettsministers *Georg von Schele zu Schelenburg* (geb. 1771, gest. 1844) stützt, entfacht über die Grenzen des Landes hinaus einen Sturm der Entrüstung, besonders in den konstitutionellen Staaten. Doch stellen sich die Großmächte des Bundes, Österreich und Preußen, hinter den König und bewirken, daß die Bundesversammlung alle Anträge zurückweist, zum Schutz des Staatsgrundgesetzes in Hannover einzuschreiten.

Der *Streit mit der liberalen Opposition* im Land, an deren Spitze neben Stüve vor allem der 1849 als Vertreter der äußersten Rechten zum Reichsminister und hannoverschen Bundestagsgesandten ernannte *Johann Hermann Detmold* steht, verebbt unter gegenseitigem Nachgeben. Das **Landesverfas-
1840 sungsgesetz** ändert an der Zusammensetzung der Kammern gegen das Staatsgrundgesetz wenig, beseitigt aber die Kassenvereinigung und die Ministerverantwortlichkeit.

Überraschenderweise gelingt es gerade dem als Reaktionär verschrieenen König, den Sturm der *Revolution von 1848* in Hannover ohne wesentliche Erschütterung und Blutvergießen abzufangen, indem er nach englischem Brauch den Führer der Opposition, **Stüve,** als Innenminister in das Märzministerium des *Grafen Alexander Levin von Bennigsen* beruft. Getragen vom Vertrauen des Monarchen, kann Stüve in den Jahren 1848 bis 1850 zahlreiche *fortschrittliche Maßnahmen* durchführen oder vorbereiten: weitgehende Aufhebung der Standesvorrechte, Fortfall der Zensur, Öffentlichkeit der Ständeverhandlungen, Wiedervereinigung der 1837 erneut getrennten Kassen, eine durchgreifende Verwaltungs- und Rechtsreform unter Trennung von Justiz und Verwaltung, Einführung von Schwurgerichten, eine neue Städteordnung usw. Die erste Kammer ist nach der **Verfassung von 1848** nicht mehr die Domäne des Adels, sondern umgekehrt des bäuerlichen Grundbesitzes („Vollmeierkammer").

In der **Außenpolitik,** die ebenfalls weitgehend von Stüve bestimmt wird, beobachtet Hannover in der deutschen Frage gegenüber der Paulskirche und der Reichsgewalt, unter betonter Wahrung seiner Selbständigkeit und ohne Rücksicht auf die Volksstimmung, vorsichtigste Zurückhaltung. Die 26 hannoverschen Abgeordneten zur Nationalversammlung gehören in ihrer Mehrzahl der Rechten und dem Zentrum an, nur 5 der gemäßigten, keiner der republikanischen Linken. Ernst August lehnt die „Huldigung" seiner Truppen für den Reichsverweser Erzherzog Johann ab, begrüßt aber auch die Zurückweisung der Kaiserkrone durch Friedrich Wilhelm IV. Im Krieg gegen Dänemark 1848–1850 werden die sowohl vom Bund wie von der 48er Reichsregierung für Schleswig-Holstein angeforderten hannoverschen Truppen zwar gestellt, aber mit größter Behutsamkeit eingesetzt, da der Monarch sie schonen und jeden ernsten Konflikt verhüten will, um Gegenmaßnahmen Dänemarks und Englands zu vermeiden. Zwar tritt Hannover dem *Dreikönigsbündnis*
1849 mit Preußen und Sachsen bei, zieht sich aber im Februar 1850 bei
Mai der Zunahme der Spannungen zwischen Preußen und Österreich
wieder zurück und wendet sich erneut und stärker dem Deutschen Bund zu. Auch nach Entlassung des Ministeriums Bennigsen–Stüve (Oktober 1850) läßt Ernst August die von ihm gebilligten Reformen unter dem gemäßigten Ministerium Alexander von Münchhausen in Kraft.

Unter König Georg V. 1851–1866

König Ernst Augusts Sohn und Nachfolger, **Georg V.** (geb. 1819, gest. 1878), ist seit seinem 14. Lebensjahr blind. Ein begabter Fürst, Freund und Förderer der Künste, besonders der Musik, in der er selbst als Komponist Beachtliches leistet, von gewinnender Leutseligkeit, aber durchdrungen von einem das Mystische streifenden Glauben an sein Gottesgnadentum und an eine innere Erleuchtung, die indessen nicht verhindern kann, daß der Blinde manchmal unkontrollierbaren Einflüssen unterliegt. Die Folge ist ein häufiger Kurswechsel und ein erheblicher Verschleiß an Ministerien. Zunächst setzt Georg V. mit Eduard von Schele zu Schelenburg (geb. 1805, gest. 1875; Sohn des Ministers Georg von Schele) den gemäßigten Kurs seines Vaters fort. Mehrere der von Stüve eingeleiteten Reformen werden zu Ende geführt, so 1852 eine Verwaltungsumgliederung, welche die Zahl der Amtsbezirke erheblich vermehrt (von 127 auf 175), sich aber nicht bewährt und 1859 weitgehend rückgängig gemacht wird. Von Bestand dagegen ist die gleichzeitig durchgeführte Neuorganisation der Justiz.

Unruhe kommt in die **Innenpolitik** durch die heftige **Opposition der Ritterschaft,** die in dem Bestreben, die erste Kammer wiederzuerobern, gegen die

Minderung ihrer Vorrechte durch die Verfassung von 1848 den Deutschen Bund anruft. Von keinem anderen als dem preußischen Bundestagsgesandten *Bismarck* bei privater Beratung in dem Vorsatz bestärkt, die Gelegenheit zu einem durch Bundesbeschluß gedeckten Schlag gegen die Neuerungen von 1848 zu benutzen, stellt Georg V. 1855, unter weitgehender *Rückkehr zum Landesverfassungsgesetz von 1840,* die frühere Stellung der Ritterschaft wieder her. Fortan nimmt seine Politik eine reaktionäre Wendung unter maßgebendem Einfluß des Ministers *Wilhelm Friedrich Otto von Borries* (geb. 1802, gest. 1883), eines tüchtigen Verwaltungsmannes, der jedoch ein unerfreuliches Polizeiregiment einführt. Die liberale Opposition, an ihrer Spitze *Rudolf von Bennigsen* (geb. 1824, gest. 1902) und *Johannes Miquel* (geb. 1828, gest. 1901), wird aufs schärfste verfolgt, zumal als der von Bennigsen ins Leben gerufene
1859 „Deutsche Nationalverein" sich zur preußischen Lösung der deutschen Frage bekennt und von Hannover für diesen Zweck entschiedene Opfer an Hoheitsrechten fordert.

Die liberale Opposition vermerkt es übel, daß 1857 bei der Ausscheidung von Domänen für die königliche Zivilliste die Interessen der Krone gegenüber denen des Landes einseitig bevorzugt und die Wahlen zur zweiten Kammer mit unzulässigen Methoden (Maßregelung kandidierender „Staatsdiener") beeinflußt werden.

Die verbreitete Unzufriedenheit mit dem System Borries steigert sich aus einem politisch nichtigen Anlaß 1862 im sog. *Katechismusstreit* (wegen der Einführung eines neuen Katechismus) zu förmlichen Unruhen in der Hauptstadt. Das hierüber zu Fall gekommene Ministerium Borries ersetzt der König durch ein gemäßigt liberales Kabinett (Wilhelm von Hammerstein – Ludwig Windthorst), das aber die fortdauernden politischen Spannungen ebenfalls nicht zu beheben vermag. 1865 kehrt der König wieder zu einem mehr konservativen Kurs zurück.

Wenige Tage vor dem Ende des Königreichs 1866 entsteht nach Einführung einer einheitlichen Synodalordnung ein für die gesamte evangelisch-lutherische Landeskirche zuständiges *Landeskonsistorium.*

In seiner **Außenpolitik,** die in den Jahren 1855 bis 1866 von dem Minister *Adolf Graf von Platen-Hallermund* vertreten wird, sucht Georg V. eine mittlere Linie zwischen den beiden deutschen Großmächten. Im Gegensatz zu seinem Vater, der ein Bewunderer Preußens gewesen ist, zieht es ihn persönlich zu Österreich. Die unter Ernst August preußisch organisierte Armee wird unter dem letzten König nach österreichischem Vorbild umgestaltet. Doch vermeidet er es, sich dem Kaiserstaat politisch zu verschreiben.

Schon im Krimkrieg (1853–1856) ist Hannover geneigt, Österreich bei seiner gegen Rußland gerichteten Politik zu folgen, ebenso 1859, sich an Österreichs Seite an einem deutschen Krieg gegen Frankreich zu beteiligen. Auch nimmt Georg V. 1863 auf dem von Kaiser Franz Josef berufenen Fürstenkongreß in Frankfurt den österreichischen Bundesreformplan an. Aber in allen drei Fällen kommt Hannover mit seiner Politik nicht zum Zuge, weil Preußen sich jedesmal gegen Österreich stellt und Hannover zwingt, sich mit Rücksicht auf seine geographische Lage der Haltung Preußens anzupassen.

1863/64 rücken hannoversche Truppen im Zuge der *Bundesexekution* gegen

Abb. 24:
Rudolf v. Bennigsen
(1824–1902)

Dänemark als Besatzung nach *Holstein* ein, ohne jedoch an dem folgenden Krieg Österreichs und Preußens gegen Dänemark aktiv teilzunehmen. Im Juli 1864 kommt es in der von Hannoveranern besetzten Festung Rendsburg zu schweren Zwischenfällen mit einrückenden preußischen Truppen. So wird Hannovers **Politik gegenüber Schleswig-Holstein** weitgehend von Rücksichten auf Preußen bestimmt. Einig mit Bismarck in der Ablehnung der von den Liberalen begünstigten Ansprüche des Erbprinzen Friedrich (VIII.) von Augustenburg, wendet sich Hannover von Preußen ab, sobald dessen eigene Annexionsabsichten erkennbar werden. Um Preußen und den Augustenburger von den Elbherzogtümern fernzuhalten, unterstützt Georg V. nun zeitweilig die Erbansprüche seines Schwagers, des Großherzogs Peter von Oldenburg (1853–1900), und empfindet es als schweren Schlag, daß Österreich und Preußen sich 1865 in Gastein auf eine Teilung der Herzogtümer einigen, die *Lauenburg,* auf dessen Wiedergewinnung sich Hannover Hoffnungen gemacht hat, sogleich in Preußens Besitz bringt.

1866 Bei der von Preußen heraufbeschworenen **Bundeskrise** hält sich Hannover an das Bundesrecht. Da mit diesem im Kriegsfall eine Neutralität zwischen den beiden Großmächten ebensowenig wie eine einseitige Parteinahme vereinbar scheint, lehnt Georg V. unter mehrfachem Schwanken die Neutralitätsangebote Preußens, aber auch Bündnisvorschläge Österreichs ab. Bei der entscheidenden Abstimmung im Bundestag am 14. Juni 1866 stimmt Hannover nicht für den österreichischen Antrag auf Mobilmachung des Bundes gegen Preußen, sondern für den bayerischen Zusatzantrag auf Mobilisierung

der vier nichtpreußischen und nichtösterreichischen Bundeskorps. Mit diesen die Großmächte vom Krieg abzuhalten ist natürlich unmöglich. Doch glaubt Hannover durch seine Haltung zugleich das Bundesrecht gewahrt und einen Weg gefunden zu haben, außerhalb des Konflikts zu bleiben. Kriegsvorbereitungen hat es nur in bescheidenem Umfang getroffen. Am 15. Juni wird Hannover durch ein **preußisches Ultimatum** vor die Wahl gestellt, *mit Preußen* ein *Bündnis* einzugehen und sich den preußischen Bundesreformplänen anzuschließen oder als Feind behandelt zu werden. Die preußischen Pläne bedingen die Einberufung eines deutschen Parlaments aufgrund des allgemeinen Wahlrechts sowie den preußischen Oberbefehl über die Truppen der verbündeten Staaten, Forderungen, denen sich Georg V. „als Christ, Monarch und Welf" nicht unterwerfen zu können glaubt. Ihre Ablehnung bringt den Krieg und die schnelle **Besetzung des Königreichs** durch die von Westfalen und Holstein her teilweise schon vor der Kriegserklärung eindringenden preußischen Truppen. Die hannoversche Armee zieht mit dem König an der Spitze in mangelhaft kriegsfertigem Zustand nach Süden ab, um über Thüringen den Anschluß an die Bayern
1866 zu erreichen. Ein ihnen entgegentretendes, zahlenmäßig unter-
27. Juni legenes preußisches Korps wird von den Hannoveranern bei *Langensalza* geschlagen; doch werden sie, auf allen Seiten umstellt und zu weiterem Kampf wegen Munitionsmangels außerstande, am 29. Juni zur **Waffenstreckung** genötigt.

König Georg V. geht ins Exil nach Wien. Ohne Heer und nicht einmal in förmlichem Bündnis mit Österreich, ist er ganz auf die Gnade des Siegers angewiesen, die er – zu spät – erst am 27. Juli in einem (nicht angenommenen) Brief an seinen Vetter König Wilhelm I. anruft, als die Entscheidung schon gefallen ist. König Wilhelm will Hannover ebenso wie Kurhessen nur mit Gebietsabtretungen „bestrafen", wird aber von Bismarck unter dem Druck der französischen Intervention dazu gebracht, sich für die Schonung Österreichs, Sachsens und der Süddeutschen durch die von Napoleon III. gebilligten *Vollannexionen in Norddeutschland* schadlos zu halten. Ihnen fällt Hannover zum Opfer, das Preußen zur Herstellung einer Verbindung zwischen seinen westlichen und östlichen Landesteilen sehr gelegen ist. Nicht ein Friedensschluß *beendet* die 700jährige *Selbständigkeit* des Welfenstaates, sondern ein preußisches Gesetz vom 20. September und das Annexionspatent vom 3. Oktober 1866.

Die königliche Haltung und Fassung, die Georg V. in der Krise und im Exil bewahrt und die auch auf seine Gegner Eindruck macht, trägt dazu bei, die Stimmen der Kritik verstummen zu lassen, die während seiner Regierungszeit vielfach über ihn laut geworden sind. Erst sein tragisches Schicksal und die Würde, mit der er es trägt, führen zur Erhöhung seines Andenkens und wirken erheblich auf die Stärke und Langlebigkeit der welfischen Bewegung ein.

Wirtschaftliche und kulturelle Entwicklung 1815–1866

Das Königreich Hannover ist im ersten Drittel des 19. Jh. noch ein reiner **Agrarstaat.** Es erzeugt und exportiert Korn, Vieh und vor allem Leinen, das im Nebengewerbe der Landwirtschaft in großem Umfang hergestellt wird. Auf dem

Gebiet der Industrie und der überseeischen Einfuhr von England abhängig, sperrt sich Hannover gegen den Deutschen Zollverein und schließt sich 1834/37 mit Oldenburg, Braunschweig und Schaumburg-Lippe zu einem engeren Wirtschaftsverband, dem *Steuerverein,* zusammen, den allerdings Braunschweig schon 1842 wieder verläßt.

In die 1830er Jahre fallen erste, bescheidene *Anfänge einer eigenen Industrie* (Egestorff in Hannover); 1843 folgt nach anfänglichem Zögern der Anschluß an den *Eisenbahnbau,* der in Hannover von vornherein als Staatsbahn aufgezogen und kräftig vorwärtsgetrieben wird. In den 1840er Jahren beginnt Hannover, das 1827 der Hansestadt Bremen ein zunächst winziges, später wiederholt vergrößertes Gebiet an der Wesermündung zur Anlage von Bremerhaven überlassen hat, eigene *maritime Interessen* zu entwickeln und seine Seehäfen auszubauen, vor allem Emden, Geestemünde und Harburg. 1854 schließt es sich dem *Deutschen Zollverein* an, der dem Königreich durch Gewährung von Sondervorteilen (dem sog. Praecipuum) weit entgegenkommt.

Die Eingliederung Hannovers in den großen Wirtschaftsraum des Zollvereins belebt dann die *industrielle Entwicklung,* gegenüber der die Regierung freilich eine unsichere und unentschlossene Haltung einnimmt. Sie trifft vereinzelt fördernde Maßnahmen (1856 Gründung der Georgsmarienhütte bei Osnabrück unter finanzieller Beteiligung des Königshauses, 1858 der Ilseder Hütte usw.), wagt aber andererseits aus Sorge vor der Zunahme der Arbeiterschaft nicht, die hemmenden Bestimmungen gegen die Freizügigkeit aufzuheben. Dagegen pflegt sie den Ausbau der Land- und Wasserstraßen, die Urbarmachung der weiten Moore und Heiden durch ländliche Siedlung, bemüht sich um Auflockerung des Zunftzwangs und geht in der Rechtspflege, die nach wie vor ein Ruhmesblatt des hannoverschen Staates bleibt, mit beispielgebenden Gesetzen und Ordnungen voran.

Das bis 1837 stagnierende *kulturelle Leben* erfährt starken Auftrieb durch die Bemühungen der Könige Ernst August und Georg V. um den Ausbau der *Landeshauptstadt Hannover* zur modernen Residenz (Stadterweiterung und Großbauten durch Georg Ludwig Friedrich Laves), während die Landesuniversität Göttingen sich nur langsam von dem Schlag von 1837 erholt. Unter Georg V. entwickelt sich die hannoversche Oper zu einer der ersten deutschen Bühnen, auch Konzertwesen und Schauspiel erleben eine Zeit hoher Blüte.

Braunschweig 1815–1884

Der 1815 gefallene Herzog Friedrich Wilhelm hinterläßt zwei unmündige Söhne, Karl und Wilhelm. Für **Karl II.** (1815–1830) führt der englische Prinzregent bzw. König Georg (IV.) bis 1823 die Vormundschaft, 1820 erhält das Herzogtum eine gemäßigt liberale **Verfassung** (die „Erneuerte Landschaftsordnung“) unter Beteiligung des Bürger- und Bauerntums. Nach seinem Regierungsantritt entwickelt der junge Herzog höchst unerfreuliche Eigenschaften, verstrickt sich unter dem Einfluß schlechter Ratgeber in heftige Streitigkeiten mit England, dem Deutschen Bund und den eigenen Landständen und wird im September 1830 durch den nur äußerlich als Volkserhebung erscheinenden, in Wirklichkeit von einer Verschwörerclique aufgezogenen **Braunschweiger Aufruhr** gestürzt und vertrieben. Nach einem vergeblichen Versuch, das Land wiederzuerobern, wird Karl II. vom Bund für regierungsunfähig erklärt und geht in die Verbannung. Er stirbt 1873 in der Stadt Genf, die er, der „Diamantenherzog", zum Erben seines großen Vermögens einsetzt.

Sein Bruder **Wilhelm** übernimmt die Regierung. Unter ihm hat das
1830–1884 Land Braunschweig eine im allgemeinen glückliche Entwicklung, erhält parallel mit Hannover in den 1830er Jahren ein **Staatsgrundgesetz** und eine **Ablösungsordnung,** baut von 1838 an die erste deutsche *Staatseisenbahn* von Braunschweig nach Harzburg, tritt – nach mehrjähriger Zugehörigkeit zum hannoverschen Steuerverein – bereits 1842 dem *Deutschen Zollverein* bei und übersteht die revolutionäre Welle von 1848 durch rechtzeitiges Einlenken mit so geringen Erschütterungen, daß Wilhelm Freiherr von Schleinitz als einziger deutscher Vormärzminister im Amt bleiben kann. In der deutschen Frage aufgeschlossener als Hannover, unterstellt sich Herzog Wilhelm 1848 der Reichsgewalt und eilt als einziger deutscher Bundesfürst auf den holsteinischen Kriegsschauplatz. Er vermeidet trotz Abneigung und Mißtrauen gegen Preußen, in Frontstellung gegen die benachbarte Großmacht zu treten.

So bleibt dem Land 1866 das Schicksal Hannovers erspart. Braunschweig stimmt am 14. Juni gegen Österreich und unterstellt nach Königgrätz seine Truppen dem preußischen Oberbefehl. Als „letzte Scholle welfischer Erde" (Treitschke) geht das Herzogtum in den Norddeutschen Bund von 1866 und das Deutsche Reich von 1871 als selbständiger Bundesstaat über.

Der unbeerbte Tod Herzog Wilhelms hätte 1884 nach den welfischen Hausgesetzen der entthronten hannoverschen Linie des Hauses die Nachfolge im Herzogtum Braunschweig eröffnet, doch wird dies von Bismarck mittels eines Bundesratsbeschlusses verhindert und in Braunschweig aufgrund des Regentschaftsgesetzes vom 16. Februar 1879 eine *Regentschaft* eingesetzt.

Hannover 1866–1918

Die **Eingliederung Hannovers in den preußischen Staat** stößt auf Reibungen und Schwierigkeiten, die der Provinz eine eigentümliche Stellung im preußischen Staatsverband geben und bis zu dessen Ende 1945 nicht völlig überwunden werden. Die Entthronung des hannoverschen Herrscherhauses verwundet nicht nur das stark ausgeprägte Rechtsgefühl der heimat- und königstreuen Bevölkerung im Land, sondern erschüttert auch die Legitimitätsgrundlage der preußischen Monarchie. Gerade die konservativen und monarchischen Kreise Hannovers treten in Opposition. Bejaht wird die Annexion nur in Ostfriesland und bei den von Bennigsen und Miquel geführten Nationalliberalen, die vor allem im Großbürgertum und beim Mittelstand Anhang gewinnen. Der Adel, das Bauerntum und die kleinen Bürger halten sich besonders in den althannoverschen Gebieten weitgehend zur welfischen Widerstandsbewegung, die sich bereits 1866 als Deutschhannoversche Partei konstituiert. Sie hält bei den ersten Wahlen zum norddeutschen Reichstag den Nationalliberalen die Waage und gewinnt nach dem Zerfall der Nationalliberalen Partei (1878) in den 1880er Jahren zeitweise sogar die Oberhand, allerdings niemals eine absolute Mehrheit (Höchststand 1881 mit 38,8% der Wählerstimmen). Infolge des Mehrheitswahlrechts gelingt es den Deutschhannoveranern jedoch, zeitweilig 10 der 19 Reichstagswahlkreise der Provinz zu erobern (an den Wahlen zum preußischen Abgeordnetenhaus beteiligen sie sich kaum, da die Gewählten einen Eid auf die preußische Verfassung ablegen müssen). Die welfischen Abgeordneten halten sich im Reichstag meist zum Zentrum, dessen Gründer und Führer *Ludwig Windthorst,* der frühere hannoversche Minister, aus ihren Reihen hervorgegangen ist. Erst in den 1890er Jahren wird die Bewegung rückläufig, bleibt aber neben den übrigen bürgerlichen Parteien und der jetzt emporsteigenden Sozialdemokratie bis 1918 ein Faktor im politischen Leben der Provinz.

Ein Plan Bismarcks, die *Gebietseinheit Hannovers aufzulösen* und das ehemalige Königreich auf drei preußische Provinzen (Niedersachsen, Westfalen, Thüringen) zu verteilen, scheitert 1868 am geschlossenen Widerstand der gesamten Bevölkerung, auch der preußenfreundlichen Kreise und selbst in Ostfriesland. Die 1867 hauptsächlich auf Betreiben des ersten preußischen Oberpräsidenten Graf Otto von Stolberg-Wernigerode eingeführte hannoversche *Provinzialverwaltung* wird zum Vorbild der Selbstverwaltung auch in den altpreußischen Provinzen. Sie hat auf den ihr durch die *Provinzialordnung* zugewiesenen Sachgebieten in erfolgreicher, von Parteikämpfen wenig berührter Arbeit Bedeutendes geleistet für das Wege- und Verkehrswesen, Ödlanderschließung, Landeskultur und Landwirtschaft, die allgemeine Wohlfahrts- und Gesundheitsfürsorge, das Versicherungs- und Kreditwesen und nicht zuletzt für Kunst und Wissenschaft (Museen, Bibliotheken, Denkmalpflege).

Wohlmeinende Versuche, die *Eingliederung Hannovers in Preußen* unter weitgehender Schonung überlieferter Eigentümlichkeiten zu vollziehen, werden immer wieder durchkreuzt, teils durch Ungeschicklichkeiten preußischer Dienststellen, wie das „Säbelregiment" des Generalgouverneurs Eduard Vogel von Falckenstein während des 1870/71er Krieges, teils durch Mißgriffe der preußischen Staatsführung. Hierzu gehören die Vertreibung der im Land verbliebenen Königin Marie und die Beschlagnahme des Privatvermögens des hannoverschen Königshauses im Wert von 16 Millionen Talern (1867). Beide Maßnahmen werden begründet mit der maßlos übertriebenen angeblichen Gefährdung des preußischen Staates durch die nur 800 Mann starke sog. *Welfenlegion,* die sich in Frankreich zusammengefunden hat und vom exilierten Königshaus unterstützt wird. Sie hat sich schon vor Ausbruch des Krieges 1870 aufgelöst.

König Georg V. stirbt 1878 in Paris, ohne seinen Anspruch auf Hannover aufgegeben zu haben. Sein beschlagnahmtes Vermögen, der *Welfenfonds,* wird von Bismarck nicht nur zur Bekämpfung der hannoverschen Bewegung verwendet, sondern zu allen möglichen, z.T. undurchsichtigen Zwecken mißbraucht („Reptilienfonds"). Erst Kaiser Wilhelm II., der sich überhaupt um die Gewinnung der hannoverschen Opposition bemüht, macht 1892 dem Welfenfondsskandal ein Ende und gibt die Zinsen des beschlagnahmten Vermögens frei. Die Stammsumme bleibt gesperrt und verfällt 1923 der Inflation.

1870/71 Der *Deutsch-Französische Krieg,* an dem die Hannoveraner im Verband des X. preußischen Armeekorps rühmlich teilnehmen, und die Reichsgründung söhnen weite Kreise mit dem Verlust der Eigenstaatlichkeit aus, ohne jedoch den Widerstand der welfischen Bewegung zu brechen. Erheblich ist andererseits der *Einfluß hannoverscher Einrichtungen und Persönlichkeiten auf Preußen und das Reich,* besonders auf dem Gebiet der Rechtspflege (Übernahme hannoverscher Rechtsnormen bei der Justizreform der 1870er Jahre). Außer Bennigsen (1868–1888 Landesdirektor, 1888–1897 Oberpräsident in Hannover) und Miquel (preußischer Finanzminister 1890–1901) sind zu nennen der Justizminister (1867–1879) Adolf Leonhardt, der Zentrumsführer Ludwig Windthorst, der 1851–1853 und 1862–1865 hannoverscher Justizminister gewesen ist, Gottlieb Planck, der Mitschöpfer des Bürgerlichen Gesetzbuches, Diederich Hahn, der Führer des Bundes der Landwirte, die preußischen Minister Hans und Ernst v. Hammerstein-Loxten, der Begründer der Deutsch-Ostafrikanischen Gesellschaft Carl Peters u.a.

Während die hannoversche Landgemeinde- und Städteordnung bis 1918 in Kraft bleiben, wird das *Verwaltungssystem der Provinz* in den 1880er Jahren durch Umwandlung der Landdrosteien in Regierungsbezirke (1883) und Einführung der preußischen Kreisordnung (1884) und der Provinzialverfassung (1885) der preußischen Norm angeglichen. Das ländliche Anerbenrecht wird zwar 1873/74 durch Aufhebung der Staatsaufsicht gelockert, bleibt aber im ganzen in Hannover gewahrt, da die Mehrheit der Bauern von der freiwilligen Beibehaltung des Anerbenrechts durch Eintragung in die Höferolle Gebrauch macht. Die Evangelisch-lutherische Landeskirche Hannovers behauptet sich gegen alle Versuche, sie der preußischen Union einzugliedern.

An den großen *wirtschaftlichen Leistungen und Errungenschaften* des Bismarckreichs nimmt die Provinz auf vielen Gebieten teil. Die Stadt Hannover wird Großstadt („Ära" des Stadtdirektors Heinrich Tramm 1891–1918) und Standort einer bedeutenden Industrie (Maschinenbau, Gummi, Weberei). Ausbau der Verkehrswege (Dortmund-Ems-Kanal 1899, Mittellandkanal seit 1911) und Häfen (Emden, Harburg, Geestemünde); Aufnahme und Ausbau der Förderung von Erdöl, Kalisalzen, Eisen, Blei und Silber; Ertragsteigerung der Landwirtschaft und andere Fortschritte kennzeichnen in der Zeit um 1900 einen bedeutenden wirtschaftlichen *Aufschwung der Provinz,* mit dem allerdings, wie überall im Reich, die *kulturelle Entwicklung nicht Schritt hält.* Wilhelmshaven, seit 1873 zur Provinz Hannover gehörig, wird zum Hauptkriegshafen des Reiches ausgebaut.

1914–1918 Der *Erste Weltkrieg* legt auch der Provinz Hannover schwere Opfer und Entbehrungen auf, doch bleibt sie von Kriegszerstörungen im wesentlichen verschont und wird auch nach dem Zusammenbruch nicht von fremder Besetzung betroffen.

Braunschweig 1884–1918

Gemäß Bundesratsbeschluß wird das Herzogtum Braunschweig nach dem Tod Herzog Wilhelms 1884 unter Widerspruch des erbberechtigten hannoverschen Königshauses durch eine **Regentschaft** regiert, die bis 1906 von Prinz Albrecht von Preußen, 1907–1913 von Herzog Johann Albrecht von Mecklenburg geführt wird.

Dank seiner gesunden wirtschaftlichen Struktur (Landwirtschaft mit besten Böden, große Forsten, gut entwickelte Industrie) und einer trefflichen Verwaltung gilt Braunschweig als eines der wohlhabendsten und steuerkräftigsten Bundesländer. Stadt und Land Braunschweig erfahren einen bedeutenden wirtschaftlichen Aufschwung, der jedoch das starke *Emporkommen der Sozialdemokratie* nicht verhindert. Sie vereinigt dank dem Übergewicht der Stadt Braunschweig in der Gesamtwählerschaft 1874 bereits 35,4 % und, nach Rückschlägen unter dem Sozialistengesetz, bei der Reichstagswahl 1893 sogar 41,2 % aller Stimmen auf sich. Bei der Reichstagswahl von 1912 erringt sie mit 48,6 % der Stimmen nahezu die Mehrheit, kann aber auf die Landesregierung unter dem 1899 eingeführten Dreiklassenwahlrecht keinen Einfluß gewinnen. Das trägt wesentlich zur Radikalisierung der sozialistischen Bewegung in Braunschweig bei.

1913 Die durch die Heirat des Prinzen Ernst August von Braunschweig-Lüneburg mit der Kaisertochter Viktoria Luise herbeigeführte *Aussöhnung der Häuser Hohenzollern und Hannover* ermöglicht dem angestammten Herrscherhaus die Rückkehr nach Braunschweig. Ohne zum Verzicht auf Hannover genötigt zu werden, übernimmt **Ernst August** (geb. 1887, gest. 1953), der Enkel König Georgs V., am 3. November 1913 die Herrschaft über das Herzogtum Braunschweig, die er aber schon nach fünf vom Weltkrieg überschatteten Regierungsjahren, nach Ausbruch der Revolution, am 8. November 1918 niederlegen muß. Das in letzter Stunde gemachte Zugeständnis des allgemeinen Wahlrechts kommt zu spät, hätte auch wohl bei früherer Ankündigung den Umsturz nicht verhindert.

Hannover 1918–1933

Das Weltkriegsende, der Sturz der Monarchie und die Errichtung der Republik gehen in Hannover – im Gegensatz zu Braunschweig – ohne größere Unruhen und Erschütterungen vor sich. Die Provinz bleibt Bestandteil des preußischen Staates, der frühere Reichswehrminister *Gustav Noske* wird 1920 Oberpräsident. Die Deutschhannoversche Partei gewinnt in den Elendsjahren 1919–1923 durch die verbreitete Unzufriedenheit mit den politischen und wirtschaftlichen Verhältnissen („Los von Berlin") neuen Auftrieb (1920: 20,8 %) und tritt unter Zurückstellung monarchischer Ziele für ein freies Niedersachsen ein. Ein in Verbindung mit dem Kapp-Putsch ohne Beteiligung der Deutschhannoverschen Partei im März 1920 in Hannover improvisierter *„Welfenputsch"* führt zu kurzer Besetzung des Leineschlosses, bricht aber sofort wieder zusammen. Die Deutschhannoveraner erreichen bei der aufgrund Art. 18 der Weimarer Verfassung in der Provinz Hannover, mit Ausnahme des Reg.-

1924 Bez. Aurich, veranstalteten *Vorabstimmung über die Loslösung*

18. Mai *von Preußen* und die Bildung eines selbständigen Landes das erforderliche Drittel der Stimmberechtigten nicht (449560 Ja-Stimmen bei 1764775 Abstimmungsberechtigten = 25,5 %). Mehr als 50 % Ja-Stimmen werden nur in den Landkreisen Celle und Bremervörde gezählt. Das Scheitern der Abstimmung, hauptsächlich bedingt durch den Widerstand

der in Preußen herrschenden Sozialdemokratie, bricht die Kraft der hannoverschen Bewegung. Viele ihrer Anhänger, besonders im Bauerntum, gehen in der um 1930 einsetzenden politischen und Wirtschaftskrise zur NSDAP über, für die sich gerade die alten welfischen Hochburgen als besonders anfällig erweisen.

Hinzu kommt in der immer noch stark agrarwirtschaftlich strukturierten Provinz die allgemeine *Unzufriedenheit* der Landwirte *mit der Wirtschaftslage.* So stößt im Hannoverland die Zahl der nationalsozialistischen Wählerstimmen schon 1930 mit 22,5% über den Reichsdurchschnitt (18,3%) hinaus, um sich bis 1933 in einzelnen Bezirken auf 57,2% (Hildesheim) und sogar 61,2% (Osnabrück) zu steigern. Für die ganze Provinz liegt sie allerdings 1933 mit 50,6% nicht erheblich über dem Reichsdurchschnitt (48,6%).

Der nordwestdeutsche Raum wird durch seine unzweckmäßige Aufgliederung in Gebiete von ganz verschiedener Größe, unterschiedlicher staatsrechtlicher Stellung und zum Teil mit höchst unglücklicher Grenzführung zum bevorzugten Objekt der Mitte der 1920er Jahre einsetzenden Erörterung von *Plänen zur Neugliederung und Reform des Reiches.* Sie führen zu mancherlei nützlichen Vorarbeiten, aber zu keiner Lösung. Dagegen gelingt der vom Reich eingesetzten Kommissarischen Preußischen Regierung am 1. August 1932 die Durchführung einer *Verwaltungsvereinfachung* in der Provinz Hannover durch Zusammenlegung zahlreicher Landkreise. Der Kreis Ilfeld kommt an die Provinz Sachsen, der Kreis Grafschaft Schaumburg von Hessen-Nassau zu Hannover. Schon 1922 gelangt durch ein Abkommen zwischen Preußen und Waldeck der waldeckische Gebietsteil Pyrmont – die alte Grafschaft dieses Namens – zur Provinz Hannover und wird dem Kreis Hameln zugelegt.

Die Grafschaft Pyrmont

Sie entsteht im 13. Jh. um die von den Erzbischöfen von Köln angelegte Burg Pyrmont („Petersberg"). Das aus dem Hause der Grafen von Waldeck und Schwalenberg hervorgegangene Grafenhaus stirbt 1494 aus. Sein kleines Territorium gelangt über die Häuser Spiegelberg, Lippe und Gleichen 1628 an die Grafen (späteren Fürsten) von *Waldeck.*

Braunschweig 1918–1933

Im Gegensatz zu Hannover verfällt Braunschweig nach 1918 einem ausgesprochen *revolutionären Radikalismus.* Schon der Novemberumsturz ist hier im wesentlichen das Werk von Spartakisten unter dem Saarländer August Merges, die in Verbindung mit den Unabhängigen Sozialisten (USPD) unter dem Bayern Sepp Oerter eine Art Räterepublik mit Volkskommissaren an der Spitze begründen. Der Widerstand der SPD unter *Heinrich Jasper* und der bürgerlichen Parteien erzwingt im Dezember 1918 die Wahl einer Landesversammlung, in der die USPD nur 14 von 60 Sitzen einnehmen kann. Für die Regierungsbildung ist sie daher auf die SPD angewiesen. Einem von den Radikalen unter Merges *versuchten Staatsstreich* tritt im April 1919 die Reichsregierung entgegen, indem sie Braunschweig von einem Freiwilligenverband unter General Georg Maercker militärisch besetzen läßt.

Die Landtagswahl im Mai 1920 bringt eine überraschende Verstärkung der Unabhängigen, die nun gemeinsam mit der erheblich geschwächten SPD eine Regierung Oerter–Jasper bilden. Doch wird Oerter im November 1921 gestürzt. Sein Nachfolger als Minister wird sein Parteifreund Otto Grotewohl, der spätere Ministerpräsident der DDR. Am 22. Dezember 1921 beschließt der Landtag eine **republikanische Verfassung** für Braunschweig. Bei seiner Neuwahl im Januar 1922 halten sich die sozialistischen und die bürgerlichen Parteien annähernd die Waage. Vorübergehend gelingt es H. Jasper, die Führung der USPD abzuschütteln und eine Koalition mit Teilen des Bürgerblocks zu bilden. Der Zusammenschluß der beiden sozialistischen Parteien im November 1922 führt jedoch 1923 erneut zu einer sozialistischen Regierung.

Zu einer völligen Wendung kommt es infolge der Umschichtung der Mehrheitsverhältnisse durch die Wahlen vom Dezember 1924, die eine *rein bürgerliche Regierung* (Gerhard Marquordt) herbeiführen. Sie ist nicht rückschrittlich, sondern führt z. B. in Braunschweig schon 1927 die vollakademische Ausbildung der Volksschullehrer ein. Im November 1927 schlägt jedoch das Pendel wieder nach links hinüber. Jasper bildet eine SPD-Regierung, die bereits mit heftiger Opposition der Nationalsozialisten zu kämpfen hat. Diese übernehmen nach ihrem Wahlerfolg vom 14. September 1930 zusammen mit dem Bürgerblock unter Leitung des Deutschnationalen Werner Küchenthal die Regierung, vertreten zunächst durch Anton Franzen, seit September 1931 durch den nachmaligen Ministerpräsidenten *Dietrich Klagges.*

Auf braunschweigischem Boden, der für die Partei während der Verbotszeit in Preußen zum wichtigen Stützpunkt wird, bilden Hugenberg und Hitler im Oktober 1931 die sog. **„Harzburger Front“** (NSDAP, Deutschnationale, „Stahlhelm“) und vollzieht sich kurz darauf einer der größten Massenaufmärsche der SA. Im Mitbesitz der Regierungsgewalt bewirken die Nationalsozialisten im Februar 1932 durch die Ernennung Hitlers zum braunschweigischen Regierungsrat seine Einbürgerung in Deutschland, die wiederum Voraussetzung für seine Aufstellung als Präsidentschaftskandidat ist. Obwohl die Nationalsozialisten im Land Braunschweig bei den Märzwahlen 1933 nicht mehr als 49,1% der Stimmen erreichen können und die SPD mit 29% überraschend stark bleibt, fällt Braunschweig nach der Machtergreifung als eines der ersten deutschen Länder ganz der NSDAP anheim, die sich alsbald der bürgerlichen Mitregierung entledigt.

In diesen stürmischen Jahren zwischen 1918 und 1933, die das Land in ständigem Wechsel von der äußersten Linken zur äußersten Rechten führen, wird seine Selbständigkeit wirtschaftlich so geschwächt, daß fast alle Regierungen schon aus Stabilitätsgründen das Aufgehen in einer größeren Gebietseinheit für notwendig erachten und der Anschluß an Preußen wiederholt beantragt und erörtert wird.

Der niedersächsiche Raum 1933–1945

Während die Nationalsozialisten in Braunschweig schon seit Oktober 1930, in Oldenburg seit Mai 1932 in der Regierung sitzen, fällt ihnen Hannover ebenso wie Schaumburg-Lippe erst im Zuge der allgemeinen Machtergreifung 1933 zu. Der verdiente Oberpräsident *Noske,* den die seit Juli 1932 in Preußen eingesetzte Rechtsregierung im Amt belassen hat, wird jetzt entfernt und durch den späteren Stabschef der SA Viktor Lutze als Oberpräsident ersetzt.

Was dann folgt, unterscheidet sich in Nordwestdeutschland wenig vom allgemeinen Geschehen in den Jahren der Gewaltherrschaft und des Zweiten Weltkriegs. Als landschaftliche Eigentümlichkeit ist hervorzuheben, daß das NS-System dem niedersächsischen Raum besondere *Funktionen für das Bauerntum* aufdrängt: Reichsbauernstadt Goslar, Reichserbhofgericht Celle, Erntedankfeste am Bückeberg bei Hameln. Das Reichserbhofgesetz von 1933 verwertet zwar das Vorbild des alten hannoverschen Anerbenrechts, überspitzt es aber in unzuträglichem Maße. Auch die Industrialisierung wird in Niedersachsen durch die Anlage der Hermann-Göring-Werke um Salzgitter und des Volkswagenwerks in Wolfsburg vorwärtsgetrieben. Andererseits erinnert der Name Bergen-Belsen daran, daß Niedersachsen auch zum Sitz eines der berüchtigtsten Todeslager wird.

1934 30. Jan. Das Gesetz über den Neuaufbau des Reiches **beendet die Eigenstaatlichkeit der Länder** auch in Nordwestdeutschland. Oldenburg, Braunschweig und Schaumburg-Lippe sind hinfort ebenso wie Bremen nur noch Verwaltungsbezirke unter Gauleitern als Reichsstatthaltern. Die drei aus den früheren Reichstagswahlkreisen hervorgegangenen Parteigaue Südhannover-Braunschweig, Osthannover und Weser-Ems, die sich mit dem späteren Land Niedersachsen (ohne die zum Gau Westfalen Nord gehörigen Kreise Schaumburg und Schaumburg-Lippe) decken, werden mehr und mehr zu Trägern einer neuen Gliederung des niedersächsischen Raumes. Hierbei werden manche Grenzkorrekturen vorgenommen: das *Groß-Hamburg-Gesetz* vom 26. Januar 1937 weist Harburg und Umgebung an Hamburg, Cuxhaven an die Provinz Hannover, Wilhelmshaven an Oldenburg; *Bremen* wird am 1. Januar 1939 auf zahlreiche bisher preußische Randgemeinden ausgedehnt, muß aber Bremerhaven bis auf den Hafen an die Provinz Hannover abtreten; am 1. August 1941 folgt noch ein Gebietsausgleich für das Salzgittergebiet, wobei der Kreis Goslar und und ein Teil des Kreises Marienburg an Braunschweig, der Kreis Holzminden an die Provinz Hannover fällt.

1939–1945 Während des **Zweiten Weltkriegs** verstärken die Gauleiter – in Südhannover-Braunschweig Hartmann Lauterbacher, in Osthannover Otto Telschow, in Weser-Ems Carl Röver – ihre Stellung, indem sie als Reichsverteidigungskommissare die Verwaltungsexekutive immer mehr an sich reißen. Tatsächlich sind die im Gau Weser-Ems liegenden Teile der Provinz Hannover (Reg.-Bez. Osnabrück und Aurich) seit 1944 dem Oberpräsidium in Hannover entzogen und der Gauleitung in Oldenburg unterstellt. Die *Gaue* sind fast ganz an die Stelle der früheren Länder und Verwaltungsbezirke getreten.

Der Zweite Weltkrieg 1939–1945 sucht die Großstädte und Industriezentren im nordwestdeutschen Raum seit 1943 mit immer schwereren Luftangriffen heim, besonders Emden, Wilhelmshaven, Osnabrück, Hannover, Braunschweig, Wesermünde, noch ganz zuletzt auch Hildesheim. 170000 Menschen finden dabei den Tod, 175000 Heimstätten werden zerstört, unersetzliche Kulturwerte gerade in Hildesheim vernichtet.

Ende März 1945 wird Nordwestdeutschland von den einmarschierenden britischen und amerikanischen Armeen erreicht und im Lauf des April besetzt, z.T. unter heftigen Kämpfen, die besonders vor Bremen, an der Weser und Aller sowie in Osthannover zu weiteren schweren Zerstörungen auch des flachen Landes führen. Zu der befohlenen Verteidigung der „Festung Harz" kommt es nicht mehr. Am 4. Mai 1945 wird im Hauptquartier von Feldmarschall B. L. Montgomery nahe Lüneburg („Victory Hill") die *Kapitulation der deutschen Wehrmacht an der britischen Front* unterzeichnet und damit dem sinnlosen Wüten des Krieges in Nordwestdeutschland ein Ende gesetzt.

Quellen und Literatur

Bibliographien:

Loewe, Viktor: Bibliographie der hannov. u. braunschweig. Geschichte. Posen 1908 (ohne Ostfriesland, Osnabrück, Oldenburg, Bremen und Schaumburg).

Busch, Friedrich: Bibliographie der niedersächs. Geschichte 1908–1932. Hildesheim 1938 (Gesamtniedersachsen einschl. Bremen) (Fortsetzung für die Jahre 1933–1955 in Arbeit).

Busch, Friedrich: Bibliographie der niedersächsischen Geschichte für die Jahre 1956 und 1957. Hildesheim 1959. Desgleichen für die Jahre 1958–1960. Hildesheim 1971 (Fortsetzung 1961–1966 im Druck).

Führende Zeitschriften:

Zeitschrift des Historischen Vereins für Niedersachsen 1850 (mit Vorläufern seit 1819) bis 1923.

Niedersächsisches Jahrbuch für Landesgeschichte seit 1924 (zuletzt Bd. 43/1971).

Braunschweigisches Jahrbuch 1902–1970 (mit wechselndem Titel).

Darstellungen:

Gesamtgeschichte:

Eine wissenschaftlich einwandfreie, moderne Darstellung der Gesamtgeschichte Niedersachsens fehlt. *Rosendahl, Erich:* Geschichte Niedersachsens im Spiegel der Reichsgeschichte. Hannover 1927, ist eine großangelegte, aber wissenschaftlich unzulängliche Darstellung.

Als Einführung brauchbar: *Büttner, Ernst:* Geschichte Niedersachsens, besonders Hannovers und Braunschweigs. Leipzig (Berlin 1931; Heimatanhang zu dem Unterrichtswerk von Pinnow, Steudel und Wilmanns); *Schnath, Georg:* Vom Sachsenstamm zum Lande Niedersachsen. Hannover 1966; *Haase, Carl:* Niedersachsen – Territorien, Verwaltungseinheiten, geschichtliche Landschaften. Göttingen 1971.

Historische Geographie:

Geschichtlicher Handatlas Niedersachsens, hrsg. von *G. Schnath.* Berlin 1939.

Geschichte von Hannover und Braunschweig:
Havemann, Wilh.: Geschichte der Lande Braunschweig und Lüneburg, 3 Bde. Göttingen 1853–1857 (stoffreich, zuverlässig, immer noch brauchbare Darstellung bis 1815).
Heinemann, O. v.: Geschichte von Braunschweig und Hannover, 3 Bde. Gotha 1882–1892 (bis 1884 bzw. 1866 Braunschweig stärker berücksichtigend als Hannover).
Beckurts, F.: Grundriß der braunschweigischen Geschichte. 3. Aufl., Braunschweig 1931 (Darstellung bis 1922).
Studien und Vorarbeiten zum Histor. Atlas Niedersachsens, 25 Bde. Göttingen 1914–1970.
Schnath, Georg: Niedersachsen und Hannover. Vom Namen unseres Landes und seiner Hauptstadt. 4. Aufl., Hannover 1964.

Oldenburg

Territoriale Entwicklung zur Grafschaft Oldenburg

Die Oldenburger Territorialgeschichte spielt sich vorwiegend in der flachen Marsch-, Geest- und Moorlandschaft zwischen Nordsee und Wiehengebirge, Niederweser und Niederems ab. Sie ist mit der Geschichte der Friesen und der Sachsen, deren Grenze durch das spätere Land mitten hindurchgeht, eng verflochten. Das Oldenburger Fürstenhaus ist durch Heiraten vielfach mit der Geschichte europäischer Fürstenhäuser in Dänemark, Holstein, Rußland, Schweden und Griechenland verknüpft.

Die historischen Keimzellen des nachmaligen Oldenburgerlandes sind die **friesischen Gaue** westlich der Wesermündung: Rüstringen (Riustri), Östringen (Asterga), Wangerland (Wanga); die **sächsischen Gaue** an Hunte und Hase: Largau (zwischen Huntebogen und Weser), Lerigau (westlich der mittleren Hunte), Dersagau (Dersi, zwischen oberer Hunte und Hase), Hasegau (an der mittleren Hase); endlich der Ammergau (nördlich der Vehne und Hunte), dessen Bevölkerung bis ins 11. Jh. meist friesisch war, dann sächsisch überlagert wurde. Die Christianisierung dieser Gaue erfolgt von Bremen und Corvey.

780 Im Auftrag Karls des Großen missioniert der Angelsachse **Willehad** im sächsischen Gau Wigmodi (östlich der Wesermündung). Der im Lerigau und Westfalen begüterte Edle **Widukind** entfacht 782 gegen die in der *Capitulatio de partibus Saxoniae* festgelegten fränkischen und christlichen Einrichtungen einen Aufstand. Dem fränkischen Strafgericht bei Verden

Abb. 25: Oldenburger Schloß und Schloßplatz, um 1848. Aquarell von Theodor Presuhn

Karte 4:
Historische Karte
des Landes Oldenburg

(Aller) entgeht Widukind durch Flucht zu den Dänen. Nach seiner Rückkehr 783 neue Volkserhebung in Friesland und Sachsen. 785 läßt sich Widukind taufen. Willehad wird 787 zum 1. Bischof von Bremen geweiht. Ihm unterstehen die friesischen Gaue Rüstringen, Östringen, Wangerland, Norderland und die sächsischen Gaue Largau und Wigmodi. Dersagau, Hasegau und Lerigau gehören zum Bistum Osnabrück.

Die Zehntforderungen der Kirche rufen neue Volkserhebungen hervor. Karl läßt zahlreiche Sachsen, besonders aus dem Wigmodigau, in andere Reichsgebiete umsiedeln. Seit 797 Milderung des scharfen Vorgehens.

Auf dem Aachener Reichstag 802 läßt Karl der Große die Stammesrechte der Sachsen und Friesen aufzeichnen *(Lex Saxonum, Lex Frisionum).*

Graf *Waltbert* im Lerigau (ca. 850–872), Widukinds Enkel, läßt sich für eine Romreise (850) Empfehlungsschreiben Kaiser Lothars ausstellen; darin wird Klage geführt über den Wankelmut des „von Sachsen und Friesen gemischten Volkes“. Mit den Reliquien des hl. Alexander kehrt Waltbert 851 nach Wildeshausen zurück.

Die Friesland schwer heimsuchenden *Wikingerzüge* gehen weit landeinwärts. Ob im Zusammenhang mit den Ungarneinfällen Fluchtburgen auf Befehl Heinrichs I. erbaut sind, ist nicht erwiesen, doch beweist der HEGINRIC-Schmuckbrakteat von Klein-Roscharden König Heinrichs Ansehen im Lerigau.

Aus altem von Graf Dietrich (Theodericus) ererbtem Eigengut schenkt König Otto I. 947 dem Kloster Enger Grundbesitz im Lerigau, im Hasegau, im Dersagau und im Ammergau. Es handelt sich offenbar um Allod der Sippe Graf Waltberts.

Den Zehnten im Ammergau und die Ponteburg (Lage unbekannt, vermutlich an der Stelle der späteren Omeresburg bzw. Oldenburg) läßt sich das Kloster Corvey von Otto II. schenken (983). Unter Anwesenheit des Bremer Erzbischofs Adaldag weilt Otto III. mit seiner Mutter Theophanu 988 einige Tage in Wildeshausen. Damals gehört der friesische Gau Östringen zur Grafschaft der sächsischen **Billunger,** die in Jever münzen (*Gefri denarii* um 1011, im ganzen Ostseeraum gefunden).

Um 1000 ist die Sicherung der Seemarschen durch gemeinsamen Deichbau auch in Rüstringen, Östringen und Wangerland beendet. Kaiser Konrad II. bestätigt den Sachsen und Friesen ihre Landesgesetze (Friesische „Siebzehn Küren", vermutlich 1038/39 entstanden): Anerkennung des freien Standes aller Friesen, Gewährung einer freien Landstraße von Jever nach Omeresburg (= Ammersche Burg, fries. Name für Oldenburg).

1043–1072 erwirbt Erzbischof Adalbert von Bremen wichtige Hoheitsrechte westlich der Niederweser, so von Heinrich III., wo die *Billunger Herzöge* und die *Grafen von Stade* Grafenrechte besitzen. Heinrich IV. überläßt dem Erzstift Bruchländereien an der Ollen (linker Nebenfluß der Weser) zwecks Besiedlung.

Graf *Huno,* wahrscheinlich Stellvertreter der Billunger Herzöge und der Stader Grafen in Östringen und Rüstringen, im Ammerland und Largau, stiftet das Benediktinerkloster Rastede im Ammergau, dessen Marienkirche 1091 geweiht wird.

Der eigentliche *Begründer* des Oldenburger Grafenhauses ist *Egilmar I.* (um 1100), der aus dem sogenannten Osnabrücker Nordland stammt. Sein Titel „Comes in confinio Saxoniae et Frisiae" kennzeichnet die Grenzmarklage und Eigenart seines Gebietes. Die Nachkommen erscheinen später im Besitz der Rasteder Kloster- und der Wildeshauser Stiftsvogtei. Dazwischen liegt, an der Hunte, die namengebende „Aldenborg", *Oldenburg,* die, 1108 zuerst erwähnt, seit der Mitte des 12. Jh. den Grafen als Sitz dient. Die Verbreitung ihres Grundbesitzes und die Versippung mit dem Hochadel stützen die Familientradition einer Herkunft der Oldenburger aus Widukinds Geblüt.

Graf *Christian I.* († 1167) leistet zunächst Heinrich dem Löwen Heeresfolge, und der Sachsenherzog hilft ihm, die Stammesfehden der friesischen Östringer und Rüstringer zu dämpfen, freilich erfolglos. Dann aber fällt der Graf vom Herzog ab – es ist der Beginn einer selbständigen oldenburgischen Politik, die 1866 mit dem Verzicht auf oldenburgische Militärhoheit endet.

Anfangs ist das Grafengeschlecht bereits in zwei *Linien* gespalten: *Oldenburg* und *Wildeshausen.* Die letztere teilt sich weiter und besteht bis 1335/84. Wildeshausen selbst fällt schon 1270 an Bremen, sonst sind zuletzt die Grafen von Hoya die Erben dieses altoldenburgischen Besitzes.

Stammtafel 8

Die Egilmaringe und ihre cognatischen Beziehungen über Ida von Elsdorf

NN

Willa 1059 ∞ Huno, Gf. † vor 1091 — Schwester — NN ∞ NN

Friedrich, Gf. † nach 1091 kinderlos — Giselbert clericus 1108 — **Egilmar I.**, Gf. in confinio Saxoniae et Frisiae 1091. 1108 ∞ Richenza (Rixa)

Eilica v. Rietberg-Werl ∞ **Egilmar II.** Gf. 1108. 1142 in Oldenburg — Christianus 1108. † 1153 — Gertrud 1108

Salome v. Geldern ∞ **Heinrich I.**, Gf. in Wildeshausen † 1167 — **Christian I.**, Gf. in Oldenburg † 1167 ∞ Kunigunde v. Poppenburg bzw. Spiegelberg ?

Etheler, Gf. in Dithmarschen um 1060 ∞ ³) Ida v. Elsdorf nobilis femina de Suevia † vor 1082

NN

Ida v. Elsdorf — Richenza ¹) ∞ Hermann, Gf. v. Werl-Rietberg

²) → — — — — → ² ∞ Otto v. Northeim † 1083

Ekbert I., Mgf. v. Meißen † 1068

Oda v. Werl † 1110 ∞ Udo II., Gf. v. Stade, Mgf. † 1082

Heinrich d. Fette, Mgf. in Friesland † 1101 ∞ Gertrud v. Braunschweig † 1117

Richardis v. Lavanttal-Spanheim ∞ Rudolf I., Gf. v. Stade, Mgf. † 1124

Richenza † 1141 ∞ Lothar v. Supplinburg † 1137

Hartwig, Ebf. v. Bremen † 1168 — Rudolf II., Gf. v. Stade † 1144 kinderlos

Heinrich (Welf) d. Stolze † 1139 ∞ Gertrud † 1143

Stammtafel 9

Die Grafen von Oldenburg-Wildeshausen(-Bruchhausen) von 1167 bis um 1270

Heinrich I. † 1167 ∞ Salome v. Geldern-Zütfen

Otto † 1218 Bisch. v. Münster — Gerhard † 1219 Bisch. v. Osnabrück Erzbisch. v. Bremen 1210 — **Heinrich II.** 1167 . 1197 ∞ Beatrix v. Hallermund — Beatrix 1207 . 1224 Äbt. zu Bassum — NN ∞ Wedekind v. Stumpenhusen

Heinrich III. † 1234 ∞ Ermentrud † vor 1256 de Schodis — Wilbrand † 1233 Bisch. v. Paderborn Bisch. v. Utrecht 1227 — Egilmar 1209 . 1217 Propst zu Münster — **Burchard** † 1233 ∞ Kunigunde † vor 1241 de Schodis — Sophia 1197—1260 ∞ Otto II. 1220 . 1244 v. Ravensberg-Vechta

Heinrich † 1270 v. Neubruchhausen — **Ludolf** † 1278 v. Altbruchhausen

Heinrich d. Bogener † 1270 ∞ Eilica v. Tecklenburg (ohne Erben)

Jutta 1231 . 1302 ∞ [1] Heinr. v. Tecklenburg † 1248 ∞ [2] Walram v. Monschau

Abb. 26: Stedinger Bauern im Kampf mit Rittern. Miniatur aus der Sächsischen Weltchronik, 13. Jh.

Oldenburg 1167–1448

Mit Christians I. Tod beginnt eine neue Epoche der Landesgeschichte, gekennzeichnet durch die Unabhängigkeit der Grafschaft.

Beide Oldenburger Grafenhäuser helfen dem Erzstift Bremen, die ihre Zehntpflicht verweigernden *Stedinger* Bauern zu bekämpfen. Gegen sie wird das Kreuz gepredigt, und der militärischen Übermacht unterliegt das Bauernheer unter Boleke von Bardenfleth, Detmar tom Diek und Tammo von Huntorp in der Schlacht bei Altenesch (1234). Das eroberte Stedingen wird größtenteils eine Beute der Oldenburger; sie sichern es durch die 1259 neu erbaute Burg Delmenhorst.

Seit Anfang des 13. Jh. richtet sich die Politik des Hauses Oldenburg immer stärker auf die Beherrschung der friesischen „Länder" Östringen und Rüstringen sowie der Weser. Die Friesen haben die westeuropäische Rats- oder Konsulatsverfassung der Städte in ihren Landgemeinden eingeführt, in den Landesvierteln regieren die frei gewählten Sechzehner-Richter. In allen friesischen Ländern geht Mitte des 14. Jh. die Demokratie an Parteihader und inneren Gegensätzen zugrunde. Fast in allen Kirchspielen werden die potentiores, meliores, divites zu Häuptlingen oder Kirchspielsführern gewählt oder kommen durch Usurpation zur Macht. Diese *Verfassungsumwälzung* wird durch Sturmfluten und Deichbrüche mitbegünstigt. Im westlichen Rüstringen regiert Häuptling Edo Wimeken d. Ä. (etwa 1359–1412) – er wird auch zum Häuptling in Östringen und Wangerland gewählt und erbaut die Edenburg, sein Hafen an der Made ist ein Schlupfwinkel für die Seeräuber. Der Enkel und Nachfolger Sibet findet, gegen die Hansestädte und die Cirksena fechtend, bei Bargebur den Tod (1433); die Sibetsburg – die vormalige Edenburg – wird zerstört. Ihr Untergang bedeutet den Aufstieg Jevers; Häuptling ist hier Sibets Halbbruder Hajo Harlda (gest.

Stammtafel 10

Die Grafen von Oldenburg von 1167 bis um 1270

- **Christian I.** ∞ Kunigunde v. Poppenburg bzw. Spiegelberg(?)
  † 1167
  - Christian † 1192 „der Kreuzfahrer"
  - **Moritz I.** 1167 . 1211 ∞ Salome v. Wickenrode (Wickrath)
    - **Christian II.** 1211 . 1233 ∞ Agnes v. Isenbergen
      - **Johann I.** 1236 . 1270 ∞ Rixa v. Hoya
      - Otto 1267 . 1281 Abt v. Rastede
    - **Otto I.** 1211 . 1252 ∞ Mechthild v. Woldenberge
      - Heinrich 1243
      - Salome ∞ Gerbert v. Stotel
    - Hadwig 1211 ∞ Hildebold v. Wunstorf
      - Hildebold 1258 . 1273 Erzb. v. Bremen
    - Kunigunde 1211 ∞ Giselbert v. Brunkhorst
      - Giselbert 1273 . 1306 Erzbisch. v. Bremen
    - Salome 1211 . 1257 Äbt. v. Bassum
    - Oda 1211 ∞ Rud. v. Stotel

Abb. 27: Graf Anton Günther von Oldenburg (1583–1667). Kupferstich von P. Aubry

1441), dessen Territorium (nebst Kniphausen) später Zankapfel der Häuser Cirksena und Oldenburg wird.

Im Oldenburger Grafenhaus zweigt sich 1281 eine weitere Nebenlinie, Delmenhorst, ab. Graf Nikolaus läßt sich 1421 in seiner Geldnot zum Erzbischof von Bremen wählen und überträgt dafür Delmenhorst dem Erzstift. Aber das Mittel verfängt nicht, und Nikolaus dankt ab. In einem *Familienvertrag 1436* vereinbaren er und sein Schwager Dietrich „der Glückliche" die *Wiedervereinigung* von *Oldenburg* und *Delmenhorst.*

1448–1667

Dietrichs Sohn *Christian* wird, auf Vorschlag seines Onkels Adolf von Holstein, 1448 zum *König von Dänemark* gewählt. Damit tritt die Landesgeschichte in eine neue Epoche über, in der Oldenburg unter dem Einfluß Dänemarks steht. Christian wahrt dem neuen Haus Oldenburg das Erbrecht in den Stammlanden, falls hier das Grafenhaus im Mannesstamm aussterben sollte. In Oldenburg und Delmenhorst regiert sein jüngerer Bruder Gerd (1450–1482). Die von ihm begründete Linie stirbt 1667 aus. Gerd führt den Beinamen der „Mutige"; in der Tat treibt er eine abenteuerliche Politik. Mit Karl dem Kühnen schließt er 1474 ein Bündnis zur Eroberung Frieslands, aber Karls Tod verhindert sie. Als der Bischof von Münster, Heinrich von Schwarzburg, 1482 Delmenhorst erobert, entschließt sich Gerd zur Abdankung. 1547 fällt Delmenhorst durch Handstreich an Oldenburg zurück.

Graf Johann (1483–1526) setzt die Kämpfe gegen das Haus Cirksena fort, das seine Herrschaft ostwärts bis zur Weser ausdehnen will. Er erobert mit der angemieteten „Schwarzen Garde" 1499 Stadland-Butjadingen und behauptet die Eroberungen 1514/23. Unter Graf Anton I. (1529–1573) wird die Herrschaft *Jever* zunächst den Ostfriesen überlassen. Der ostfriesische Drost Boing von Oldersum plant indessen, durch Verlobung mit Maria von Jever, der Häuptlingstochter und Erbin der Herrschaft, eine neue Dynastie zu gründen. Nach dem vorzeitigen Tode Boings (1540) bewährt sich „Fräulein Maria" als Regentin; nach ihrem Tode 1575 fällt Jever testamentarisch an Oldenburg.

Dem Grafen Anton I. und seinem Bruder Graf Christoffer, der als Condottiere sein Glück versucht, dient die *Reformation* zur Stärkung der fürstlichen Autorität und zur Bereicherung mit Kirchengut. Anton I. im besonderen regiert hart und läßt keine Landstände aufkommen. Graf Johann II. (1573–1603) ist in der Verwaltung erfolgreicher als sein Vater Anton I. Mit Kirchenordnung, Visitation und durch Annahme der Konkordienformel festigt er die evangelische Kirche. Sein Bruder Anton II. verlangt 1577 gleiche Teilung der Grafschaft, erhält Delmenhorst und Varel; diese Nebenlinie stirbt 1647 aus.

1603–1667 *Graf Anton Günther* erhält 1623, gegen den Protest Bremens und der Generalstaaten, ein Weserzollprivileg. Im Dreißigjährigen Krieg befolgt er geschickt eine Neutralitätspolitik – im Westfälischen Frieden wird der Elsflether Weserzoll garantiert. Da seine Ehe kinderlos bleibt, wird die Erbfolge rechtzeitig geregelt, und schon zu seinen Lebzeiten treten König Friedrich III. von Dänemark und Herzog Christian Albrecht von Holstein-Gottorp gemeinsam die Herrschaft in Oldenburg und Delmenhorst an.

Stammtafel 11

Der oldenburgische Erbfolgestreit unter den Nachkommen Graf Dietrichs (1667–1676)

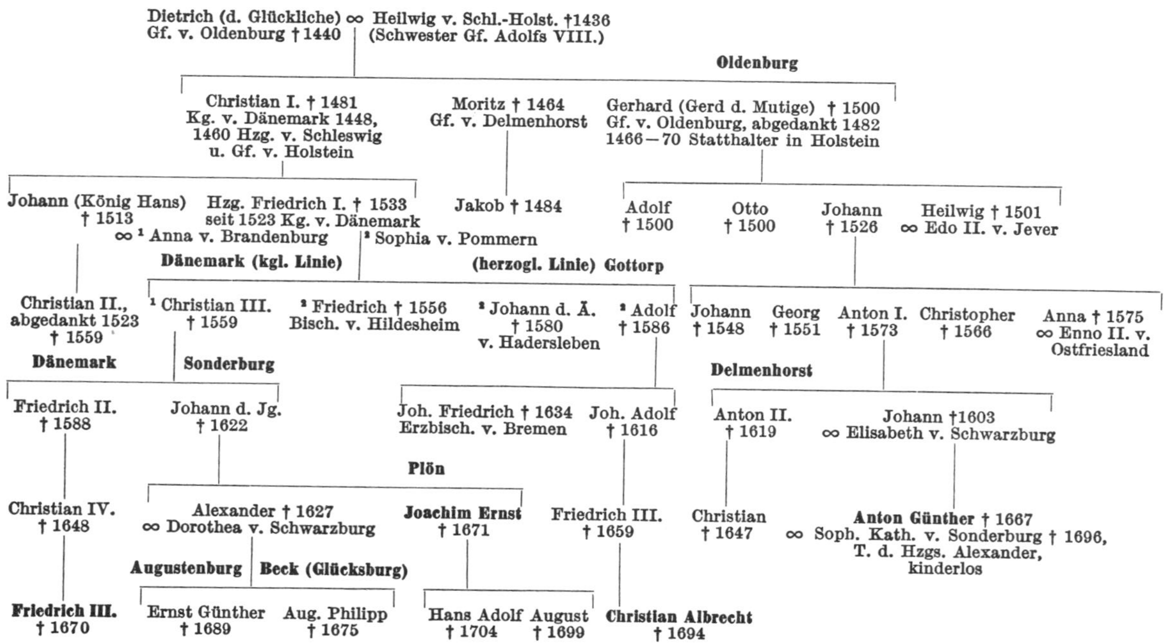

Stammtafel 12

Die Erbfolge im Jeverland von Oldenburg über Anhalt-Zerbst zu Rußland (1667–1806)

Anton Günther † 1667
Gf. v. Oldenburg

Magdalene † 1657
∞ Rudolf v. Anhalt

Friedrich III. † 1659
Hzg. v. Holstein-Gottorp

Friedrich III. † 1670
Kg. v. Dänemark

Anhalt-Zerbst

Johann † 1667 ∞ Sophie Auguste † 1680
Fürst zu Anhalt-Zerbst

Holstein-Gottorp

Christian Albrecht
† 1694
∞ Amalie Friederike
† 1704

Karl Wilhelm † 1718
∞ Sophie v. Sachs.-Weißenfels

Joh. Ludwig d. Ä. † 1704
∞ Christ. Eleonore v. Zeutsch

jüngere Linie

Christian August † 1726
∞ Albertine Friederike v.
Baden-Durlach

ältere Linie

Friedrich IV. † 1702
∞ Hedwig Sophie von
Schweden (Schw.Karls XII.)

Joh. August
† 1742

Joh. Ludwig d. Jg.
† 1746

Christian August
† 1747
∞
Johanna Elisabeth
† 1760

Karl Friedrich † 1739
∞ Anna Petrowna
(T. Peters d. Gr.)

Rußland

Friedrich August † 1793
∞ Frieder. Aug. Sophie v.
Anhalt-Bernburg † 1827,
russ. Administratorin zu Jever bis
1806

Sophie Auguste Friederike
= Zarin **Katharina II.**, † 1796 ∞ Karl Peter Ulrich
= Zar Peter III. † 1762

Paul I. † 1801

Das Haus Holstein-Gottorp in Rußland, Schweden und Oldenburg (ca. 1700–1850)

Christian Albrecht † 1694
Hzg. v. Holstein-Gottorp
Bisch. v. Lübeck
ältere Gottorper Linie

∞

Friederike Amalie † 1704
T. Kg. Friedrichs III.
v. Dänemark
jüngere Gottorper Linie

Friedrich IV. † 1702
∞ Hedwig Sophie v. Schweden
(Schw. Karls XII.)

Christian August † 1726,
Bisch. v. Lübeck
∞ Albertine Frieder. v. Baden-Durlach

Karl Friedrich † 1739
∞ Anna Petrowna

Rußland

Karl Peter Ulrich
= Zar Peter III. † 1762
∞
Sophie Auguste Friederike
= Zarin Katharina II. † 1796

Paul I. Petrowitsch † 1801
∞ Sophie v. Württemberg † 1828
= Maria Feodorowna

Alexander I. † 1825
∞ Luise Mar. Aug. v. Baden
= Elisabeth Alexejewna

Nikolaus I. † 1855
∞ Frieder. Luise Charl.
Wilhelmine v. Preußen
= Alexandra Feodorowna

Kath. Paulowna † 1819
∞ ² Wilhelm I., Kg. v.
Württemberg

Johanna Elisabeth † 1760
∞ Christ. Aug. v. Anhalt-Zerbst

Georg Ludwig † 1763
∞ Soph. v. Holst.-Sdbg.-Beck

Peter Friedrich Ludw. † 1829
∞ Friederike v. Württbg. † 1785

Peter Friedr. Georg † 1812
∞ Kath. Paulowna † 1819 s. u.

Paul Friedr. August † 1853
∞ ¹ Adelheid ² Ida
v. Anhalt-Bernburg-Schaumburg
³ Cäcilie
s. u.

Amalie † 1875
∞ Otto v. Bayern,
Kg. v. Griechenland,
abgedankt 1862

Nik. Friedr. Peter † 1900
Grhzg. v. Oldenburg
∞ Elisabeth v. S.-Altenburg

---

in Oldenburg seit 1773

Friedrich August † 1785
∞ Friederike v. Hess.-Kassel

Peter Friedr. Wilh. † 1823

---

in Schweden seit 1751

Adolf Friedrich † 1771
∞ Luise Ulrike v. Preußen

Gustav III. † 1792
∞ Soph. Magd. v. Dänemark

Gustav IV. † 1837,
abgedankt 1809
∞ Friederike v. Baden

Cäcilie † 1844
∞ Paul Friedr. August
Grhzg. v. Oldenburg

1667–1773

In der folgenden Epoche ist die Grafschaft *Oldenburg dänisch*. In ihr regieren Statthalter, zunächst Graf Anton von Aldenburg, ein illegitimer Sohn des letzten Grafen, der Varel und Kniphausen als Familien-Fideikommiß erhält; die Besitzungen gelangen durch Heirat 1733 an die niederländischen Grafen Bentinck, was holländisch-reformierte Einflüsse bedeutet. Die Herrschaft Jever fällt an Anhalt-Zerbst und geht 1793 an die russische Zarin Katharina II. über, die eine geborene Prinzessin von Anhalt-Zerbst ist; 1818 tritt sie der Zar wieder an Oldenburg ab.

Karte 5: Das alte Herzogtum Oldenburg (1773–1803) nebst Herrschaft Varel-Kniphausen, Erbherrschaft Jever und Amt Wildeshausen mit ihren Kirchspielen

Aus dem dänisch-gottorpischen Kondominium läßt sich Gottorp verdrängen. Dänemark betreibt zeitweilig eine politisch-militärische Verstärkung seiner Nordseebasis Oldenburg: Anlage der Seefestung und Handelsstadt Christiansburg am Jadebusen, die wegen Verschlickung des Fahrwassers wieder aufgegeben wird (1682–1696). Der Besitz Oldenburgs wird für Dänemark fragwürdig und kostspielig – man schätzt es aber wegen der Zolleinnahmen und als historisches Stammland des Königshauses (Jubelfeier 1448–1748). Am Ende ist Dänemark bereit, Oldenburg-Delmenhorst gegen entsprechende Äquivalente an das Haus Holstein-Gottorp abzutreten, das inzwischen 1762 den russischen Zarenthron bestiegen hat (Verträge 1767/73). Großfürst Paul Petrowitsch aus der älteren Gottorper Linie, der spätere Zar Paul I., überläßt das Land dem Bischof Friedrich August von Lübeck zu einem „anständigen Etablissement" der jüngeren Linie. So wird Stammgrafschaft Oldenburg – in Personalunion mit dem Fürstbistum Lübeck (Hauptstadt Eutin) – wieder selbständig.

1774–1813

Die letzte Epoche im alten Reich beginnt mit der **Erhebung Oldenburgs zum Herzogtum.** Auf Herzog Friedrich August folgt sein Neffe Peter (Friedrich Ludwig) 1785–1829, der, in Bern erzogen, patriarchalisch im Sinne des aufgeklärten Absolutismus regiert. Der *Reichsdeputationshauptschluß* 1803 bestimmt die Aufhebung des Elsflether Weserzolls. Als Entschädigung erhält Oldenburg aus dem Niederstift des säkularisierten Fürstbistums Münster die Ämter Vechta und Cloppenburg – dazu das bis 1270 oldenburgische, seit 1700/19 hannoversche Amt Wildeshausen. Durch die Einverleibung des „Oldenburger Münsterlandes" erwirbt Oldenburg ein Gebiet zurück, wo die Grafen bereits im Hochmittelalter ein Konglomerat von Allodien und Hoheitsrechten besessen haben. Der Vergrößerung auf fast den doppelten Umfang folgt, trotz des Beitritts zum Rheinbund, Oldenburgs Fall, die Vereinigung der Nordseeküstenländer mit Frankreich (1810) – der Herzog geht in die Emigration nach Rußland. Nach der Völkerschlacht bei Leipzig 1813 kehrt er zurück und widmet sich ganz dem Neubau des Patriarchalstaates.

1815–1866

Herzog **Peter (Friedrich Ludwig),** Fürstbischof des Bistums Lübeck, regiert im Herzogtum Oldenburg von 1785 bis 1823 als Landesadministrator für seinen geisteskranken Vetter Wilhelm und von 1823 bis 1829 im eigenen Namen. Seine 44jährige Regierungszeit legt in mancher Hinsicht den Grundstein des modernen oldenburgischen Staates, der fast anderthalb Jahrhunderte hindurch bestehenbleibt.

Auf dem *Wiener Kongreß* erfüllen sich Oldenburgs Erwartungen hinsichtlich einer territorialen Erweiterung bis zur niederländischen Grenze nicht; das Königreich Hannover gewinnt die Gebiete an der Ems und legt so um das Her-

Abb. 28: Gerhard Anton von Halem (1752–1819), oldenburg. Regierungsrat, Verfasser der „Geschichte des Herzogtums Oldenburg", 1794–1796. Zeitgenössischer Stich

zogtum eine bedrohliche Klammer. Es kommt nur zu kleinen Grenzkorrekturen zwischen Hannover und Oldenburg.

Seit seinem Beitritt zum *Deutschen Bund* führt Oldenburg im Plenum 1 Stimme und bildet in der engeren Bundesversammlung zusammen mit den Häusern Anhalt und Schwarzburg die 15. Kurie. Es gelingt, als Ersatz für entgangene Zolleinnahmen während der französischen Besatzungszeit eine Verlängerung des *Weserzolls* bis 1820 durchzusetzen. An Landentschädigung erhält Oldenburg außer dem bereits 1803 erworbenen „Oldenburger Münsterland" noch aus dem vormaligen Saardepartement ein Gebiet an der Nahe mit 20000 Seelen. Alter Sponheimer Besitz und andere Territorialsplitter werden 1817 als **„Fürstentum" Birkenfeld** mit der Aussicht auf gelegentlichen Umtausch zu Oldenburg geschlagen. Hinzu kommt noch die 1818 von Rußland abgetretene Erbherrschaft **Jever** einschließlich der Herrlichkeit **Kniphausen.** Dem legitimen Landesherrn, *Wilhelm (Gustav Friedrich) Reichsgraf von Bentinck,* wird im Berliner Abkommen (1825) eine beschränkte Landeshoheit über Kniphausen zugebilligt. Oldenburg bestellt für dieses Gebiet von kaum 3000 Seelen eine besondere „Kommission zur Ausübung der vormals Kaiser und Reich zugestandenen Hoheitsrechte". Trotz der verschiedenen Gebietserweiterungen verzichtet Peter auf den ihm in der Wiener Schlußakte (1815) verliehenen Großherzogstitel.

1819 Die vom Bund verordnete scharfe Zensur wird in Oldenburg mild gehandhabt. Dagegen wird die in Art. 13 der Bundesakte geforderte Einführung einer landständischen *Verfassung* geflissentlich hinausgeschoben. Für ein Parlament bietet der aus 3 Landesteilen bestehende Staatskörper allzu viele administrative und soziale Schwierigkeiten; der Herzog bleibt lieber bei der bewährten patriarchalisch-absolutistischen Verfassung, wobei er sich durch die verwandten Fürstenhäuser in Rußland und Dänemark gedeckt weiß.

Immerhin erhalten die oldenburgischen Städte seit 1817 eine bescheidene Selbstverwaltung, auch werden erhebliche *Reformen der inneren Staatsverwal-*

tung durchgeführt. An die Stelle der mittelalterlichen Vogteien treten 25 Ämter; Verwaltung und Rechtspflege liegen bis 1852 in einer Hand. Mehrere Ämter bilden einen „Kreis" als Justizbezirk mit je einem Landgericht. Von hier geht die Berufung an die Justizkanzlei in Oldenburg. Darüber steht das Oberappellationsgericht, das an die Stelle des vormaligen Reichskammergerichts getreten ist.

Zur Förderung der *Landwirtschaft* wird 1818 die Landwirtschaftliche Gesellschaft gegründet. Um der wachsenden Bevölkerung zu Grundbesitz zu verhelfen, wird die in Nordoldenburg längst erprobte Teilung der Gemeinheiten (Allmenden) auch in den südoldenburgischen Heidmarken erfolgreich fortgeführt. Trotzdem vermag die innere Kolonisation die Auswanderung nicht aufzuhalten. *Handel und Verkehr* profitieren nicht nur vom Ausbau des Straßennetzes, sondern auch vom Beitritt Oldenburgs zum *Mitteldeutschen Handelsverein* (1828) und anschließend (1836) zum *Steuerverein* mit Hannover, Braunschweig und Schaumburg-Lippe.

(Paul Friedrich) August (1829–1853) nimmt den Großherzogstitel an unter gleichzeitiger Wappenänderung. Seine so bekundete Repräsentationsfreude wird gedämpft durch die Pariser Julirevolution (1830). Petitionen vor allem aus Nordoldenburg verlangen die Erfüllung von Art. 13 der Bundesakte. Nach eingehender Beratung des Landesherrn mit seinem Kabinettsministerium arbeitet Minister *Günther Heinrich von Berg* eine Landesverfassung aus; aber die Verwandten, der König von Dänemark und der Kaiser von Rußland, lehnen den Entwurf ab. Zum Beweis seines guten Willens erläßt Großherzog August eine

Verordnung über die Verfassung und Verwaltung der Landgemein-
1831 *den.* Darin erhalten die alten Kirchspiele einen klaren Auftrag als politische Gemeinden mit weitgehender kommunaler Selbstverwaltung.

Da seit dem Anfall des „Münsterlandes" zu der bis dahin rein evangelischen Bevölkerung ein erheblicher Prozentsatz (fast 30%) Katholiken gekommen ist, wird für deren geistliche Betreuung ein bischöflich-münstersches *Offizialat* in Vechta errichtet (1831). Der Offizial soll möglichst ein Oldenburger sein und bedarf vor seiner Ernennung durch den Bischof von Münster der Zustimmung der oldenburgischen Regierung. Eine staatliche Kommission überwacht die landesherrliche Kirchenhoheit (ius circa sacra).

Nach dem Tod des Grafen Wilhelm (Gustav Friedrich) von Bentinck entbrennt der *Kniphauser Erbfolgestreit* zwischen seinem Sohn Gustav Adolf, dessen Mutter eine Kleinbauerntochter ist, und den höher geborenen englischen Agnaten. Ihr Versuch, die Burg Kniphausen zu stürmen, mißlingt (1836). Die Kniphauser Frage wird ein politisches Monstrum.

Das Haus Oldenburg gewinnt 1836 neue europäische Verbindungen durch die Vermählung der Prinzessin Amalie mit König Otto von Griechenland aus dem Hause Wittelsbach (beide entthront 1862).

Die *politische Unruhe* des Vormärz wird in Oldenburg durch die Gründung der „Neuen Blätter für Stadt und Land" (1843) wachgehalten. Ihre liberalen Vorkämpfer, u.a. die kritikfreudigen Literaten Ludwig Starklof und Professor Adolf Stahr, die Juristen Maximilian Heinrich Rüder, Karl Bucholtz und *Diedrich Christian von Buttel,* stehen den Ideen der Burschenschaft und des Jungen Deutschland nahe. Sie beeinflussen maßgeblich die *Biedermeierkultur* in Oldenburg, die seit Eröffnung des Hoftheaters unter Hofrat Starklof (1833) und der Berufung von Julius Mosen als Dramaturg (1844) eine Blüte erlebt und in spätklassizistischen Bauten ihren besonderen Ausdruck findet.

Die Revolution von 1848 bringt Oldenburg endlich eine Verfassung, nachdem soziale Unruhen unter den nordoldenburgischen Landarbeitern und den südoldenburgischen Heuerleuten sowie Petitionen seitens des liberalen Bürgertums den Großherzog bewilligungsreif gemacht haben. Bei überaus schwacher Wahlbeteiligung kommt ein Landtag von 35 Abgeordneten zu-
1849 stande, der ein **Staatsgrundgesetz** für das Großherzogtum be-
18. Febr. schließt und **verkündet.** Es beendet die absolutistische Regierungsform und führt die Verantwortlichkeit des Staatsministeriums gegenüber dem Landtag ein. Verwaltung und Justiz werden jetzt getrennt. Auch in der Kirche wird 1849 eine neue Verfassung eingeführt, anstelle des großherzoglichen Konsistoriums führt ein gewählter Oberkirchenrat die kirchlichen Verwaltungsgeschäfte.

Unter schwacher Wahlbeteiligung verlaufen auch die Wahlen zur deutschen *Nationalversammlung,* in die Oldenburg 4 Abgeordnete entsendet. Von den neuen liberalen Ministern ist Oberst *Johann Ludwig Mosle* der fähigste Kopf; er vertritt Oldenburg später in Frankfurt, Wien, Erfurt und Berlin. Die beiden ersten Landtage arbeiten ohne Beteiligung des Fürstentums Birkenfeld, in den folgenden sind alle 3 Landesteile vertreten. Zwischen Landtag, Regierung und Herrscherhaus gibt es genug Gegensätze, besonders in der schleswig-holsteinischen Frage. Der Erbprinz (Nikolaus Friedrich) Peter lehnt gegen den Wunsch des Vaters den Vorschlag des Zaren ab, als Kandidat für den dänischen Königsthron aufzutreten.

Als Seeanliegerstaat setzt sich Oldenburg lebhaft für den Küstenschutz und für eine *deutsche Flotte* ein und erreicht, daß Brake an der Weser Marinestation für Admiral Karl Rudolf Brommy wird. Allgemein sind Trauer und Bestürzung über die Versteigerung der Flotte durch den vormaligen Birkenfelder Regierungspräsidenten (Lorenz) Hannibal Fischer („Flotten-Fischer").

Großherzog August sieht in Preußen den künftigen Garanten für die Sicherung der Nordseeküste und verkauft ihm 1852/53 ein kleines Gebiet an der Jade bei Heppens zur *Anlage eines preußischen Kriegshafens.* Dadurch gerät die oldenburgische Außenpolitik noch mehr in Gegensatz zu der des Königreichs Hannover und bindet sich noch stärker an Preußen. Durch preußische Finanzhilfe wird Oldenburg in die Lage versetzt, den Bentinckschen Erbfolgestreit zu beenden, indem es sämtlichen Erbberechtigten ihre Ansprüche auf *Varel* und *Kniphausen* für 2 Millionen Taler abkauft. Seit 1854 ist das Herzogtum Oldenburg ein abgerundetes Territorium und eine administrative Einheit.

Nach mehrfachen Regierungs- und Ministerkrisen und infolge der
1852 restaurativen Tendenzen in Deutschland wird durch Patent ein *re-*
22. Nov. *vidiertes Staatsgrundgesetz* erlassen, das bis 1919 Geltung besitzt. Es gilt unter den Verfassungen der deutschen Bundesstaaten als äußerst liberal. In der revidierten Kirchenverfassung vom 11. April 1853 wird dem Großherzog „das den evangelischen Landesfürsten herkömmlich zustehende Kirchenregiment" wieder übertragen, das bis 1918 in Kraft bleibt.

Abb. 29: Großherzog Peter von Oldenburg (reg. 1853–1900)

Großherzog **(Nikolaus Friedrich) Peter** (1853–1900) befolgt eine vorsichtige, konservative Politik, ohne jedoch den modernen Zeitströmungen auszuweichen. In der schleswig-holsteinischen Frage erhebt er, unterstützt vom Zaren als dem Chef des Hauses Gottorp, gegen die Thronfolge Christians IX. von Dänemark in den Elbherzogtümern Protest und meldet in einer Denkschrift selbst Erbansprüche seines Hauses auf *Schleswig-Holstein* an, die Bismarck gegenüber denen des Augustenburgers zunächst anerkennt, später aber rücksichtslos ignoriert. Persönlich verärgert, stellt Peter sich beim preußisch-österreichischen Konflikt um die Hegemonie im Deutschen Bund dennoch auf die Seite Preußens.

Am 18. Juni 1866 geht Oldenburg ein vorläufiges Militärbündnis mit Preußen ein. Nach Bewilligung der Mobilmachungskosten löst Peter den Landtag auf und schickt sein Truppenkontingent auf den mainfränkischen Kriegsschauplatz. Erst nach Kriegsende, am 27. August, wird der Bündnisvertrag unterzeichnet, durch den die oldenburgischen Truppen künftig Preußens Oberbefehl unterstellt werden. Oldenburg muß 700 Jahre nach dem Abfall des Grafen Christian von Heinrich dem Löwen auf eigene Außenpolitik verzichten. Der Abbau der oldenburgischen Souveränität geht unaufhaltsam weiter, je mehr der Norddeutsche Bund unter Preußens Führung erstarkt. Großherzog Peter verzichtet im Vertrag vom 27. September 1866 auf seine schleswig-holsteinischen Erbansprüche und erhält dafür persönlich eine Abfindungssumme von 1 Million Taler; das holsteinische Amt Ahrensbök kommt zum oldenburgischen Fürstentum Lübeck.

Stammtafel 14

Schematische Stammtafel zum Schleswig-Holsteinischen Erbfolgestreit (1863–1866)

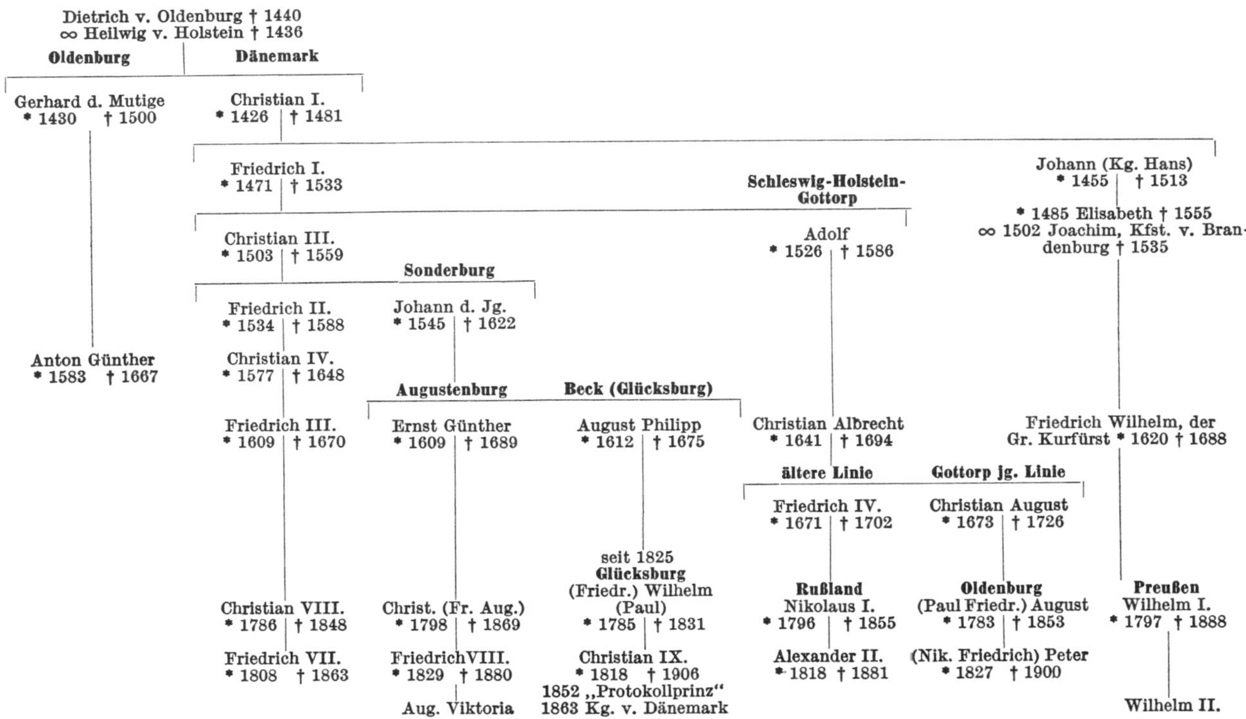

Schon 1854 zusammen mit den anderen Staaten des Steuervereins dem Deutschen Zollverein eingegliedert, erhält Oldenburg 1867 den bislang von Hannover verhinderten *Anschluß an das Eisenbahnnetz* durch den Bahnbau von Bremen über Oldenburg zum preußischen Kriegshafen Heppens an der Jade (1869 auf den Namen *Wilhelmshaven* getauft). Es folgt 1869 die Bahnverbindung Oldenburg–Neuschanz–Groningen, 1876 Oldenburg–Osnabrück. Oldenburg verzichtet zugunsten des Norddeutschen Bundes auf sein Postregal, dafür wird der Bezirk der Oberpostdirektion Oldenburg auf die preußischen Bezirke Aurich und Osnabrück ausgedehnt (1. Januar 1869). Ein neuer regionaler Verwaltungsgedanke bahnt sich an, nach 1919 neu belebt (Weser-Ems-Raum).

1867–1945

Die enge Anlehnung Oldenburgs an Preußen wird von der oldenburgischen Bevölkerung mit gemischten Empfindungen beurteilt. Im katholischen Südoldenburg hegt man vor und nach 1866 starke Sympathien für Österreich. Seit dem Beitritt der süddeutschen Staaten zum Norddeutschen Bund, vor allem aber nach der glücklichen Beendigung des Krieges gegen Frankreich 1870/71 *wandelt sich die Volksstimmung.* Die Reichsgründung von 1871 unter preußischer Führung und die Bundes-, dann Reichsflagge Schwarz-Weiß-Rot finden in breiten Kreisen der Küstenbevölkerung ein positives Echo und lassen die Erinnerung an den schwarzrotgoldenen Reichstraum von 1848 verblassen. Der nationale Liberalismus herrscht vor. Preußen gegenüber betont man gern seine Eigenständigkeit durch die blaurote Kreuzflagge nordischer Herkunft und die oldenburgische Hymne („Heil dir, o Oldenburg").

Unverkennbar wird durch die deutsche *Reichsgesetzgebung* auch Oldenburgs *Wirtschaft* und *Sozialstruktur* zunehmend beeinflußt und geprägt, nicht zuletzt durch das Gerichtsverfassungsgesetz für das Deutsche Reich. An

1879 die Stelle der altoldenburgischen Gerichte treten nunmehr neue Amtsgerichte, ein Landgericht und ein Oberlandesgericht (letzteres bis 1910 gemeinsam mit dem Fürstentum Schaumburg-Lippe). Erstaunlicherweise erhält sich trotz der Verklammerung mit dem Reich in den drei oldenburgischen Landesteilen an der Ostsee, der Nordsee und an der Nahe ein gemeinsames *oldenburgisches Staatsbewußtsein.* Es wird einerseits getragen von der erfolgreichen Arbeit des Landtags und der Beamtenschaft, die durch Versetzungen und Familienbeziehungen ein wichtiges Bindeglied bildet; andererseits ist das gemeinsame Staatsoberhaupt ein nicht zu unterschätzendes staatstragendes Element. Die Gelegenheit, das entfernte Fürstentum Birkenfeld gegen die Grafschaft Hoya auszutauschen, verschmäht Großherzog Peter mit Rücksicht auf seinen entthronten Schwager, König Georg V. von Hannover.

Innenpolitisch macht die selbständige **oldenburgische Gesetzgebung** beachtliche Fortschritte. Die revidierte Gemeindeordnung von 1873 unterscheidet Stadt- und Landgemeinden und vereinigt die Gemeinden zu Amtsverbänden. Durch die *Verwaltungsreform* von 1879 wird die Zahl der Amtsbezirke auf 12 reduziert. Die innere Kolonisation hat bedeutende Erfolge zu verzeichnen. Für die Erschließung des Vehnemoors sorgt der 1856 begonnene Hunte-Ems-Kanal. Neben der Industrie in Delmenhorst, Lohne und Varel beginnt sich am

Abb. 30: Theodor Tantzen, letzter oldenburgischer Ministerpräsident, † 1947

oldenburgischen Unterweserufer mit dem Aufkommen der Dampfschiffahrt anstelle der vormals blühenden Segelschiffahrt neues Leben zu regen. Durch die bremische Unterweserkorrektion (1887/95) verliert Elsfleth jedoch seinen Rang.

Großherzog **Friedrich August** (1900–1918) erkennt die Aufgaben des industriellen Zeitalters und fördert besonders die oldenburgische See- und Flußschiffahrt. In Zusammenarbeit mit bremischen Wirtschaftskreisen sorgt er für Ansiedlung von *Großindustrie* in Nordenham. Einen Überblick über Oldenburgs Wirtschaft und Kulturleben zu Beginn des 20. Jh. vermittelt die große „Nordwestdeutsche Ausstellung" in Oldenburg 1905, an deren Zustandekommen die 1900 gegründeten drei Kammern (Landwirtschaftskammer, Handwerkskammer, besonders aber die Industrie- und Handelskammer) beteiligt sind. In der Nachbarschaft des Reichskriegshafens Wilhelmshaven setzt auf oldenburgischem Nachbargebiet eine so enge Bebauung und so starke Besiedlung ein, daß die drei oldenburgischen Gemeinden Heppens, Bant und Neuende 1911 unter dem Namen Stadt Rüstringen vereinigt werden. Politisch dominiert hier die Sozialdemokratie.

Gegen Ende des Ersten Weltkriegs wird von Wilhelmshavener Matrosen für die Revolution agitiert. Nachdem am 10. November 1918 die „Republik Oldenburg-Ostfriesland" ausgerufen worden ist, erklärt Großherzog Friedrich August am nächsten Tag seinen Thronverzicht. Dies ist auch in Oldenburg das Ende der Monarchie, aber nicht des Staates.

1919 17. Juni — Der neugewählte oldenburgische Landtag verkündet die **Verfassung für den Freistaat Oldenburg.** Ministerpräsident wird der Demokrat *Theodor Tantzen* aus Heering bei Nordenham

(1919–1923); dann folgen Eugen von Finckh (1923–1930) und Friedrich Cassebohm (1930–1932). Sie bemühen sich nach Kräften um die Normalisierung aller Verhältnisse des öffentlichen Lebens. Der Landesteil Birkenfeld untersteht der Kontrolle der französischen Besatzung. Dem allgemeinen Währungsverfall sucht man in Oldenburg durch Ausgabe von Roggenschuldscheinen zu begegnen.

Seit dem Verlust der *Steuerhoheit* der Länder, die infolge der Finanzreform Erzbergers an das Reich übergeht, kranken die meisten deutschen Einzelstaaten an finanzieller Aushöhlung. Mit der Übernahme der oldenburgischen Eisenbahnen durch das Reich entfällt eine weitere wichtige Einnahmequelle. Günstig wirkt sich die Erweiterung des Hunte-Ems-Kanals zum *Küstenkanal* aus bei gleichzeitigem Ausbau der Unterweser als Reichswasserstraße. Trotz sparsamster Haushaltsführung in Staat und Gemeinden nimmt die öffentliche Verschuldung erheblich zu, die Industrie stagniert, die Arbeitslosigkeit wächst, die Landwirtschaft krankt. Spiegelbild der Krise sind die Ergebnisse der Reichstags- und Landtagswahlen.

Die *Bauernbewegung* greift von Schleswig-Holstein nach Ostfriesland über, wird von Hitler geschürt und erfaßt auch das nordoldenburgische Landvolk. Mit zunehmender Wirtschaftskrise nimmt der politische Rechtsruck zu. In der NSDAP sammelt sich mehr und mehr jetzt auch der notleidende bürgerliche Mittelstand.

Die Landtagswahl vom 29. Mai 1932 bringt der NSDAP die absolute Mehrheit, so daß der „alte Kämpfer" Carl Röver legal die Regierung übernimmt. Röver ist seit 1928 Gauleiter des Parteigaues Weser-Ems – so benannt nach dem Reichstagswahlkreis Weser-Ems –, wozu die Länder Oldenburg und Bremen sowie die Reg.-Bez. Aurich und Osnabrück gehören. Nach der Machtübernahme im Reich ernennt Hitler im Mai 1933 Gauleiter Röver zum Reichsstatthalter in Oldenburg und Bremen.

Der „gleichgeschaltete" oldenburgische Landtag beschließt die schon seit langen Jahren geplante **Verwaltungsreform** („Vereinfachungsgesetz" vom 27. April 1933). Dadurch wird die Zahl der Ämter – später Landkreise – auf 6 reduziert, finanzschwache Gemeinden werden mit stärkeren Nachbargemeinden vereinigt. Die gesamte oldenburgische Elektrizitätswirtschaft wird in einem Kommunalverband zusammengefaßt, ebenso das Sparkassenwesen. Dies ist das letzte eigenstaatliche oldenburgische Gesetz. Durch das „Groß-Hamburg-Gesetz" von 1937 erhält Oldenburg die preußische Stadt Wilhelmshaven, in der die oldenburgische Schwesterstadt Rüstringen aufgeht. Gleichzeitig muß Oldenburg die Landesteile **Birkenfeld** und **Lübeck** an **Preußen** abtreten. Der staatliche Ausbau des Gaues Weser-Ems zum Reichsgau, der räumlich den Verwaltungsraum der Oberpostdirektion Oldenburg von 1869 erweitern soll, wird durch den Zweiten Weltkrieg verhindert. Er lebt aber weiter in den Grenzen des Oberlandesgerichts Oldenburg und der Landwirtschaftskammer Weser-Ems, die die Bezirke Oldenburg, Aurich und Osnabrück umfassen.

Nach dem Zusammenbruch des Deutschen Reichs 1945 erlebt das Land Oldenburg noch einmal eine kurze Wiederauferstehung. Der erste Ministerpräsident des Landes ist auch sein letzter. Von der britischen Militärregierung eingesetzt, schlägt *Th. Tantzen* die Erweiterung Oldenburgs zu einem Bundesland

mittlerer Größe vor. Doch General Brian Hubert Robertson entscheidet sich für *Hinrich Kopfs* Vorschlag, ein großes Land Niedersachsen zu
1946 bilden. Als niedersächsischer Minister fügt Tantzen († 1947) seine Heimat Oldenburg in den historischen Grenzen dem Land Niedersachsen ein. Seine Bemühungen um die Erhaltung der altoldenburgischen Kultureinrichtungen werden durch die Traditionsklauseln der niedersächsischen Verfassung von 1951 garantiert. Nach ihm hat Oldenburg nur unregelmäßig einen Minister für das Kabinett in Hannover gestellt (Ernst Martens, Dr. Otto Krapp, August Wegmann, Richard Tantzen, Jan Eilers).

Quellen und Literatur

Jahrbuch für die Geschichte des Herzogtums Oldenburg (seit 1915: Oldbg. Jahrb.) Bd. 1–68 (1892–1969) (mit bibliogr. Hinweisen). Stichwortverzeichnis zu Bd. 1–47 von K. Sichart. Oldenburg 1963.

Die Bau- und Kunstdenkmäler des Herzogtums Oldenburg, bearb. im Auftrag des Oldbg. Staatsministeriums, 5 Hefte. Oldenburg 1896–1909.

Oldenburgisches Urkundenbuch Bd. 1, hrsg. von *D. Kohl;* Bd. 2–8, hrsg. von *G. Rüthning.* Oldenburg 1914–1939.

Oncken, H.: Die ältesten Lehnsregister der Grafen von Oldenburg u. Oldenburg-Bruchhausen. Oldenburg 1893.

Lübbing, H.: Oldenburger Salbuch (um 1428–1450). Oldenburg 1965.

Lappenberg, J. M.: Die ältesten Rasteder Jahrbücher. In: Fries. Arch. 2 (1854).

Oldenburger Forschungen Heft 1–17. Oldenburg 1935–1967.

Oldenburgische Geschichtsquellen Bd. 1–5. Oldenburg 1940–1965. Bd. 2 = *Lübbing, H.:* Die Bestände des Staatsarchivs Oldenburg. Oldenburg 1943.

Oldenburger Studien Bd. 1–7. Oldenburg 1969–1972.

Oldenburgische Monographien, 4 Bde. Oldenburg 1967–1974.

Deutsches Städtebuch Bd. 3 (= Niedersächsisches Städtebuch). Hrsg. von *E. Keyser.* Stuttgart 1952.

Handbuch der historischen Stätten Deutschlands Bd. 2 (= Niedersachsen und Bremen), 3. Aufl., hrsg. von *K. Brüning* u. *H. Schmidt.* Stuttgart 1959 (= Kröners Taschenausgabe Bd. 272).

Niedersächsischer Städteatlas III (= Oldenburgische Städte), hrsg. von der Hist. Kommission für Niedersachsen. Bisher erschienen die Sonderkarten A 1 bis A 5. Oldenburg 1960–1968. Gleichzeitig im Entstehen: Oldenburgische Vogteikarte um 1790, Neuzeichnung Maßstab 1:25000. Erschienen sind 8 Blätter. Oldenburg 1961–1970.

Sello, G.: Die territoriale Entwicklung des Herzogtums Oldenburg. Text u. Atlas = Studien u. Vorarbeiten zum hist. Atlas Niedersachsens Heft 3. Göttingen 1917.

Rüthning, G.: Oldenburgische Geschichte. Oldenburg 1937.

Lübbing, H.: Oldenburgische Landesgeschichte. Oldenburg 1953.

Hartong, K.: Beiträge zur Geschichte des oldenburgischen Staatsrechts = Oldbg. Forschungen Bd. 10. Oldenburg 1958.

Hellbernd, F., u. Möller, H.: Oldenburg, Nachschlagewerk. Vechta 1965.

Lübbing, H.: Oldenburg. Historische Konturen. Oldenburg 1971.

Lampe, K.: Oldenburg und Preußen 1815–1871. Hildesheim 1972.

Ostfriesland

Ursprüngliches Kernland der Friesen ist das Küstengebiet zwischen der durch Meereseinbrüche entstandenen Zuidersee (früher Flie, heute IJsselmeer) und der Ems bzw. der Lauwers, einem kleinen Fluß an der Grenze der heutigen niederländischen Provinzen Friesland und Groningen. Von dort breiten sich die Friesen nach Südwesten und Osten aus. In seiner größten Ausdehnung erstreckt sich Friesland vom Sinkfal bei Brügge bis zur Weser.

Wahrscheinlich seit der Zeit, in der ganz Friesland unter Karl dem Großen dem Frankenreich eingegliedert wird, findet in mehreren Wellen die Besiedlung eines Landstreifens an der schleswig-holsteinischen Westküste und der vorgelagerten Inseln durch über See zugewanderte Friesen statt. Seitdem gibt es ein Nordfriesland, das in den Rahmen der schleswig-holsteinischen Geschichte gehört.

Im Mittelalter zerfällt Friesland (vom nordfriesischen Teil abgesehen) in West-, Mittel- und Ostfriesland. Westfriesland vom Sinkfal bis zur Zuidersee geht schon früh in der Grafschaft Holland auf und scheidet aus der friesischen Geschichte aus. Mittelfriesland zwischen Zuidersee und Lauwers nimmt, nachdem das ursprüngliche Westfriesland von den Grafen von Holland erobert worden ist, den Namen westerlauwersches Friesland oder auch – von Deutschland her gesehen – Westfriesland an (die heutige niederländische Provinz Friesland).

Ostfriesland ist zunächst das Gebiet von der Lauwers bis zur Weser und, nachdem die friesischen Ommelande mit der nichtfriesischen Stadt Groningen eng zusammengewachsen sind und sich nicht mehr als Teil Frieslands betrachten,

Abb. 31: Emden, Ansicht des inneren Hafens und des Rathauses, im Zweiten Weltkrieg zerstört. Kupferstich von G. A. Lehmann, 1808

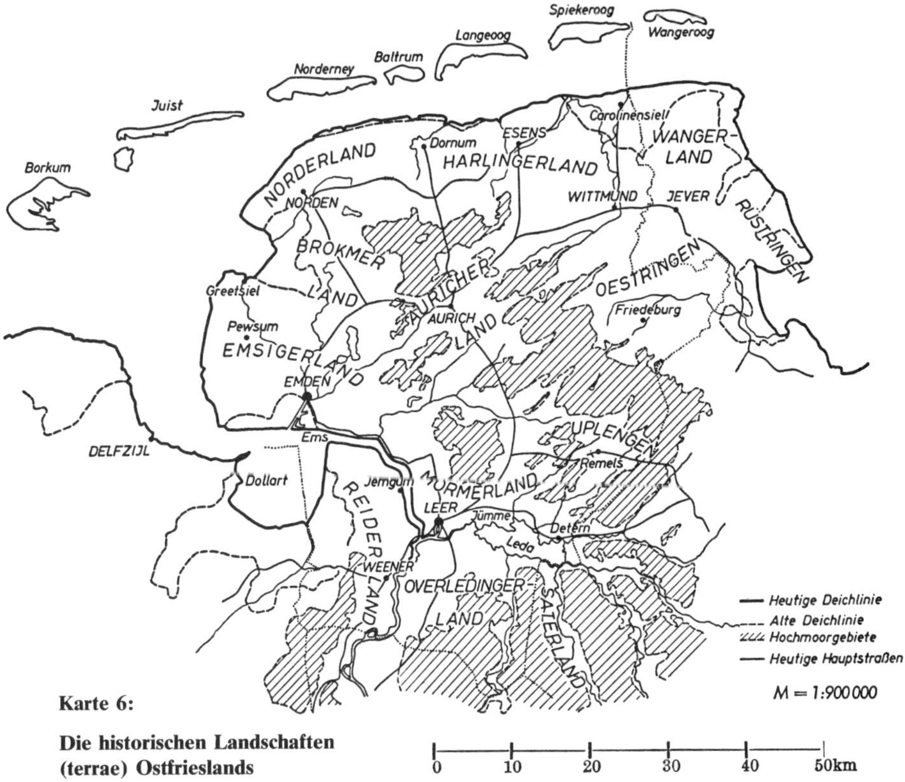

Karte 6:

Die historischen Landschaften (terrae) Ostfrieslands

seit 1464 ein selbständiges Territorium zwischen Ems und Weser, zu dem westlich der Ems auch das Reiderland gehört. Die östlichen Gebiete Butjadingen, Jeverland und Harlinger Land spielen eine Sonderrolle. Butjadingen geht 1529, Jeverland 1575 endgültig für Ostfriesland verloren; beide fallen an Oldenburg. Das zunächst selbständige Harlinger Land wird 1600 mit Ostfriesland vereinigt.

Nord-, Ost- und Westfriesland gemeinsam ist die Lage an der Nordsee; das bedeutet dauernden Kampf mit der Gewalt des Meeres, der das Gesicht der Landschaft und den Charakter der Menschen formt. Sturmfluten und große Meereseinbrüche (Dollart und Jadebusen), Neulandgewinnung und Eindeichungen verändern im Laufe der Jahrhunderte die Küstenlinie immer wieder und bestimmen die geschichtliche Entwicklung mit.

Vom friesischen Großreich bis zur Reichsgrafschaft Ostfriesland um 700–1464

Friesland unter verschiedenen Herrschern (um 700 bis um 1000)

Um 700 treten die Friesen sichtbar in die politische Geschichte Europas ein. Um diese Zeit bildet sich ein friesisches Großreich unter König (Herzog) **Radbod** (friesisch Redbad), der in schwere Kämpfe mit Pippin dem Mittleren und

Karl Martell verwickelt ist. Nach Radbods Tod 719 brechen neue Kämpfe aus, in denen Friesland 734 bis zur Lauwers und schließlich von
785 Karl dem Großen vollständig dem Frankenreich eingegliedert wird. Karl führt die Grafschaftsverfassung ein und läßt 802 die friesischen Volksrechte **(Lex Fris(i)onum)** aufzeichnen.

In die karolingische Periode fällt die erste Blüte des friesischen *Seehandels.* Hauptsächliches Handelsobjekt sind die friesischen Tuche, Handelsgebiete vorwiegend England, Skandinavien und die Rheinlande. Handelsmetropole ist *Dorestad* (Wijk bij Duurstede) an der Rheinmündung, das im 9. Jh. von den Normannen zerstört wird.

Mit dem Vordringen der Franken kommt das *Christentum* nach Friesland. Als Missionar und erster Bischof von Utrecht tritt der Angelsachse *Willibrord,* später der *hl. Bonifatius* hervor, der in Friesland bei Dokkum den
754 Märtyrertod findet. Am Ende des 8. Jh. werden die friesischen Gebiete durch den Friesen **L(i)udger** und den Angelsachsen *Willehad* christianisiert und von Karl dem Großen auf die neugegründeten *Bistümer Münster* und *Bremen* aufgeteilt.

Im 9. Jh. werden die friesischen Küsten von *Normannenüberfällen* heimgesucht, und zweitweise stehen friesische Teilgebiete unter der Herrschaft der Wikinger. In einer sagenumwobenen Schlacht um 880 bei Norden (?) werden diese von den Friesen vernichtend geschlagen.

Bei den fränkischen Reichsteilungen kommt Friesland zunächst überwiegend an das Mittelreich, später endgültig an das Ostreich. Unter den späteren Karolingern, ebenso unter den Ottonen, tritt die Reichsgewalt in Friesland kaum in Erscheinung. Die erste ostfriesische Klostergründung *Reepsholt* 983 wird durch Otto II. und Otto III. bestätigt.

Die Zeit der „Friesischen Freiheit" (um 1000 bis um 1350)

Das stolze Wort „Gott schuf das Meer, der Friese die Küste" kennzeichnet eine der großen Leistungen des friesischen Volkes, den **Deichbau** an der Nordseeküste (um 1000). Vorher hatten sich die Küstenbewohner gegen Überflutungen nur durch die Anlage ihrer Siedlungen auf Erdhügeln, den sogenannten *Warfen* oder *Wurten,* schützen können. Der Deichbau, der die Mitarbeit der gesamten Küstenbevölkerung erfordert, hat wahrscheinlich eine tiefgreifende soziale Umschichtung zur Folge. Während es bisher auch in Friesland Freie, Halbfreie und Unfreie gegeben hat, bringt der volle Einsatz beim Deichbau allen Ständen die persönliche Freiheit.

Rittertum und Lehnswesen spielen keine Rolle, dagegen werden zahlreiche *Klöster,* im ostfriesischen Raum allein 27, gegründet, welche die wirtschaftliche Entwicklung durch kolonisatorische Leistungen nachhaltig beeinflussen.

Die friesischen *Grafschaften* sind fast durchweg in der Hand auswärtiger Herren, von denen die Erzbischöfe von Bremen, die Brunonen und Billunger, die Grafen von Werl und von Calvelage-Ravensberg genannt seien.
1253 Die Grafschaft im Emsgau geht von diesen an die **Bischöfe von Münster** über, die in der weiteren Geschichte Ostfrieslands im Gegensatz zu den weltlichen Grafen eine wichtige Rolle spielen.

Abb. 32: Versammlung der Abgeordneten aller friesischen „Seelande" auf dem Upstalsboom bei Aurich, dem Symbol der friesischen Freiheit. Radierung von C. B. Meyer, um 1800

Abb. 33: Siegel des Upstalsboomverbandes (sog. Totius-Frisiae-Siegel) an einem Bündnisvertrag der Friesen mit König Philipp VI. von Frankreich, 13. März 1338. Nationalarchiv, Paris

Während sich sonst im Reich weltliche und geistliche Fürsten immer mehr zu selbständigen Landesherren entwickeln, geben sich die Friesen in ihren das Gefüge der älteren Gaue auflösenden *„Ländern"*, die man als Bauernrepubliken bezeichnen könnte, eine oligarchische **Konsulatsverfassung** mit jährlich gewählten Richtern an der Spitze, die im östlichen und mittleren Teil Frieslands die vom Kaiser eingesetzte Grafengewalt weitgehend beiseite drängt. Hier liegt eine weitere Komponente der berühmten, aus verschiedenen Wurzeln erwachsenen **„Friesischen Freiheit".** Sie findet ihren sichtbaren Ausdruck im **Upstalsboomverband,** einem Zusammenschluß aller friesischen „Seelande", die, durch Abgeordnete (iurati) vertreten, sich am Dienstag nach Pfingsten an dem mitten in Ostfriesland bei Aurich gelegenen, *Upstalsboom* genannten Hügel versammeln, um über das Wohl Frieslands zu beraten, Recht zu sprechen und den Landfrieden zu wahren. Zusammenkünfte sind mit Sicherheit aus einer
Reihe von Jahren im 13. und 14. Jh. bezeugt. In den *Leges Upstals-*
1323 *bomicae* geben sich die Friesen umfassende Rechtssatzungen.
Schon früher haben sie mit den *Küren* und *Überküren* und dem *Brokmerbrief* wichtige Rechtsaufzeichnungen hervorgebracht.

Die westerlauwerschen Friesen müssen ihre Freiheit immer wieder gegen
auswärtige Herren, vor allem die *Grafen von Holland* und *von Gel-*
1338 *dern,* verteidigen. Aus dieser Situation ist das Bündnis zu verste-
hen, das die gesamten Friesen (iudices, consules et communitates omnium terrarum Frisiae) mit Philipp VI. von Frankreich schließen. Als Symbol der „Friesischen Freiheit" hängt an dieser Bündnisurkunde das einzige erhalten

gebliebene Siegel des Upstalsboomverbandes *(Totius-Frisiae-Siegel).* Außer diesem außenpolitisch bedeutsamen Vertrag sind aus dem 13. und 14. Jh. mehrere Handelsverträge einzelner friesischer Länder mit Hamburg und Bremen überliefert.

Die Häuptlingszeit (um 1350–1464)

Neben den alten Obrigkeiten treten allmählich örtliche Machthaber aus alten Bauerngeschlechtern hervor, die als **Häuptlinge** (hovetlinge, capitales, capitanei) bezeichnet werden; aufgrund ihrer Abstammung, ihres Grundbesitzes und der in ihrer Hand vereinigten Rechte und öffentlichen Funktionen steigen sie zu den militärischen und politischen Führern ihrer Dorfgemeinden empor. Sichtbares Zeichen ihrer Machtstellung ist ein Steinhaus, eine „Burg", deren Errichtung den freien Friesen nach ihren alten Rechtssatzungen untersagt ist. Aber die Zeit der „Friesischen Freiheit" neigt sich ihrem Ende zu. In der zweiten Hälfte des 14. Jh. versucht das zunächst auf der Oldeborg im *Brokmerland* sitzende, dann nach *Aurich* übersiedelnde Geschlecht **tom Brok** durch seine bedeutendsten Repräsentanten, *Ocko I.* und *Keno II.,* das ganze rechtsemsische Friesland unter seiner Herrschaft zu einigen. Im Kampf gegen die zur Küste drängenden Oldenburger Grafen einerseits, gegen innere Unruhen andererseits wird *Edo Wimeken d. Ä.* zum Häuptling der östlichen Länder
1359 Östringen, Rüstringen und Wangerland gewählt, wodurch als eigenes friesisches Territorium die *Herrschaft Jever* entsteht. Gegenüber dieser neuen Entwicklung sucht 1361 noch einmal, allerdings vergeblich, der Upstalsboomverband unter Führung der nichtfriesischen Stadt *Groningen* neues Leben zu gewinnen. Seine Landfriedensbestrebungen und der einigende gesamtfriesische Gedanke verlieren ihre Kraft und gehen in zahlreichen blutigen Häuptlingsfehden unter.

Der mit der vielumstrittenen „Quaden Foelke" verheiratete **Ocko I. tom Brok** macht **Aurich** zum Mittelpunkt einer ausgedehnten Herrschaft und gerät in Konflikt mit einer größeren Häuptlingskoalition des Emsigerlandes, die er 1379 bei Loppersum besiegt. Um seine Stellung zu stärken, nimmt
1381 er – eine schwere Verletzung der „Friesischen Freiheit" – seine Herrschaft von *Herzog Albrecht von Bayern,* dem damaligen Grafen von Holland, zu Lehen. Durch sein selbstherrliches Vorgehen zieht sich Ocko den Haß der freiheitsliebenden Friesen zu und wird 1391 unweit seiner Burg ermordet.

Unter seinem Nachfolger Widzel tom Brok finden 1396 die *Vitalienbrüder* unter *Störtebeker* in Ostfriesland (Marienhafe) Aufnahme und treten von hier aus ihre Kaperfahrten in die Nordsee an. Dadurch veranlassen sie die Hanse, insbesondere das mächtige *Hamburg,* zum Eingreifen und werden teilweise auf der Außenems vernichtet (1400). **Keno II. tom Brok,** der mächtigste Mann in Ostfriesland, erobert 1413 Emden und vertreibt seinen Gegner *Hisko Abdena,* der sich zu den Friesen jenseits der Ems begibt. Groningerland und westerlauwersches Friesland werden damals durch schwere Kämpfe zweier Parteien, der *Schieringer* und *Vetkoper,* zerrissen. Während Hisko sich den Schieringern anschließt, greift Keno zugunsten der Vetkoper ein, schlägt die Schieringer 1415 in der *Schlacht bei Noordhorn* im Groningerland und dehnt seine Herrschaft bis zur Lauwers aus. Ehe er die innenpolitischen Verhältnisse konsolidieren kann, stirbt er 1417 auf der Höhe seiner Macht und hinterläßt seinem Sohn *Ocko II.* die unbestrittene Herrschaft über einen großen Teil Ostfrieslands.

Im gleichen Jahr greift Kaiser *Sigismund* in die friesischen Angelegenheiten ein, um Ruhe und Ordnung wiederherzustellen. Aber die Reichsgewalt ist zu schwach, um sich in diesen entlegenen Gegenden durchsetzen zu können. Nach einem Sieg *Focko Ukenas,* des mit den tom Brok eng verbundenen Häuptlings von Leer, über die Schieringer bei Hindeloopen kommt es 1421/22 zu allgemeinen Friedensbündnissen der streitenden Parteien, in denen Ockos Herrschaft, auch über Emden, bestätigt wird.

Bald darauf brechen Konflikte zwischen ihm und Focko aus, die die gerade gewonnene Einheit Ostfrieslands wieder zerstören. Zugunsten Ockos greifen auswärtige Herren unter Führung des Erzbischofs von Bremen 1426 in die Kämpfe ein, deren Heer bei *Detern* vernichtend geschlagen wird.
1427 In der Entscheidungsschlacht auf den **Wilden Äckern** im Brokmer-
land unterliegt Ocko und wird als Gefangener von Focko auf seine Burg Leer geführt.

Der mächtigste Mann in Ostfriesland ist nun **Focko Ukena,** der durch geschickte Heiratspolitik mehr eine Familien- als eine Alleinherrschaft aufrichtet. Sein schroffes Verhalten und die dem Land auferlegten Lasten rufen überall Widerstand hervor und führen schließlich seine Gegner zu einem
1430 **Freiheitsbund** unter der Führung des Häuptlings *Edzard Cirksena*
von Greetsiel zusammen. Damit beginnt die bedeutende Rolle des Geschlechts der Cirksena in der ostfriesischen Geschichte. Die Mitglieder des Freiheitsbundes belagern Focko Ukena in seiner Burg zu Leer, die völlig zerstört wird. Der mächtige Häuptling stirbt nach vergeblichen Versuchen, noch einmal die Macht zu erringen, 1436 auf seinen Besitzungen im Groningerland.

Da von den Anhängern und Verwandten Fockos das Seeräuberunwesen begünstigt wird, greifen erneut die Hansestädte und an ihrer Spitze *Hamburg* in die ostfriesischen Verhältnisse ein, überrumpeln 1433 durch eine Hinterlist den Häuptling von Emden, Imel Abdena, und besetzen die aufstrebende Seehafenstadt. Im Bunde mit den Brüdern Edzard und Ulrich Cirksena schlagen sie die Reste der Ukena-Partei in der Schlacht von *Bargebur,* unweit von Norden. Zwischen den Verbündeten kommt es in der Folgezeit zu immer schärferen Gegensätzen, an deren Ende die Hamburger 1453 ihre ostfriesischen Besitzungen zunächst auf die Dauer von 16 Jahren an Ulrich Cirksena abtreten.

Mit der Wiedergewinnung *Emdens* sieht sich Ulrich am Ziel seiner Bestrebungen, Ostfriesland unter seiner Herrschaft zu einigen, und festigt seine Stellung 1455 durch die Heirat mit Theda, der Enkelin Focko Ukenas. Nur die östlichen Teile des Landes, die Herrschaften *Jever* und *Friedeburg,* behaupten ihre Selbständigkeit. Ulrichs Neffe und Helfer *Sibet Attena* erhält die Herrlichkeiten Esens, Stedesdorf und Wittmund, die zusammen das *Harlinger Land* bilden, gegen Anerkennung der Oberhoheit Ulrichs und seiner Nachfolger.

Die Verhältnisse drängen den einen großen Teil Ostfrieslands beherrschenden Cirksena, seiner Stellung eine rechtliche Grundlage zu geben, d. h., sich zum

Herrn eines eigenen Territoriums zu machen. Dabei steht er vor der Frage, ob er sich an den Kaiser oder an den Herzog von Burgund als Oberlehnsherrn wenden soll. Er wählt nicht den gefährlichen, die Herrschaft über ganz Friesland anstrebenden Burgunder, sondern Kaiser und Reich. Durch diesen Entschluß fällt die folgenreiche Entscheidung, daß **Ostfriesland** beim **Reich** bleibt und nicht, wie später das westerlauwersche Friesland und das Groningerland, an die sich aus dem Herzogtum Burgund herausbildenden Niederlande

1464 kommt. **Ulrich I.** wird von Friedrich III. in den Reichsgrafenstand erhoben und in der Franziskanerkirche zu Emden mit der neugegründeten **Reichsgrafschaft zu Norden, Emden, Emisgonien in Ostfriesland** unter Zustimmung des ostfriesischen Volkes belehnt. Das freiheitsliebende Volk der Friesen, das seit Jahrhunderten nur den Kaiser – und nicht einmal immer – als Oberherrn anerkennt, beugt sich ohne Widerstand unter die Herrschaft eines einzelnen. So setzt sich auch in Ostfriesland die monarchische Regierungsform durch.

Ostfriesland unter den Grafen und Fürsten aus dem Hause Cirksena 1464–1744

Die Zeit der Eintracht zwischen Landesherren und Ständen (1464–1570)

Die Reichsgrafschaft Ostfriesland mit der Residenz Emden umfaßt nach der kaiserlichen Lehnsurkunde das Gebiet zwischen Unterems und Unterweser und, über die Ems nach Westen hinausgehend, das Reiderland. Auf Ulrich I. folgt, da die Kinder noch unmündig sind, seine tatkräftige Gemahlin *Theda,* die die junge Grafschaft durch alle Gefahren sicher hindurchführt. Diese drohen vor allem von *Karl dem Kühnen* von Burgund und *Gerd von Oldenburg,* die sich 1474 in einem Bündnis zusammenfinden mit dem Ziel, Friesland zu erobern und aufzuteilen. Zum tatsächlichen Konflikt kommt es nicht, da die friesischen Pläne des Burgunderherzogs hinter anderen Unternehmungen zurücktreten. Eine Erweiterung ihres Territoriums gelingt der Gräfin 1481 durch den Erwerb der *Herrlichkeit Friedeburg* im Südosten des Landes.

Seit 1486 treten die Söhne die Mitregentenschaft an, und nach dem Tode Ennos I. kommt 1491 **Edzard I.** zur Regierung, dem sein Volk den Beinamen „der Große“ gegeben hat.

Er hat sich zunächst mit den Häuptlingen des Harlinger Landes und des Jeverlandes, die seine Oberhoheit nicht anerkennen wollen, sowie mit dem Bischof von Münster und der Stadt Hamburg auseinanderzusetzen, die sich zu einer Koalition zusammenfinden.

Jeverland und *Harlinger Land* bleiben selbständig, während *Butjadingen* dem Grafen den Treueid leistet. Hamburg und Münster verzichten endgültig auf alle Rechte an Emden.

Im Innern festigt Edzard die Verhältnisse durch eine neue Münzordnung.

1498 tritt für Friesland eine neue Situation ein, als Maximilian I. *Herzog Albrecht (den Beherzten) von Sachsen,* den Stammvater des sächsischen Königs-

Abb. 34: Graf Edzard „der Große“ von Ostfriesland (reg. 1494–1528). Ölgemälde von Jacob Cornelisz von Amsterdam, um 1517

hauses, zum Gubernator oder Reichsstatthalter über ganz Friesland einschließlich der Stadt Groningen ernennt. Gegen Anerkennung seiner Grafschaft erkennt Edzard seinerseits die Reichsstatthalterschaft und Albrecht als seinen Lehnsherrn an. Durch die Reichsstatthalterschaft Albrechts ist zum letztenmal die Möglichkeit gegeben, ganz Friesland unter einem wenn auch fremden Herrn zu einigen. Aber das westerlauwersche Friesland empört sich im Bunde mit Groningen gegen die sächsische Herrschaft. Der Herzog wirft zwar den Aufstand nieder, stirbt aber nach vergeblicher Belagerung Groningens 1500 in Emden. Zwischen seinem Sohn Georg und Edzard kommt es bei einer erneuten Belagerung Groningens zum offenen Bruch und im Jahr darauf zu einem Bündnis zwischen Edzard und der Stadt, in dem diese den Grafen von Ostfries-
1506–1514 land als Herrn anerkennt. Edzard beherrscht nun ein friesisches Reich von der Weser bis zur Lauwers, in dem nur die Häuptlinge des Jeverlandes und Harlinger Landes ihre Selbständigkeit behaupten. Er sichert seine Grafschaft gegen Teilung unter mehrere Erben, indem er 1512 das Recht der **Erstgeburtsnachfolge** festlegt. Während in diesen Jahren die Reichsgrafschaft Ostfriesland ihre weiteste Ausdehnung und zugleich ihr bedeutendster Regent den Höhepunkt seiner Macht erreicht, brechen 1509 und 1511 furchtbare Flutkatastrophen über das Land herein: *Dollart* und *Jadebusen* erreichen ihren größten Umfang.

Wenige Jahre später gelingt es Georg von Sachsen, beim Kaiser die Reichsacht gegen Edzard zu erwirken und außerdem eine Koalition unter Führung
Herzog Heinrichs d. Ä. von Braunschweig-Wolfenbüttel gegen ihn
1514–1517 zusammenzubringen. In der **Sächsischen Fehde** geht ihm zunächst
fast seine ganze Grafschaft verloren; dann aber tritt bei der Belagerung der ihm noch verbliebenen Festung **Leerort** am Zusammenfluß von Ems und Leda 1514 die entscheidende Wende ein. Durch eine Kanonenkugel verliert Herzog Heinrich sein Leben und das feindliche Heer seinen Oberbefehlshaber;
die führerlosen Truppen laufen auseinander. Georg von Sachsen
1515 ist am Ende seiner Kräfte und tritt die friesische Statthalterschaft
gegen 100 000 Gulden an den Herzog *Karl von Burgund,* den späteren Kaiser Karl V., ab.

1517 gelingt es Edzard, sich aus der Reichsacht zu lösen und sich vom Herzog von Burgund den Besitz seiner Reichsgrafschaft bestätigen zu lassen. Er gewinnt seine letzten noch in feindlicher Hand befindlichen Burgen zurück und sichert sich darüber hinaus eine Anwartschaft auf das Jeverland. Anschließend sind ihm noch zehn Friedensjahre beschieden. Durch die Kodifizierung des **Ostfriesischen Landrechts** stellt Edzard geordnete Rechtsverhältnisse her. Ab 1519 findet, bei indifferenter Haltung des Landesherrn, die **Reformation** Eingang und gewinnt schnell das ganze Land. Unter der Leitung von Edzards bedeutendstem Ratgeber, Ulrich von Dornum, wird 1526 das *Oldersumer Religionsgespräch* zwischen Protestanten und Katholiken veranstaltet; es kann nichts mehr an der Tatsache ändern, daß Ostfriesland fast vollständig protestantisch geworden ist. 1528 stirbt Edzard der Große, unter dem Volk und Herrscher zu einer festen Einheit zusammengewachsen sind, auf der Burg seiner Hauptstadt Emden. Nachdem sein Versuch, Friesland bis zur Lauwers zu beherrschen und darüber hinaus auch im westerlauwerschen Friesland bestimmenden Einfluß zu gewinnen, gescheitert ist, gehen die drei friesischen Gebiete getrennte Wege; ein Zusammenschluß ganz Frieslands ist nie wieder akut geworden.

Unter Edzards schwachem Sohn und Nachfolger Enno II. wird die tolerante Haltung gegenüber der katholischen Kirche aufgegeben und in schroffer Form die *Säkularisation* der meisten ostfriesischen Klöster durchgeführt. Die *Reformation* in Ostfriesland schwankt zwischen dem Luthertum und den Lehren Zwinglis und Calvins; daneben treten Menno Simons und die nach ihm benannten *Mennoniten* in Erscheinung. Enno führt eine lutherische Kirchenordnung ein, die sich gegen den starken Widerstand der Reformierten nicht durchsetzen kann. Hier liegen die Anfänge des in Ostfriesland besonders ausgeprägten **Gegensatzes zwischen den beiden evangelischen Bekenntnissen,** eines Gegensatzes, der später durch politische Hintergründe noch erheblich verschärft wird.

Enno II., der nach den Abmachungen von 1517 verpflichtet ist, eine der jeverschen Erbtöchter zu heiraten, bricht das von seinem Vater gegebene Versprechen und geht eine Verbindung mit *Anna von Oldenburg* ein. In dem Ehevertrag von 1529 wird Butjadingen an Oldenburg abgetreten, während die Oldenburger auf das Jeverland verzichten. *Maria von Jever,* enttäuscht über das gebrochene Eheversprechen, verjagt 1531 die ostfriesische Besatzung und trägt dem Herzog von Burgund (Kaiser Karl V.) 1532 ihr Land zu Lehen auf. Das Harlinger Land wird geldrisches Lehen.

Nach dem frühen Tode Ennos 1540 übernimmt die Gräfin Anna für die noch unmündigen Söhne die Regentschaft. Unter ihr werden 1543 die verworrenen kirchlichen Verhältnisse durch den ersten ostfriesischen Superintendenten *Johannes à Lasco* in reformiertem Sinne geordnet. Zwischen ihm und *Menno Simons* kommt es zu einem religiösen Streitgespräch in Emden.

1545 Durch die **Polizeiordnung,** ihre bedeutsamste Leistung, greift Anna weitgehend und mit strengen Bestimmungen in das private, vor allem sittliche Leben ihrer Untertanen ein. Durch Handelsverträge mit Schottland und Schweden und durch die Begründung der *Emder Heringsfischerei* 1553 belebt sie in starkem Maße das wirtschaftliche Leben des Landes. Zum schweren Schaden des Landes durchbricht sie 1558 die Primogeniturordnung Edzards des Großen, indem sie ihre drei Söhne Edzard, Johann und Christoph zugleich mit der Reichsgrafschaft belehnen läßt. Die Heirat ihres ältesten Sohnes Edzard, der seit 1561 in *Aurich* residiert, mit Katharina, der ältesten Tochter König Gustav Wasas von Schweden (1559), hebt das Ansehen des Hauses Cirksena in der europäischen Fürstenwelt.

Das Grafen- und Fürstenhaus der Cirksena 1464–1744

1. Ulrich I. 1464–1466	∞	2. *Theda Ukena* 1466–1486
3. Enno I. 1486–1491		
4. Edzard I. 1491–1528	∞	Elisabeth von Rietberg
5. Enno II. 1528–1540	∞	6. *Anna von Oldenburg* 1540–1561
7. Edzard II. 1561–1599	∞	Katharina von Schweden (Tochter des Königs Gustav Wasa)
8. Enno III. 1599–1625	∞	I. Walpurgis (Walburg von Rietberg*)
	∞	II. Anna von Holstein-Gottorp
9. Rudolf Christian 1625–1628		
10. Ulrich II. 1628–1648	∞	11. *Juliane von Hessen-Darmstadt* 1648–1651
12. Enno Ludwig ** 1651–1660	∞	Justine Sophie von Barby
13. Georg Christian ** 1660–1665	∞	14. *Christine Charlotte von Württemberg* 1665–1690
15. Christian Eberhard 1690–1708	∞	I. Eberhardine Sophie v. Oettingen
	∞	II. Anna Juliana von Kleinau (morganatisch)
16. Georg Albrecht 1708–1734	∞	I. Christiane Luise von Nassau-Idstein
	∞	II. Sophie Karoline von Brandenburg-Kulmbach
17. Carl Edzard 1734–1744	∞	Sophie Wilhelmine von Brandenburg-Bayreuth

* Als Folge dieser Heirat kommt 1600 das Harlinger Land an Ostfriesland.

** Enno Ludwig erhält 1654 den Fürstentitel; da er ohne männliche Erben stirbt, erhält ihn 1662 sein Bruder Georg Christian noch einmal für das Haus Cirksena.

Die Zeit des Gegensatzes zwischen Ständen und Landesherren (1570–1744)

Edzard II. regiert zunächst zusammen mit seinen Brüdern, von denen der jüngste, Christoph, schon 1566 in den Türkenkriegen fällt. Zwischen dem lutherischen Edzard und dem calvinistischen Johann kommt es 1570 zu schweren Streitigkeiten um die Regentschaft. Bei einer vom Kaiser 1589 durch den Emder Exekutionsrezeß bestätigten Teilung des Landes erhält Johann die Ämter Leer, Stickhausen und Greetsiel, die allerdings schon zwei Jahre später nach Johanns Tod an Edzard zurückfallen. Zukünftigen Teilungen beugt der Graf dadurch vor, daß er sich 1595 die Primogenitur vom Kaiser noch einmal ausdrücklich bestätigen läßt. Die Grafschaft ist dann auch bis zu ihrem Ende nicht mehr geteilt worden.

Der Zwist zwischen den Brüdern gibt den schon im 14. Jh. erwähnten ostfriesischen Ständen Gelegenheit, mitbestimmend in die Geschicke des Landes einzugreifen und ihre eigene Macht auszubauen. Der **Gegensatz zwischen dem Landesherrn und den Ständen,** an ihrer Spitze die mächtige Stadt Emden, zieht sich nunmehr wie ein roter Faden durch die weitere ostfriesische Landesgeschichte. Während sich in den meisten anderen deutschen Territorien der fürstliche Absolutismus mehr und mehr durchsetzt, spielen in Ostfriesland die Stände, die vor allem einen immer stärkeren Einfluß auf das Steuerwesen gewinnen können, eine entscheidende Rolle. So bietet die ostfriesische Geschichte in diesem Zeitraum vorwiegend ein Bild starker *Zerrissenheit* und innenpolitischer *Machtkämpfe,* die sich zeitweise bis zu offener Rebellion steigern und in denen der Landesherr meistens unterliegt.

Das entscheidende Übergewicht unter den Ständen besitzt die Stadt **Emden,** die in der zweiten Hälfte des 16. Jh. den Gipfel ihrer Macht erreicht. 1564 wird der englische Tuchstapel der merchant adventurers von Antwerpen nach Emden verlegt, und nach Ausbruch des niederländischen Freiheitskrieges 1568 strömen viele um ihres Glaubens willen vertriebene Niederländer nach Ostfriesland, vor allem nach Emden. Während die niederländischen Häfen durch den Krieg weitgehend ausgeschaltet werden, ist Emden für kurze Zeit *die größte Reedereistadt und der schiffreichste Hafen Europas.*

Die große Kirche in Emden wird die „Moederkerk“ der Reformierten, und 1572 findet die erste allgemeine reformierte Synode in Emden statt. Emden ist damals mehr eine niederländische als eine deutsche Stadt. Aber schon 1578 setzt die große Rückwanderung und damit der langsame Niedergang Emdens ein. Die calvinistische Stadt entwickelt sich zur Vorkämpferin gegen die Macht des lutherischen Landesherrn und erringt dank ihrer Aktivität gegen den unglücklich operierenden Edzard beachtliche Erfolge. Ebenso unglücklich ist der Graf in seinen Bemühungen um das Jeverland. Maria von Jever vermacht 1575 ihre Herrschaft testamentarisch dem Grafen Johann von Oldenburg; damit geht *das Jeverland endgültig für Ostfriesland verloren.* Dagegen eröffnet sich die Aussicht auf einen territorialen Zuwachs, als 1581 der Thronfolger Enno die Erbin des Harlinger Landes, *Walpurgis von Rietberg,* heiratet. Im **Berumer Vertrag** (1600) wird das ehemalige geldrische Lehen mit der Reichsgrafschaft vereinigt. Weitere territoriale Gewinne und Verluste hat Ostfriesland nicht mehr zu verzeichnen.

Abb. 35: Der aus Ostfriesland gebürtige bedeutende Gelehrte Ubbo Emmius, Verfasser der „Rerum Frisicarum Historia" und erster Rektor der Universität Groningen. Kupferstich von Simon A. van Lamsweerde

Abb. 36: Der Emder Stadtsyndikus Johannes Althusius, Verfasser der „Politica", in der die Idee der Volkssouveränität und des Widerstandsrechts gegen den Landesherrn entwickelt wird. Unbekannter Stecher

Die innenpolitischen Gegensätze zwischen Edzard II. und der Stadt
1595 Emden kommen in der **„Emder Revolution"** zum offenen Ausbruch. Unter Vermittlung der Niederländischen Generalstaaten räumt der **Vergleich von Delfzijl** der Stadt weitgehende, bis zu einer gewissen Unabhängigkeit führende Rechte ein. 1599 nimmt die Stadt, um sich gegen Übergriffe des neuen Grafen, Ennos III., zu schützen, eine *niederländische Garnison* in ihren Mauern auf und verliert dadurch ihre neutrale Stellung im niederländischen Befreiungskampf. Im gleichen Jahr billigen die *Emder Konkordate,* der erste Landesvertrag zwischen Graf und Ständen, diesen u. a. das sogenannte *Interessentenwahlrecht,* d. h. das Recht der Gemeinde auf freie Wahl ihres Geistlichen, zu. Das Nebeneinander der beiden evangelischen Bekenntnisse wird rechtlich festgelegt.

Des weiteren setzt der **Haagische Vergleich** am 8. April 1603 für Emden eine ständische Garnison fest, die auf Kosten des Landes unterhalten wird: der Vertrag bedeutet eine völlige Kapitulation des Grafen gegenüber den Ständen. Durch den starken niederländischen Rückhalt gedeckt, wird das Vorgehen der Stände, insbesondere Emdens, gegenüber dem Grafen immer schärfer. Zu ihrem Wortführer macht sich der 1604 zum Emder Stadtsyndikus berufene Herborner Jurist *Johannes Althusius,* in dessen Hauptwerk, der „Politica", die Idee der Volkssouveränität und des Widerstandsrechts entwickelt wird.

1608 kündigt Emden dem Grafen den Gehorsam auf; ein Jahr später überfällt und plündert die Emder ständische Garnison die Residenzstadt Aurich und

führt gräfliche Räte und das landesherrliche Archiv, in dem man Unterlagen für geheime Verhandlungen des Grafen mit den Spaniern zu finden hofft, nach Emden. Auf Betreiben der Generalstaaten muß Emden die beiden eroberten Burgen in Aurich und Greetsiel herausgeben, die nunmehr von niederländischen Truppen besetzt werden. So haben weder der Graf noch die Stände, sondern die Generalstaaten die eigentliche Macht in der Hand. Das kommt deutlich zum Ausdruck im bekanntesten Landesvertrag, dem von den Nieder-
1611 24. Mai landen vermittelten und garantierten **Osterhusischen Akkord.** Die Landeshoheit des Grafen wird durch die bestätigten Bestimmungen der bisherigen Landesverträge eingeschränkt. Finanziell ist er ganz von den Ständen abhängig und muß in seine wichtigste Festung *Leerort* eine niederländische Besatzung aufnehmen, die bis 1744 dort geblieben ist. Seinen fähigen, von den Ständen gehaßten Kanzler Thomas Franzius muß Enno entlassen. Der Osterhusische Akkord ist die Grundlage aller späteren Landesverträge und legt die starke Stellung der Stände eindeutig fest.

Durch die Schwierigkeiten mit den Ständen mutlos geworden, bietet Enno 1615 den Generalstaaten das Aufgehen der Grafschaft Ostfriesland in den Niederlanden an. Der Plan scheitert vor allem am Widerstand Emdens, das den machtlosen Grafen der mächtigen Republik vorzieht; auch die Niederlande sehen in dem verschuldeten und von inneren Kämpfen zerrissenen Land keinen wertvollen Zuwachs. Geistige Voraussetzungen für einen Zusammenschluß sind durchaus gegeben und können am besten an der Persönlichkeit des großen Gelehrten *Ubbo Emmius* veranschaulicht werden. Der Sohn eines ostfriesischen Geistlichen ist zunächst Leiter der Lateinschulen in Norden und Leer und geht dann infolge seiner guten Beziehungen zu den niederländischen Reformierten nach Groningen, um dort Rektor der höheren Schule, dann der neugegründeten Universität zu werden. 1616 läßt er im niederländischen Leiden sein großes Werk, die *„Rerum Frisicarum Historia"*, erscheinen, die das Schicksal des gesamtfriesischen Raumes und Volkes behandelt.

Trotz der Befriedung durch den Osterhusischen Akkord setzen sich die Streitigkeiten zwischen dem Landesherrn und den Ständen fort. Auch die Stände untereinander bekämpfen sich zuweilen erbittert, vor allem infolge der dauernden Anmaßungen von Emden. Zu diesen innerpolitischen Schwierigkeiten kommt neues Unglück während des Dreißigjährigen Krieges durch die von den Generalstaaten herbeigeführte Einquartierung der Soldateska des *Grafen Mansfeld,* die das Land bis an den Rand des Ruins bringt (1622/24).

Unter dem neuen Grafen Rudolf Christian, der das sechsfeldrige Landeswappen einführt, rücken kaiserliche Truppen unter Graf Gallas und 1637 *hessische Kontingente* ins Land ein, wobei wieder die Niederlande ihre Hand im Spiel haben. Die einzigen Lichtblicke unter der Regierung des unfähigen Grafen Ulrich II. sind die Förderung der nach ihm Ulricianum genannten Lateinschulen in Norden und Aurich und die Begründung der ersten Fehnkolonie Großefehn durch Emder Kaufleute 1634, mit der die Urbarmachung der weiten Hochmoorflächen durch die **Fehnkultur** beginnt. In den Küstengebieten wird durch *Eindeichung* neues Marschland gewonnen. Der Westfälische Friede ist für Ostfriesland insofern bedeutungsvoll, als sich nun die Niederlande auch staatsrechtlich vom Reich loslösen.

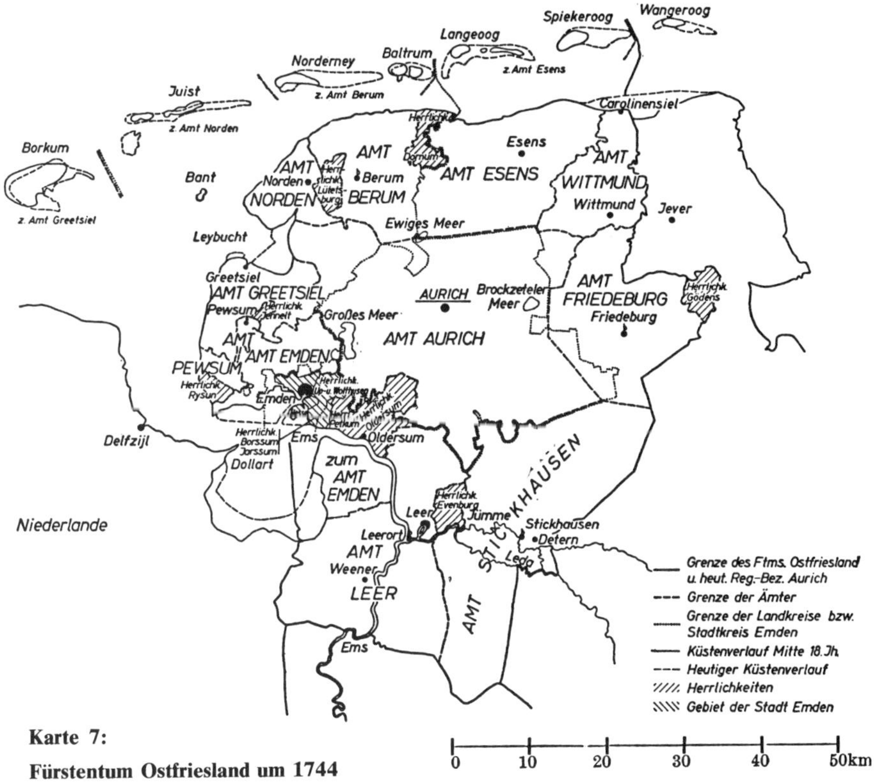

Karte 7:
Fürstentum Ostfriesland um 1744

1654 erhält Graf Enno Ludwig durch Vermittlung des aus Ostfriesland stammenden Helmstedter Professors *Hermann Conring* den **Für-**
1662 **stentitel,** sein Nachfolger Georg Christian für das Haus Cirksena die Erhebung in den Fürstenstand. Die Verleihung von Sitz und Stimme im Fürstenrat zu Regensburg wird erst 1667 erreicht. Nach endlosen Streitigkeiten kommt zwischen Fürst und Ständen, wieder unter Vermittlung und Garantie der Generalstaaten, der *Finalrezeß* von 1663 zustande, in dem der Fürst gegen eine größere Geldzahlung alle Bestimmungen der früheren Landesverträge anerkennt. Erst nach der Abstellung ihrer Gravamina huldigen die Stände dem neuen Herrn. Veranlaßt durch eine Schuldenangelegenheit des Fürstenhauses, fällt 1663 der Bischof von Münster, Christoph Bernhard von Galen, ins Reiderland ein und besetzt die das Land nach Süden schützende Dieler Schanze. Niederländische Truppen vertreiben die Bischöflichen und nehmen die Schanze selbst in Besitz.

Nach dem frühen Tode des Fürsten Georg Christian 1665 beginnt unter seiner Witwe das letzte, längste und unruhigste Frauenregiment. *Christine Charlotte,* in den absolutistischen Auffassungen ihrer süddeutschen Heimat Württemberg groß geworden, will ihre Anschauungen auch auf Ostfriesland übertragen und gerät dabei in schärfsten Gegensatz zu den Ständen. Truppen verschiedener

Mächte rücken, vor allem während des französisch-niederländischen Krieges 1672/76, in Ostfriesland ein. Kaiser Leopold I. schickt eine *Salvegarde* nach Leer. Obwohl Christine Charlotte gute Beziehungen nach Wien

1678 24. Jan. unterhält, verleiht er gegen ihren Widerstand den Ständen ein eigenes Hoheitszeichen, das *Upstalsboomwappen,* wodurch deren Bedeutung in dem kleinen Territorium einen sinnfälligen Ausdruck erhält.

Um die Ordnung im Lande wiederherzustellen, erteilt der Kaiser dem Bischof von Münster, dem Kurfürsten von Brandenburg und dem Pfalzgrafen von Neuburg ein sogenanntes *Konservatorium,* gegen das die Fürstin und die Generalstaaten protestieren. Der *Große Kurfürst* landet im Einverständnis mit einem Teil der Stände 1682 Truppen in *Greetsiel,* verlegt dann den größten Teil der Truppen nach *Emden,* wo er eine *Admiralität* errichtet. Die brandenburgische Garnison bleibt bis 1744 in Emden, das nun neben der ständischen Truppe zwei fremde Besatzungen in seinen Mauern hat. 1688 übernimmt der Kaiser die Verantwortung für die Wahrung der Landesverträge, schaltet also die Garantie der Generalstaaten aus, deren Einfluß auf Ostfriesland immer mehr zurückgeht.

Der junge Fürst Christian Eberhard schließt am 20. März 1691 einen **Erbverbrüderungsvertrag mit den Welfen** ab, der für den Fall des Aussterbens der Cirksena den Besitzübergang Ostfrieslands an Hannover, beim Aussterben des Hauses Hannover den Anfall der Grafschaften Hoya und Diepholz an Ostfriesland vorsieht. Der Kaiser aber bestätigt diesen Vertrag nicht, erteilt

1694 10. Dez. vielmehr dem Kurfürsten *Friedrich III. von Brandenburg* die schon von seinem Vater nachgesuchte **Anwartschaft auf Ostfriesland.**

Der den nordwestdeutschen Raum beherrschende Gegensatz zwischen Hohenzollern und Welfen findet in Ostfriesland ein neues Streitobjekt. Dem ausgesprochen friedfertigen Christian Eberhard, der starke pietistische Neigungen hat, liegt die innere Befriedung des Landes am Herzen; unter ihm kommt es, durch Vermittlung der Kurfürsten von Hannover und Brandenburg, 1693 zum Hannoverschen und 1699 zum *Auricher Vergleich,* dem letzten Landesvertrag – in beiden werden im wesentlichen die alten Verträge bestätigt. Nach den schweren Kämpfen unter Christine Charlotte, deren Tod (1699) zur Beruhigung beiträgt, ist endlich Friede eingekehrt.

Unter dem Nachfolger Georg Albrecht brechen die Städtekämpfe noch einmal aus, beeinflußt durch die starre, absolutistische Haltung des Kanzlers Enno Rudolph *Brenneysen.* Dieser gibt 1720 die umfangreiche *„Ostfriesische Geschichte und Landesverfassung“* heraus, die dem Fürsten als geistige Waffe im Kampf gegen die Stände dienen soll. Im gleichen Jahr begründet er, um die Regierungsgewalt zu stärken, den *Geheimen Rat* mit dem Kanzler an der Spitze, ein Schritt, der in den meisten deutschen Territorien schon viel früher erfolgt ist.

Mit der großen Weihnachtsflut von 1717 bricht eine schwere Naturkatastrophe über Ostfriesland herein, der 2752 Menschen zum Opfer fallen; das Land wird bis weit in die Geest hinein verwüstet.

1726/27 kommt es im sogenannten *Appellkrieg* zum neuerlichen Konflikt zwischen dem Fürsten und einem Teil der Stände, die sich in *gehorsame und renitente Stände* aufspalten. Die blutige Auseinandersetzung endet mit einem vollen Erfolg des Fürsten, auch die an der Spitze der Renitenten stehende Stadt Emden unterwirft sich. Statt aber mit Hilfe der gehorsamen Stände eine friedliche Einigung herbeizuführen, überspannt Brenneysen den Bogen. Am Ende entscheidet der Kaiser 1732, daß die Renitenten amnestiert werden und die Landesverträge weiterhin als Grundlage der ostfriesischen Verfassung gelten; die vom Fürsten und seinem Kanzler geforderte strenge Bestrafung der Empörer wird abgewiesen.

Die innenpolitischen Verhältnisse sind weiterhin gespannt und ungeklärt, als 1734 der letzte Fürst von Ostfriesland, Carl Edzard, die Regierung antritt. Der Kaiser überträgt 1736 dem Kurfürsten von Hannover eine Kommission zur Herstellung des inneren Friedens, gegen die als fremde Einmischung sich die Stände von vornherein zur Wehr setzen; sie reist ohne jeden Erfolg wieder ab. Emden ruft noch einmal die Generalstaaten zu Hilfe. Da diese sich desinteressiert zeigen, wendet sich die Stadt durch Vermittlung des Kreisdirektorialrats Homfeld an Preußen.

1744 10. April kommt es zur **Emder Konvention:** Emden erkennt das preußische Nachfolgerecht an, wenn seine alten Sonderrechte gewahrt bleiben. Die Stadt verhandelt also in der wichtigsten Angelegenheit ohne Wissen des Landesherrn mit einer auswärtigen Macht – ein deutlicher Beweis für die Bedeutungslosigkeit des Fürsten.

1744 25. Mai stirbt Carl Edzard ohne Erben. Mit ihm ist der Mannesstamm der Cirksena erloschen. Die preußische Anwartschaft wird sofort durch **Friedrich den Großen** geltend gemacht, preußische Truppen ergreifen von Emden aus vom Lande Besitz und proklamieren die preußische Herrschaft. Papierene Proteste aus Hannover ändern nichts an der vollzogenen Tatsache. **Ostfriesland hört auf, ein selbständiges Territorium zu sein.** Der an den Verhandlungen mit Preußen maßgeblich beteiligte Homfeld wird Kanzler und Leiter der neugebildeten preußischen Regierung. Durch die preußische Besitzergreifung sind die Ständekämpfe praktisch beendet, ein Segen für das von inneren Kämpfen zerrissene und schwer verschuldete Land.

Unter verschiedenen Regierungen

Preußen 1744–1807. Am 31. Juli 1744 schließt der preußische König eine **Konvention mit den ostfriesischen Ständen** ab, durch die deren Rechte auf der Grundlage der alten Landesverträge weitgehend bestätigt werden. Die Stände, die vor allem das Recht der Steuererhebung behalten, müssen ihm dafür jährlich 24000 Taler zahlen. Gegen eine weitere Abgabe von 16000 Talern wird Ostfriesland von Militärpflicht und Einquartierung befreit. Die Sonderrechte Emdens werden 1749 beseitigt. An die Stelle der fürstlichen Kanzlei tritt die **preußische Regierung** in Aurich, in der Justiz, Hoheitssachen und Konsistorium zusammengefaßt werden, an die Stelle der Rentkammer als zentrale preußische Verwaltungsbehörde die **Kriegs- und Domänenkammer.** Die Kammerpräsidenten Lentz und v. Colomb und der Regierungspräsident *v. Derschau* erwerben sich als die hervorragendsten Repräsentanten der neuen Verwaltung um das Land große Verdienste, letzterer vor allem in den Nöten des Siebenjährigen

Krieges. Preußische Ordnung und Sparsamkeit lösen die innere Zerrissenheit und schlimme Schuldenwirtschaft unter den Cirksena ab. Die neue Herrschaft wird von der großen Mehrheit der Ostfriesen freudig anerkannt und auch nicht erschüttert, als das Land im Siebenjährigen Krieg durch *drei Invasionen* französisch-österreichischer Truppen aufs schwerste belastet wird. 1751 und 1755 kommt *Friedrich der Große* selbst in seine entlegene Provinz und fördert vor allem den *Seehandel* von Emden und Leer. Die unter seiner Mitwirkung gegründeten *asiatischen Handelskompanien* gehen allerdings nach kurzer Blüte wieder ein. Das *Urbarmachungsedikt* von 1765, durch das die weiten Moorgebiete kultiviert werden sollen, erweist sich infolge unzulänglicher Planung als Fehlschlag.

In den *französischen Revolutionskriegen,* durch die zahlreiche Emigranten und zeitweise auch englische Truppen ins Land kommen, dringt eine französische Armee bis ins Reiderland vor. Nach dem Frieden von Basel besetzt 1795 ein preußisches Kontingent unter *Blücher* das Land zum Schutz der zwischen Frankreich und Preußen gezogenen Demarkationslinie. Die Emder Schiffahrt nimmt dank für sie günstiger politischer Verhältnisse um die Jahrhundertwende noch einmal einen großen Aufschwung, der dann durch die *preußische Katastrophe* von 1806/07 jäh unterbrochen wird.

Holland 1807–1810. Nach dem Frieden von Tilsit kommt Ostfriesland an das Königreich Holland unter Louis Bonaparte; das Reiderland wird abgetrennt und dem Departement Groningen zugeteilt. Die in der preußischen Zeit weitgehend erhalten gebliebenen ständischen *Freiheiten* werden *beseitigt.* Drükkende finanzielle Lasten werden dem Land auferlegt und noch durch die das Land wirtschaftlich schwer schädigende *Kontinentalsperre* verschärft.

Frankreich 1810–1813. Um die Sperre noch wirksamer zu machen und den durch sie hervorgerufenen *Schmuggel* zu unterbinden, wird Ostfriesland 1810 als *Departement Ost-Ems* dem Kaiserreich Frankreich einverleibt. Nunmehr werden die bisher vom Militärdienst befreiten Ostfriesen durch Konskriptionen in die französische Armee gepreßt. Es kommt zu schweren *Unruhen;* zwei der von einem französischen Kriegsgericht zum Tode verurteilten Rebellen werden bei Aurich hingerichtet.

Preußen 1813–1815. Ein Aufatmen geht durch das Land, als 1813 die Herrschaft *Napoleons* zusammenbricht und wieder preußische Truppen einmarschieren. Freiwillig melden sich die wehrfähigen Ostfriesen zur preußischen Fahne und bringen ihre Blutopfer in den Schlachten von *Ligny* und *Belle-Alliance.*

Hannover 1815–1866. Die Hoffnung Ostfrieslands, preußisch zu bleiben, erfüllt sich nicht. Nach langwierigen Verhandlungen wird es auf dem Wiener Kongreß 1815, vor allem auf Betreiben Englands, das Preußens Festsetzung an der Nordsee verhindern will, an das dem Inselreich durch Personalunion verbundene Königreich Hannover abgetreten. Die zentralistischen Tendenzen der neuen Regierung, die als Verwaltungsbehörde die überwiegend mit landfremden Beamten besetzte *Landdrostei Aurich* einrichtet und unter der für ständische Sonderrechte kein Platz mehr ist, rufen eine starke Opposition hervor, die besonders im Revolutionsjahr 1848 zum Ausdruck kommt, als sich die Ostfriesen in zahlreichen Kundgebungen zu einem einigen deutschen Reich bekennen. Trotz der Beliebtheit *Georgs V.* können sie sich zum größten Teil nicht mit der

Abb. 37: Der alte Hafen von Greetsiel

ihnen wesensfremden hannoverschen Herrschaft abfinden, und die hannoverschen Beamten sehen ihrerseits eine Versetzung nach Aurich als Verbannung an. Auch wirtschaftlich wird das Land nur wenig gefördert. Als großer Fortschritt ist allerdings der Anschluß an das deutsche Eisenbahnnetz durch die 1856 erfolgte Eröffnung der *Westbahn* von Münster nach Emden anzusehen.

Preußen 1866–1946. Nach dem Ende des Königreichs Hannover wird die Wiedervereinigung mit Preußen mit Jubel begrüßt. Da, vor allem in Emden, starke Beziehungen zum Ruhrgebiet bestehen, wird von Wirtschaftskreisen, zunächst auch mit Unterstützung *Bismarcks,* ein Anschluß an die *Provinz Westfalen* erstrebt. Die überwiegend konservative und landwirtschaftlich bestimmte Bevölkerung tritt aber für das Verbleiben bei der nunmehr preußischen Provinz Hannover ein, zumal die Erhaltung eines selbständigen Verwaltungsbezirks zugesichert wird. 1885 wird die bisherige Landdrostei Aurich in eine *preußische Regierung* umgewandelt; an die Stelle der ehemaligen Ämter waren schon im Jahr zuvor die sechs Landkreise Aurich, Emden, Leer, Norden, Weener und Wittmund getreten. Die Stadt Emden bleibt kreisfrei. Von Wiederherstellung ständischer Rechte ist jetzt nicht mehr die Rede. Die *„Ostfriesische Landschaft“* als Nachfolgerin der Stände hat nur noch wirtschaftliche und kulturelle Aufgaben zu erfüllen. Wirtschaftlich erhält Ostfriesland einen starken Auftrieb durch die Eröffnung des *Dortmund-Ems-Kanals* im Jahre 1899 und den anschließenden großzügigen Ausbau des Hafens von Emden. Als eine Ehrung des ganzen Landes werten es die Ostfriesen, als ihr würdigster Repräsentant, *Graf Edzard Knyphausen* auf Lütetsburg, 1900 vom Kaiser in den Fürstenstand erhoben und vier Jahre später vom preußischen Herrenhaus zum Präsidenten gewählt wird.

Niedersachsen 1946. Als die Besatzungsmächte nach dem Zweiten Weltkrieg, in dem das an historischen Bauten reiche Emder Stadtbild durch Luftangriffe schwerstens zerstört wird, den preußischen Staat 1946 zerschlagen, wird Ostfriesland als weiterhin selbständiger Regierungsbezirk Aurich in das neugebildete Land Niedersachsen eingegliedert. Es behält seine alten Grenzen, nachdem die benachbarten Niederlande territoriale Ansprüche auf ostfriesisches Gebiet wieder zurückgezogen haben. Der niedersächsische Ministerpräsident gibt der „Ostfriesischen Landschaft", die sich gegenüber allen Auflösungsbestrebungen durchgesetzt hat, 1949 eine neue Verfassung, nach der sie unter ihrem wie ein Landesvater verehrten Präsidenten *Jann Berghaus* ihre jahrhundertealte Tradition in Form eines *Kulturparlaments* mit acht Arbeitsgruppen fortführen kann und sie unter dessen Nachfolgern als Symbol der Einheit Ostfrieslands zu des Landes Wohlfahrt bis heute fortführt.

Quellen und Literatur

Quellen:

Beninga, E.: Cronica der Fresen, aus dem Nachlaß von *L. Hahn,* hrsg. von *H. Ramm,* 2 Bde. Aurich 1961 u. 1964 (Registerband in Vorbereitung).

Emmius, U.: Rerum Frisicarum Historia. Leiden 1616.

Ostfriesische Historie und Landesverfassung, hrsg. von *E. R. Brenneysen,* 2 Bde. Aurich 1720.

Ostfriesisches Urkundenbuch, hrsg. von *E. Friedländer,* 2. Bde. Emden 1878 u. 1882 (Bd. 3 in Vorbereitung).

Quellen zur Geschichte Ostfrieslands, 4 Bde. Aurich 1908–1964 (darin als Bd. 4.: *E. Beninga,* s. o.).

Möhlmann, G. u. *König, J.:* Geschichte und Bestände des Niedersächsischen Staatsarchivs in Aurich. Göttingen 1955.

Darstellungen:

Wiarda, T. D.: Ostfriesische Geschichte, 10 Bde. Aurich u. Leer 1791–1817.

Klopp, O.: Geschichte Ostfrieslands, 3 Bde. Osnabrück 1854–1858.

Reimers, H.: Ostfriesland bis zum Aussterben seines Fürstenhauses. Bremen 1925.

Die Friesen, hrsg. von *C. Borchling* u. *R. Muuss.* Breslau 1931. Darin: *H. Gosses:* Friesische Geschichte.

König, J.: Verwaltungsgeschichte Ostfrieslands bis zum Aussterben seines Fürstenhauses. Göttingen 1955.

Ostfriesland, weites Land an der Nordseeküste, hrsg. von *G. Möhlmann.* Essen 1961; 3. Aufl. 1969. Darin: *H. Wiemann, G. Möhlmann, H. Schmidt:* Teilabschnitte der ostfriesischen Geschichte.

Gröttrup, H.: Die Verfassung und Verwaltung des Harlingerlandes 1581–1744. Aurich 1962 (Abhandlungen und Vorträge zur Geschichte Ostfrieslands, Heft XXXVIII).

Salomon, A.: Geschichte des Harlingerlandes. Aurich 1965 (Abhandlungen und Vorträge zur Geschichte Ostfrieslands, Heft XLI).

Möhlmann, G.: Die Epochen der ostfriesischen Geschichte. In: Niedersächsisches Jahrbuch, Bd. 40, 1968.

Periodica:

Jahrbuch der Gesellschaft für bildende Kunst und vaterländische Altertümer (Emder Jahrbuch). Emden u. Aurich 1872ff.

Abhandlungen und Vorträge zur Geschichte Ostfrieslands. Aurich 1904ff.

Abb. 38: Die Schaumburg im Wesertal, von Nordwesten

Die Grafschaft Schaumburg

Die Grafschaft Schaumburg ist der Raum der *Schauenburger,* deren Herkunft unsicher ist. Sie spielen ihre große Rolle außerhalb, als 1110 Adolf I. durch Lothar von Süpplingenburg mit der Grafschaft Holstein belehnt wird. Etwa um die gleiche Zeit wird am Südhang des Wesergebirges bei Rinteln die namengebende Burg erbaut. Zu ihren Füßen im Wesertal zwischen Rinteln und Hameln liegt auch der älteste Grundbesitz der Schauenburger. Nach 1200 gelingt ihnen der Ausbau einer *Territorialherrschaft* in der näheren Umgebung. Sie reicht im Norden bis an das Steinhuder Meer und ist durch die Anlage von Hagenhufendörfern und die Gründung von Städten (Stadthagen, Rinteln, Oldendorf) gekennzeichnet.

Die Grafschaften Schaumburg und Holstein werden zunächst in Personalunion verwaltet. Nach verschiedenen Teilungen erhält *Adolf VI.* um 1295 die *Stammgrafschaft* und in Holstein die Herrschaft Pinneberg. Die Schauenburger Linie überdauert die Holsteiner; aber beim Aussterben der Holsteiner 1459 folgen nicht die Schauenburger, sondern ihre Erbansprüche werden durch den dänischen König mit der Bestätigung des Besitzes der Herrschaft Pinneberg und einer Geldzahlung abgefunden.

Abb. 39: Fürst Ernst Graf zu Holstein-Schaumburg, † 1622. Unbekannter Maler; im Besitz des Fürsten zu Schaumburg-Lippe, Schloß Bückeburg

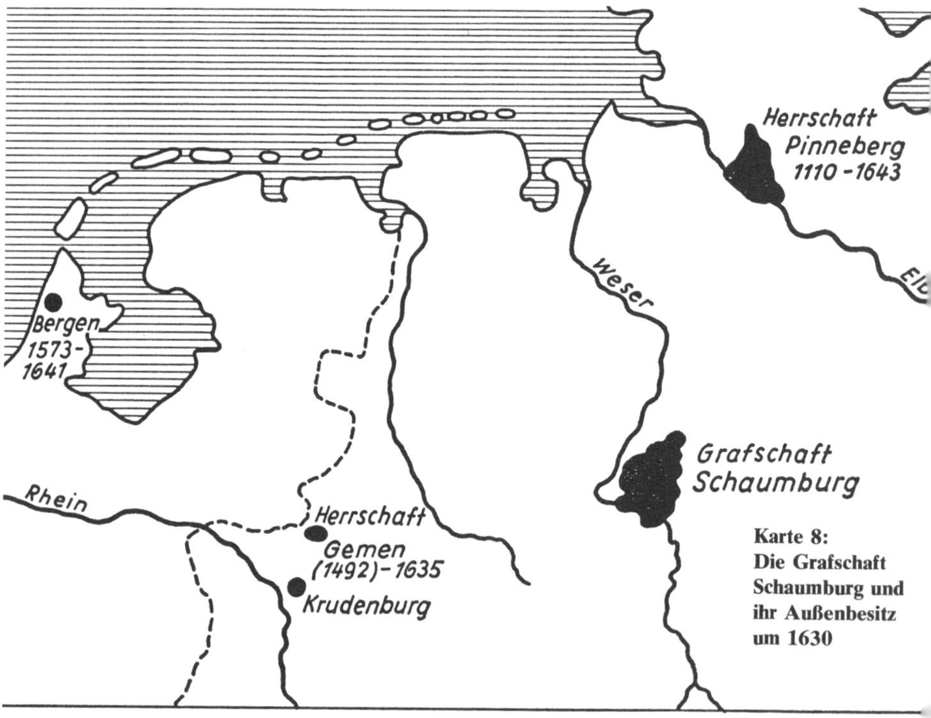

Karte 8: Die Grafschaft Schaumburg und ihr Außenbesitz um 1630

Kurz vor dem Aussterben der Schauenburger stellen sie in *Graf*
1601–1622 *Ernst* eine bedeutende und glanzvolle Persönlichkeit. Er erwirbt *1619* den persönlichen *Fürstentitel* und errichtet 1621 in Rinteln eine Universität. Die Kunstgeschichte gedenkt seiner bedeutenden Bautätigkeit – Schloß und Stadtkirche in Bückeburg, Mausoleum in Stadthagen. 1640 stirbt das Haus Holstein-Schaumburg in männlicher Linie aus. Nach längeren Verhandlungen wird *1647* die *Aufteilung* der Grafschaft in mehreren Verträgen besiegelt und 1648 im Osnabrücker Frieden bestätigt. Braunschweig-Lüneburg erhält Randgebiete. An Hessen-Kassel fällt der südöstliche Teil (Schaumburg, Rinteln). Einer Linie des Hauses Lippe verbleibt der nordwestliche Teil (Bückeburg, Stadthagen). Seitdem bestehen nebeneinander die Grafschaft Schaumburg-Lippe mit der Residenz in Bückeburg und der hessische Anteil, die sogenannte Grafschaft Schaumburg. In **Schaumburg-Lippe** regiert Graf
1748–1777 *Wilhelm* unter Anlehnung an das Vorbild Friedrichs des Großen. Im Siebenjährigen Krieg ist er zunächst unter Ferdinand von Braunschweig an der Schlacht bei Minden beteiligt, dann verteidigt er als Feldmarschall der englisch-portugiesischen Truppen die Unabhängigkeit Portugals gegen Frankreich und Spanien. In seinem kleinen Lande zeugt für seine militärischen Talente nur noch die Errichtung einer Festung en miniature, des Wilhelmsteins, mitten im Steinhuder Meer; auf der dortigen Kriegsschule erfährt kein Geringerer als Scharnhorst seine militärische, vor allem artilleristische Ausbildung. Graf Wilhelm ist auch ein Förderer geistiger Kultur; er beruft Th. Abbt, den „Bückeburger" Bach, und Herder, der von Bückeburg nach Weimar übersiedelt.

Schaumburg-Lippe übersteht die Wirren der napoleonischen Zeit ohne Verlust der Selbständigkeit, allerdings auch ohne territorialen Gewinn. Mit Berufung auf die Bezeichnung „prince" in der Rheinbundakte nimmt Graf *Georg Wilhelm* (1807–1860) beim Regierungsantritt den *Fütstentitel* an. Das Land erhält bereits am 15. Januar 1815 eine landständische Verfassung.

Die lippischen Außenbesitzungen Alverdissen und Blomberg gehen 1812 bzw. 1838 an Lippe-Detmold über. 1837 erfolgt der Beitritt zum hannoverschen

Schema der Verwandtschaft zwischen dem alten Schaumburgischen und dem Schaumburg-Lippischen Hause

Philipp I. von der Lippe war zugleich ein Neffe des Fürsten Ernst von Schaumburg und ein Onkel des letzten Schaumburger Grafen.

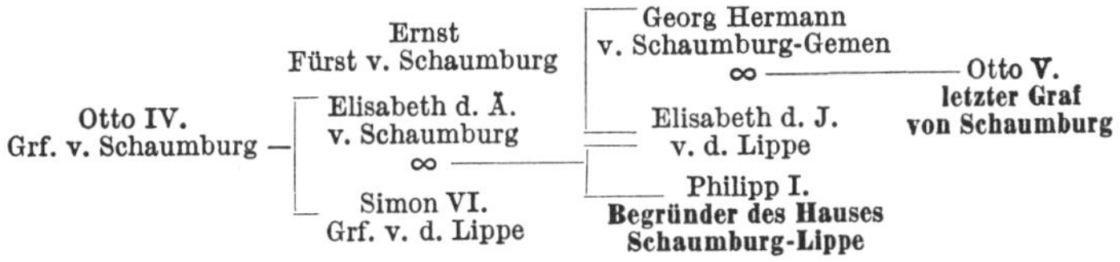

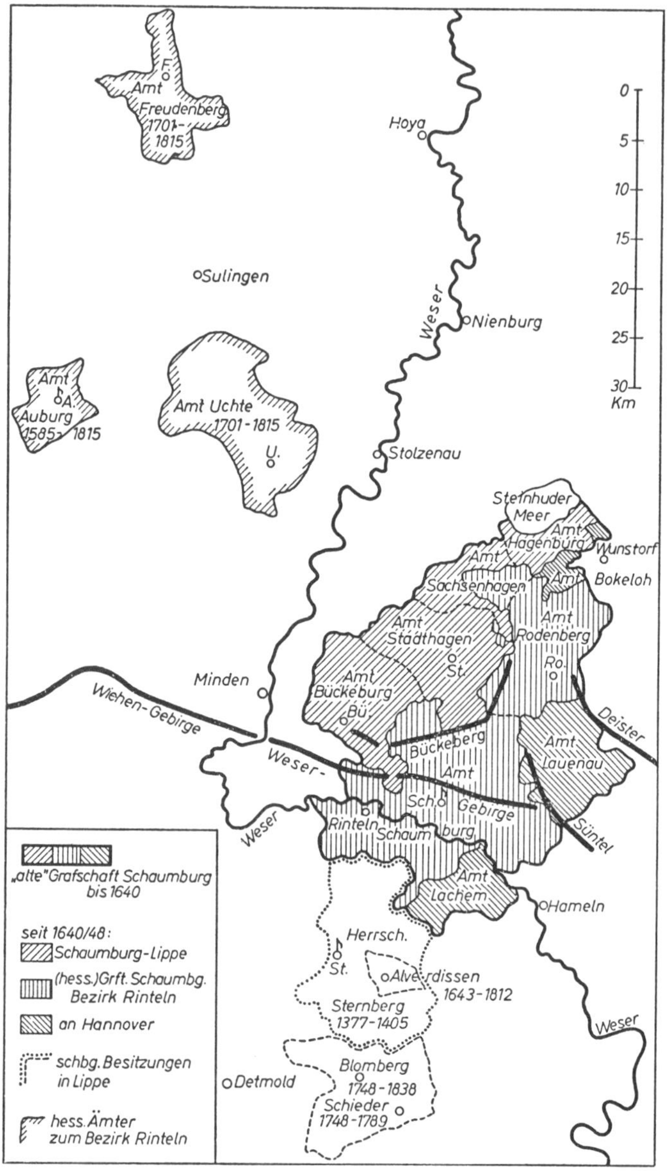

Karte 9: Die alte Grafschaft Schaumburg bis 1640

Steuerverein, der 1851/54 im Deutschen Zollverein aufgeht. Die innere Entwicklung verläuft ruhig. 1848 erreicht die ständische Vertretung einen Ausbau ihrer Rechte. Führender Kopf der folgenden Reaktionsjahre ist der Geheime Kabinettsrat *Viktor v. Strauß* (Großvater der Dichterin Lulu v. Strauß und Torney). Als Gesandter beim Bundestag gefährdet er durch sein Votum gegen Preußen am 14. Juni 1866 die Selbständigkeit des Fürstentums; das rasche Einlenken Fürst *Adolf Georgs* (1860–1893) bannt die Gefahr der Annexion durch Preußen.

Als zweitkleinster Staat des Norddeutschen Bundes und des Deutschen Reiches lehnt sich Schaumburg-Lippe, ganz von preußischem Gebiet umgeben, eng an den mächtigen Nachbarn an. *1867* geht durch eine *Militärkonvention* die Militärhoheit an Preußen über, auch Justiz- und Medizinalwesen, Post- und Finanzverwaltung werden preußischen Aufsichtsbehörden unterstellt.

1868 erhält das Fürstentum die schon 1848 versprochene *konstitutionelle Verfassung,* die noch stark ständisch ausgerichtet ist. Städte- und Landgemeindeordnung von 1870, Ablösungsgesetzgebung, Trennung von Staatshaushalt und fürstlichem Hausvermögen sowie eine Reform des Justizwesens schaffen die Grundlagen für eine neuzeitliche Verwaltung.

Die kleinbäuerlich bestimmte *Wirtschafts- und Sozialstruktur* des Landes wandelt sich, besonders im Gebiet um Stadthagen, allmählich durch den Ausbau der Steinkohlen- und Kalibergwerke und die Ansiedlung von Kleinindustrie. Die erst im 19. Jh. erworbene Wohlhabenheit des Fürstenhauses kommt dem Land durch rege Bautätigkeit (Bückeburg, Bad Eilsen) und eifrige Pflege von Kunst und Kultur, besonders der Musik, zugute. Im Streit um die Erbfolge in Detmold (1895–1905) kann sich das Haus Schaumburg-Lippe nicht durchsetzen.

In der Novemberrevolution kommt der Anstoß zur *Abdankung Fürst Adolfs* (1893–1918) von außerhalb. Ein bürgerlich-
15. Nov. gemäßigter Arbeiter- und Soldatenrat übernimmt die Staatsgewalt, bis er von einem frei gewählten Landesrat abgelöst wird. Die endgültige neue *Verfassung* tritt am *24. Februar 1922* in Kraft. Im Domanialteilungsvertrag wird das Fürstenhaus mit einem Teil des Domaniums abgefunden (8. Mai 1920).

Die sozialdemokratisch geführte Landesregierung betreibt den Anschluß Schaumburg-Lippes an die preußische Provinz Hannover; sie scheitert damit 1926 bei einer Volksabstimmung und 1930 im Landtag nur knapp. An ihrer Spitze steht – mit einer kurzen Unterbrechung – der Staatsrat *Heinrich Lorenz* aus Stadthagen.

Nach Hitlers Machtergreifung übernimmt am 9. März 1933 ein Reichskommissar die Regierungsgewalt; sie geht später auf den in Det-
1934 mold residierenden Reichsstatthalter Alfred Meyer über. Das *Ge-*
30. Jan. *setz über den Neuaufbau des Reiches* nimmt auch Schaumburg-Lippe die Eigenstaatlichkeit, die Verwaltungseinheit bleibt unter einem Landespräsidenten jedoch erhalten. Die nationalsozialistische Gaueinteilung schlägt Schaumburg-Lippe – ebenso wie den Kreis Grafschaft Schaumburg – dem Gau Westfalen-Nord zu.

Im *Zweiten Weltkrieg* bleibt das Land von Kriegsschäden weitgehend ver-

Stammtafel 15

Grafschaft Holstein | **Grafschaft Schaumburg**

Adolf I. 1110–1130
1096 an der Weser erwähnt, 1110 Graf von Holstein

Adolf II. 1130–1164

Adolf III. 1164–1203/25

Adolf IV. 1224–1239

KIELER LINIE | ITZEHOER LINIE

Johann I. † 1263
† † † 1321

Gerhard I. † 1290

Gerhard II.
PLÖNER LINIE
† † † 1390

Heinrich I.
RENDSBURGER LINIE
† † † 1459

Linien erloschen

Adolf VI. 1295–1315
SCHAUMBURGER LINIE

Adolf VII. 1316–1354

Adolf VIII. 1353–1370 | **Otto I.** 1370–1405

Adolf IX. 1405–1427

Otto II. 1427–1464

Adolf X. 1464–1474
Erich 1474–1492
Otto III. 1492–1498

Anton I. 1498–1526
zu Rodenberg

Johann II. 1498–1527 ∞ Kordula von Gemen
zu Bückeburg

Herrschaft Gemen

Jobst I. 1527–1531

Stammtafel 16

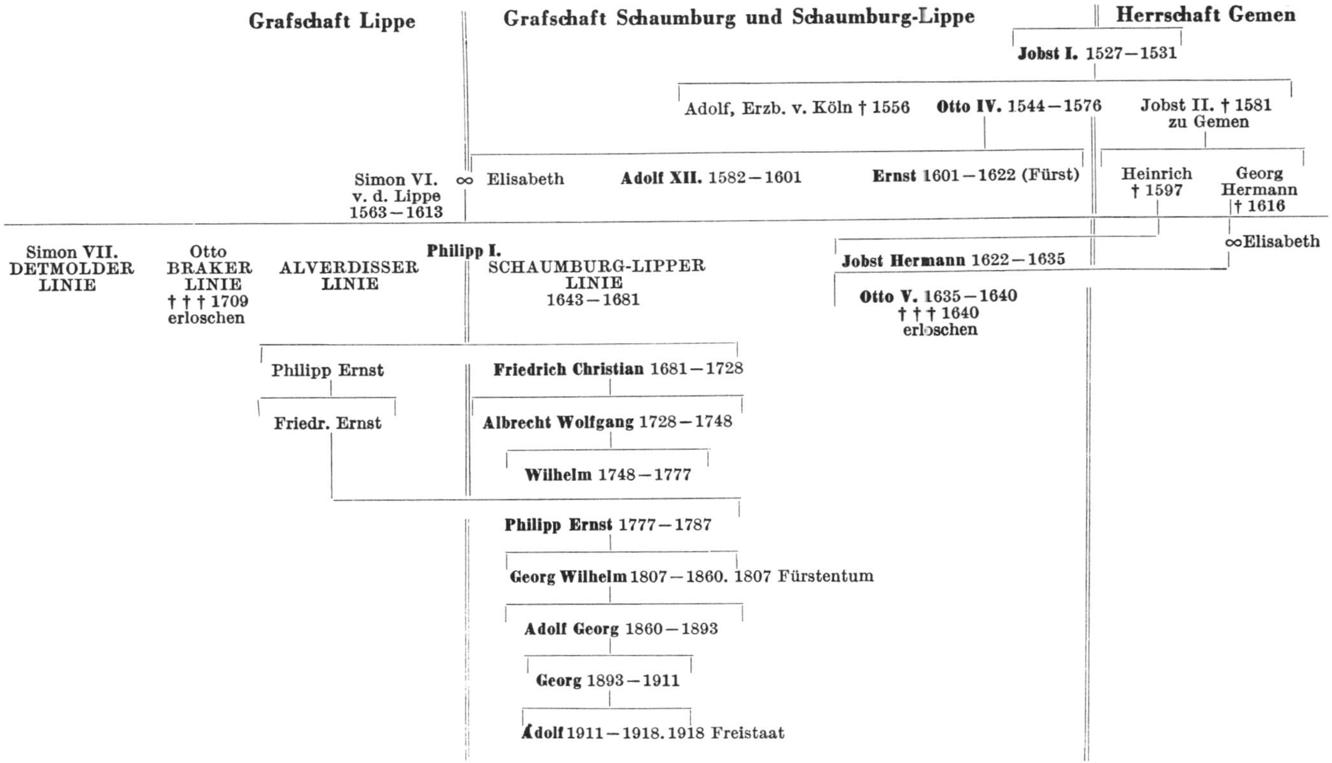

schont. Nach der Kapitulation gewinnt es zunächst den Länderstatus zurück und wird von der britischen Militärregierung für Westfalen an die zu
1946 Hannover überwiesen (15. Mai 1946). Das durch *Verordnung*
23. Nov. *Nr. 55* verfügte *Aufgehen im Land Niedersachsen* entspricht dem Willen des überwiegenden Teils der Bevölkerung. Die Kreise Bückeburg und Stadthagen werden zu einem Landkreis Schaumburg-Lippe mit Sitz in Stadthagen zusammengelegt.

Der **hessische Anteil** der Grafschaft Schaumburg behält eine selbständige Verwaltung. Rinteln ist Sitz der Regierung, der auch die hessischen Exklaven Auburg, Uchte und Freudenberg unterstellt sind. Es wird 1665 zur Festung ausgebaut, verliert aber durch die Aufhebung der Universität (1809) und die Schleifung der Festung in westphälischer Zeit erheblich an Bedeutung. 1821 beseitigt Kurhessen den Status der Personalunion und schlägt Schaumburg der Provinz Niederhessen zu. Trotz leichten wirtschaftlichen Aufschwungs fühlt sich das Land von Kassel vernachlässigt; der Übergang an Preußen 1866 stößt daher auf keinen Widerstand. Die Verwaltungsbindung an (die Provinz) Hessen (-Nassau) bleibt jedoch bestehen. Erst 1932 wird der Kreis Grafschaft Schaumburg (so seit 1904) zur Provinz Hannover gelegt.

Die Bildung des Landes Niedersachsen beseitigt schließlich nach 300 Jahren wieder die Landesgrenze zwischen den beiden schaumburgischen Gebietsteilen.

Quellen und Literatur

Busch, Friedrich: Schaumburgische Bibliographie. 1964.
Wippermann, C. W.: Regesta Schaumburgensia. Kassel 1853.
Spangenberg, Ch.: Chronicon Schaumburgense. Stadthagen 1614.
Dolle, C. A.: Geschichte der Grafschaft Schaumburg. Stadthagen 1756.
Wippermann, C. W.: Beschreibung des Bukkigaues. Göttingen 1859.
Bömers, K.: Das Staatsrecht des Fürstentums Schaumburg-Lippe. In: Handbuch des öff. Rechtes der Gegenwart. 1884ff.
Heidkämper, H.: Schaumburg-Lippische Kirchengeschichte. Bückeburg 1917.
Schmidt, G.: Die alte Grafschaft Schaumburg. Studien und Vorarbeiten zum historischen Atlas v. Niedersachsen 5. Göttingen 1920.
Blohm, R.: Die Hagenhufendörfer in Schaumburg-Lippe. Oldenburg 1943.
Maack, W.: Die Grafschaft Schaumburg. Rinteln 1950.
Der Landkreis Schaumburg-Lippe. Kreisbeschreibung und Raumordnungsplan, hrsg. von K. Brüning. Bremen 1955. Darin u. a.: *Engel, Fr.:* Die territoriale Entwicklung. *Ders.:* Die ländlichen Siedlungen und ihre Geschichte.
Stadthagen im Wandel der Zeit, hrsg. von O. Bernstorf. Stadthagen 1958.
Bei der Wieden, Helge: Fürst Ernst von Schaumburg und seine Wirtschaftspolitik (Schaumburg-Lippische Mitteilungen 15). Bückeburg 1961.
Bei der Wieden, Helge: Schaumburgische Genealogie (Schaumburger Studien 14). Bückeburg 1966.
Bei der Wieden, Helge: Schaumburg-Lippische Genealogie (ebenda 25). Bückeburg 1969.
Knake, Gerhard: Preußen und Schaumburg-Lippe 1866–1933 (Niedersachsen und Preußen 9). Hildesheim 1970.
Schaumburg-Lippische Heimatblätter. Bückeburg 1924–70.
Schaumburger Heimatblätter. Rinteln 1921–1970.
Schaumburger Heimathefte 1–15. Rinteln 1925–68.
Schaumburger Studien 1–28. 1963–1971.
Schaumburg-Lippische Mitteilungen 1–21 (1904–1971).

Niedersachsen seit 1945

Nach der Kapitulation vom 9. Mai 1945 wird Nordwestdeutschland, entsprechend den gemeinsamen Deklarationen der vier Besatzungsmächte vom 5. Juni 1945, der *britischen Besatzung* unterstellt, die sich am 21. Juni in das ihr zugewiesene Gebiet zurückzieht. Die Ostgrenze zur Sowjetzone deckt sich im allgemeinen mit der Ostgrenze der Provinz *Hannover* und des Landes *Braunschweig*. Lediglich das rechtselbische hannoversche Amt *Neuhaus a. d. Elbe,* die braunschweigische Exklave *Calvörde* in der Altmark und der größere, östliche Teil des braunschweigischen Kreises *Blankenburg* werden, zwecks glatterer Grenzziehung, im Austausch gegen *Bad Sachsa* und einige andere kleine Gebiete der Sowjetzone zugewiesen. Die *Freie Stadt Bremen* wird mit ihrem um Wesermünde erweiterten Hafen Bremerhaven am 21. Januar 1947 endgültig der amerikanischen Besatzungsmacht als Nachschubbasis unterstellt.

Obgleich die Auflösung des Reiches und seiner Zentralbehörden einen durchgreifenden Neuaufbau von unten ermöglichen würde, läßt die britische Militärregierung die Binnengrenzen im niedersächsischen Raum zunächst unangetastet, stattet *Braunschweig* (24. April 1945 – Ministerpräsident Hubert Schlebusch), *Oldenburg* (17. Mai – Ministerpräsident Theodor Tantzen) sowie *Schaumburg-Lippe* (24. Mai – Vorsitzender der Regierung Staatsrat a. D. Heinrich Bövers) mit dem Länderstatus aus und ernennt für die Provinz *Hannover* vorerst einen stellvertretenden Oberpräsidenten (Landeshauptmann a. D. Ed. Hagemann), an dessen Stelle am 18. September **Hinrich Wilhelm Kopf** als Oberpräsident und Leiter einer Art Provinzialregierung tritt. Im Rahmen der bald hervortretenden Bestrebungen, funktionsfähige Verwaltungseinheiten zu schaffen, werden die Gebiete am 17. September in der **Hannover-Region** zusammengefaßt; *Schaumburg-Lippe* wird erst am 15. Mai 1946 aus der Westfalen-Region in die Hannover-Region überführt und zunächst unter Aufrechterhaltung seiner Eigenstaatlichkeit dem Oberpräsidenten von Hannover unterstellt. Die einzelnen Gebiete entsenden Vertreter in den auf Anordnung der Militärregierung gebildeten *Gebietsrat Niedersachsen,* dessen Aufgabe es ist, die Durchführung besatzungsrechtlicher Anordnungen sowie die Wahrnehmung von Funktionen der ehemaligen Reichsbehörden zu koordinieren.

In Hannover fordern am 31. Oktober 1945 Vertreter aller politischen Parteien, der Berufsstände, Kirchen und wissenschaftlichen Hochschulen, ausgehend von der Auflösung des preußischen Staates, die *Umwandlung der Provinz Hannover in ein selbständiges Land* sowie eine demokratische Neuordnung seiner Regierung und Verwaltung. Dies geschieht durch Verordnung
1946 Nr. 46 der Militärregierung, die die in ihrer Zone liegenden preußi-
23. Aug. schen Provinzen zu Ländern erhebt. Sie verleiht damit, 80 Jahre nach dem Ende des Königreichs Hannover, der **Provinz Hannover die staatsrechtliche Stellung eines Landes** und ernennt eine Landesregierung unter Kopf als Ministerpräsident sowie einen Landtag (SPD 33, CDU 16, KPD 13, NLP 12, FDP 7 Sitze).

Von den 16 im Sommer 1946 in einem Sonderausschuß des Zonenbeirats im Auftrag der britischen Militärregierung erarbeiteten *Plänen zur Neugliede-*

Abb. 40: Hinrich Wilhelm Kopf (1893–1961), niedersächsischer Ministerpräsident 1946–1955 und 1959–1961

rung der Zone erreicht nur der *Kopf-Plan* am 20. September mit 16 von 22 Stimmen eine Zweidrittelmehrheit im Zonenbeirat. Neben den Flächenstaaten Nordrhein-Westfalen und Schleswig-Holstein sowie den Stadtstaaten Hamburg und Bremen fordert Kopf als dritten Flächenstaat ein Land *Niedersachsen,* bestehend aus *Braunschweig, Hannover, Oldenburg, Schaumburg-Lippe* und *Lippe.* Lippe wird jedoch am 21. Januar 1947 endgültig Nordrhein-Westfalen zugewiesen. Diesem Vorschlag entsprechend verfügt die britische

1946 1. Nov. Militärregierung mit Verordnung Nr. 55 die **Bildung des Landes Niedersachsen,** das damit die Rechtsnachfolge der vier in ihm vereinigten Länder antritt. Braunschweig und Oldenburg erhalten neben den sechs hannoverschen Regierungsbezirken den Status von Verwaltungsbezirken, Schaumburg-Lippe den eines Landkreises. Am 23. November wird *Kopf* zum Ministerpräsidenten ernannt und seine aus neun Ministern aller Parteien bestehende Staatsregierung bestätigt. Am 9. Dezember konstituiert sich der *ernannte Landtag,* dem 86 Abgeordnete angehören (SPD 38, CDU 20, NLP 17, FDP 6, KPD 4, Zentrum 1). Kopf betont in seiner Regierungserklärung mit vollem Recht, das Land Niedersachsen sei trotz des Formalaktes seiner Gründung durch die britische Militärregierung kein künstliches oder willkürliches Gebilde, sondern durch die Stammesart seiner Bewohner, durch seine gleichartige Struktur, Tradition und wirtschaftliche Geschlossenheit ein organisch gewachsenes zusammenhängendes Ganzes.

Als bedeutendste Leistung der ernannten Legislative tritt am 26. Februar 1947 das *Gesetz zur Vorläufigen Ordnung der Niedersächsischen Landesgewalt* in Kraft, eine Notverfassung, die bis 1951 als brauchbares Organisationsstatut die Gewaltenteilung im Land sanktioniert und Grundlage für die parlamentarische Arbeit ist.

Inzwischen haben sich aufgrund der Verordnung Nr. 12 der Militärregierung vom 15. September 1945 die **Parteien** neu formiert. Von Hannover aus entfaltet die *SPD* ihre Tätigkeit für den westlichen Teil des ehemaligen Reichsgebietes (5. Oktober 1945 erste Konferenz in Wennigsen am Deister mit dem Bekenntnis zur politischen Selbständigkeit der Partei wie zu ihren Zielen: Demokratie und Sozialismus; 9.–11. Mai 1946 erster Parteitag in Hannover, Wahl *Kurt Schumachers* zum Vorsitzenden und Bekräftigung seiner historisch bedeutsamen Ablehnung einer Fusion der SPD mit der wiedererstandenen KPD des Westens). Anknüpfend an die frühere Deutschhannoversche Partei entsteht im Herbst 1945 die *Niedersächsische Landespartei (NLP)* auf landsmannschaftlich-konservativer, antipreußisch-welfischer Grundlage mit der Forderung nach einem aus freiem Zusammenschluß seiner Teile entstehenden Niedersachsen (erster Parteitag im Mai 1946 in Celle, Vorsitzender: *Heinrich Hellwege*). Da die NLP nach der Gründung des Landes ihre Hauptforderung erfüllt und daher ihre Existenz als Heimatpartei in Frage gestellt sieht, beschließt der zweite Parteitag im Juni 1947 unter stärkerer Betonung national-konservativer Grundzüge die Ausweitung auf die anderen Länder der britischen Zone und die Umbenennung in *Deutsche Partei (DP)*. Sie breitet sich später im ganzen Bundesgebiet aus, kann sich aber auf dieser weiteren Ebene nicht dauernd behaupten. Ende 1945 / Anfang 1946 formiert sich die *CDU* in den drei Landesverbänden Braunschweig, Hannover und Oldenburg, aus denen erst im Juni 1947 die lockere Vereinigung *CDU in Niedersachsen* hervorgeht. Ähnlich verläuft die Bildung der *FDP*, die, 1945/46 als *Demokratische Union* gegründet, ihre drei Landesverbände im Mai 1947 zum *FDP-Landesverband Niedersachsen* zusammenfaßt.

Zwecks *Neuaufbaus der Demokratie* von unten tritt als Anlage zur Verordnung Nr. 21 der britischen Militärregierung vom 1. April 1946 die *Deutsche Gemeindeordnung, Revidierte Ausgabe* für die britische Zone in Kraft. In Abwendung vom Führerprinzip erklärt sie die *gemeindliche Selbstverwaltung* nach Steinschem Vorbild zur Norm und überträgt die Befugnisse auf Personengruppen (Gemeinderäte und Bürgermeister als primus inter pares). Die Verwaltung der Gemeindeangelegenheiten erfolgt im Auftrag des Rates durch den nach englischem Vorbild in die deutsche Selbstverwaltung eingeführten unpolitischen Hauptbeamten (Gemeinde-, Stadt- oder Oberstadtdirektor). Eine gleiche Ordnung erhalten 1947 die *Landkreise,* die als Gebietskörperschaften und Gemeindeverbände aus der staatlichen Bindung der Landratsverfassung entlassen und mit dem Recht der kommunalen Selbstverwaltung ausgestattet werden. Ihre Organe sind der Kreistag mit dem von ihm gewählten Landrat und der Oberkreisdirektor als oberster Verwaltungsbeamter. Am 15. September 1946 finden in der britischen Zone die ersten *Gemeinderats-,* vier Wochen später die ersten *Kreistagswahlen* statt, bei denen das neue Parteiengefüge auf der unteren Ebene zum erstenmal in Erscheinung tritt.

1947 20. April Aufgrund des Wahlgesetzes vom 31. März 1947, das eine Verbindung des relativen Mehrheits- mit dem Verhältniswahlrecht vorsieht, wird der *erste Landtag gewählt.* Bei der Wahl des Ministerpräsidenten behauptet das Parlament (SPD 65, CDU 30, DP 27, FDP 13, KPD 8, Zentrum 6 Sitze) sein Vorschlagsrecht gegenüber dem auf die Verordnung Nr. 57 gestützten Verfahren der britischen Militärregierung und wählt *H. W. Kopf,* der am 11. Juni seine aus zehn Ministern aller Parteien bestehende Staatsregierung vorstellt.

Der erste Landtag steht vor der katastrophalen Not der Nachkriegsjahre und muß eine umfangreiche gesetzgeberische Arbeit erledigen. Vordringlichste Aufgabe ist die Bewältigung des **Vertriebenenproblems.** Ein gewaltiger Flüchtlingsstrom (von 1945 bis 1962 passieren 4684000 Personen die niedersächsischen Grenzdurchgangs-, Notaufnahme- und Jugendlager) läßt die Einwohnerzahl Niedersachsens, das nach Schleswig-Holstein die meisten Vertriebenen aufnimmt, bis 1950 um mehr als 50% auf 6,8 Millionen anwachsen. Die Betreuung der Vertriebenen erfolgt seit Januar 1946 durch einen Staatskommissar für das Flüchtlingswesen, der 1948 Ministerrang erhält. Am 11. Juni 1947 wird das Gesetz über die Vertriebenenbetreuung, am 5. November das Flüchtlingsbedarfsgesetz zur Beschaffung von Hausrat erlassen. Aufgrund des *Flüchtlingssiedlungsgesetzes* vom 10. August 1949 werden vorwiegend durch verstärkte Ödlandkultivierung und Aufteilung von Staatsdomänen bis 1962 annähernd 39000 Siedlerstellen für Vertriebene geschaffen. Das sind 28,5% der im Bundesgebiet zur Eingliederung der Vertriebenen bereitgestellten landwirtschaftlichen Betriebe; mit diesen Siedlungsergebnissen steht Niedersachsen an der Spitze aller Bundesländer. Die infolge der Fehlunterbringung vieler Vertriebener bald beginnende *Binnenwanderung* wird seit 1949 durch eine Umsiedlungsaktion von Bund und Ländern planmäßig gelenkt, die bis 1962 mehr als 330000 Personen in andere Bundesländer führt. Als politische Organisation der Vertriebenen konstituiert sich nach schleswig-holsteinischem Vorbild im Juli 1950 der niedersächsische Landesverband des *Bundes der Heimatvertriebenen und Entrechteten (BHE),* der sich 1952 in *Gesamtdeutscher Block (GB)/BHE,* 1961, nach der Fusion mit der *DP,* in *Gesamtdeutsche Partei (GDP)* umbenennt.

Neben der Bewältigung des Flüchtlingsproblems entsteht die größte finanzielle Belastung des Landeshaushalts durch die **Besatzungskosten,** die in keinem Land so hoch sind wie in Niedersachsen und 1948 schließlich 48,5% des gesamten Steueraufkommens ausmachen. Demontagen, von denen nach der endgültigen Demontageliste noch 116 niedersächsische Firmen, darunter die für die wirtschaftliche Struktur des nördlichen Harzvorlandes lebenswichtigen Reichswerke Salzgitter, betroffen werden, mindern bis 1950 die Produktionskapazität und verschärfen die **Arbeitslosigkeit,** die Anfang 1950 mehr als 22% aller Erwerbspersonen betrifft. Das sind 23% aller Arbeitslosen im Bundesgebiet bei einem Bevölkerungsanteil Niedersachsens an der Gesamtbevölkerung Westdeutschlands von nur 14%.

1947/48 Der im Winter zwischen der Landesregierung und dem bizonalen Wirtschaftsamt in Frankfurt ausbrechende „Kartoffelkrieg" sowie der im April 1948 vom Ministerpräsidenten persönlich angeführte „Hungermarsch" streikender Werktätiger zum Hauptquartier der Militärregie-

Abb. 41: Hannover, Messegelände 1971

rung in Hannover sind Zeichen der **katastrophalen Ernährungslage.** Maßnahmen zu ihrer Verbesserung werden u. a. mit dem *Ernährungsverwaltungsgesetz* vom 5. April 1948 getroffen, das die früher von den Organisationen des Reichsnährstandes wahrgenommene Ernährungsverwaltung in die Landesverwaltung einfügt und den Weg für die berufsständische Selbstverwaltung der Landwirtschaft ebnet. Für alle Maßnahmen zur Förderung der Landwirtschaft (Verbesserung der Agrarstruktur wie der agrarsozialen Verhältnisse) werden Ende 1948 die Landwirtschaftskammern wieder ins Leben gerufen, die im Landwirtschaftskammergesetz von 1954 endgültig als Organe der berufsständischen Selbstverwaltung anerkannt werden. Bei den Beratungen über die von der britischen Militärregierung geforderte *Bodenreform* zerbricht im März 1948 das Allparteienkabinett im Streit um die Hektargrenze, worüber die Bodenreform schließlich in Vergessenheit gerät.

1948 Dem neuen Kabinett Kopf gehören DP, FDP, KPD nicht mehr an.

9. Juni Bedrückend wie die Ernährungslage ist die *Wohnraumknappheit,* besonders in den stark kriegszerstörten Städten (Osnabrück zu 65% zerstört, Wilhelmshaven 62%, Emden 50%, Hannover 48%, Braunschweig 34%, Hildesheim 33%). Da die Bautätigkeit vor der Währungsreform nur äußerst langsam wieder in Gang kommt, fehlen 1948 rd. 800000 Wohnungen, 1958 immer noch 320000.

Am 8. März 1948 erläßt die Regierung das *Sofortprogramm zur Erschließung und Förderung des hannoverschen Emslandes,* das auf dem Wege der Ödlandkultivierung und Melioration die Gewinnung von Siedlungsland sowie mit Industrieansiedlungen die Verbesserung der wirtschaftlichen, sozialen und schließlich der kulturellen Verhältnisse zum Ziel hat und seit 1951 von der *Emsland-GmbH* mit Sitz in Meppen zu etwa zwei Dritteln verwirklicht wurde.

Ein verheißungsvoller Schritt wird mit der Gründung der *Hannover-Messe* getan. Im August 1947 präsentieren zum erstenmal seit Kriegsende 1298 z. T. eben aus den Trümmern erstandene Firmen ihre Erzeugnisse in- und ausländischen Käufern auf 38 140 qm Ausstellungsfläche und erzielen Exportaufträge in Höhe von etwa 55 Millionen RM. Die ständige Aufwärtsentwicklung der Messe – 1965: 606 000 qm Ausstellungsfläche – führt bereits 1950 die ersten ausländischen Aussteller nach Hannover.

Unter gleichfalls schwierigen Bedingungen steht der **Neubeginn auf kulturellem Gebiet.** Ende 1945 nehmen die z. T. erheblich zerstörten *wissenschaftlichen Hochschulen* (Technische Hochschule Braunschweig zu 70% zerstört, Tierärztliche Hochschule Hannover 50%, TH Hannover 48%, Universität Göttingen 9%) ihre Lehrtätigkeit wieder auf, Anfang 1946 auch die wieder ins Leben gerufenen pädagogischen Hochschulen. 1947 entsteht in Hannover die Hochschule für Gartenbau und Landeskultur, die 1952 der TH angegliedert wird, 1949 in Wilhelmshaven die Hochschule für Arbeit, Politik und Wirtschaft, seit 1952 Hochschule für Sozialwissenschaften, die 1962 als Wirtschafts- und Sozialwissenschaftliche Fakultät der Universität nach Göttingen verlegt wird.

Das schon im Sommer 1945 in verschiedenen niedersächsischen Städten mit teils achtbaren Leistungen wieder hervortretende *Theaterleben* bewegt sich vor allem im Deutschen Theater in Göttingen (1950–1966 Leitung Heinz Hilpert) auf bedeutender künstlerischer Höhe.

Vor diesem Hintergrund entsteht nach Inkrafttreten des Grundgesetzes, das vom Niedersächsischen Landtag am 20. Mai 1949 mit 98 gegen 37 Stimmen der DP, KPD und des Zentrums gebilligt wird, die **Vorläufige Nie-**
1951 **dersächsische Verfassung,** die am 3. April 1951 von 107 (darunter
3. April allen in Braunschweig, Oldenburg und Schaumburg-Lippe gewählten) der anwesenden 138 Abgeordneten bei 28 Gegenstimmen und drei Enthaltungen angenommen wird und am 1. Mai in
1. Mai Kraft tritt. Sie fügt sich in den Rahmen der in Bund und Ländern bestehenden Verfassungen und kodifiziert „die vorwiegend administrativen Aufgaben der Landespolitik" (H. W. Kopf). Die Betonung niedersächsischer Eigenständigkeit stellt sie hinter die Vollintegration in die junge Bundesrepublik und die Hoffnung auf die Wiederherstellung des Deutschen Reiches zurück (Landes- statt Staatsregierung, Landesflagge: Schwarz-Rot-Gold mit Landeswappen, Vorläufigkeitscharakter der Verfassung). Der *Traditionsartikel 56* schützt die besonderen kulturellen und historischen Belange der in Niedersachsen vereinigten Länder und ihre überkommenen Einrichtungen. Die „Ostfriesische Landschaft", die Nachfolgerin der Stände, erhielt bereits 1949 von der Landesregierung eine neue Verfassung, nach der sie ihre alten Traditionen fortan als Kulturparlament unter ihrem Präsidenten *Jann Berghaus* fortführt. Angesichts des schnell zum Abschluß gekommenen politischen Einschmelzungsprozesses haben die 1956 nach Art. 29 GG in *Oldenburg* und *Schaumburg-Lippe* durchgeführten Vorabstimmungen zur *Wiederherstellung* der beiden Länder, obgleich sie mit 12,9 bzw. 15,3% die geforderte Zahl von 10% der Wahlberechtigten überschreiten, für den Bundesgesetzgeber kaum mehr als informatorische Bedeutung; für das Land Niedersachsen offenbaren sie als letzte Regungen der Kleinstaatlichkeit ein gewisses Spannungsverhältnis.

Nach einem teils mit bundespolitischen Argumenten geführten Wahlkampf (die CDU hatte ihre Minister am 9. August 1950 aus der Regierung zurückgezogen) geht aus der *zweiten Landtagswahl* ein völlig verändertes Par-
1951 lament hervor. Während SPD und FDP ihre Position annähernd
6. Mai halten können (64 und 12 Sitze), erringen die im Wahlbündnis „Niederdeutsche Union“ zusammengeschlossenen Parteien CDU und DP nur 35, das Zentrum 4, die DRP 3, die KPD 2 und die DSP 1 Mandat. Der BHE gewinnt auf Anhieb 21 Sitze. Die erste nationale Welle nach dem Krieg bringt 16 Abgeordnete der rechtsradikalen SRP in den Landtag. Am 23. Oktober 1952 verbietet das Bundesverfassungsgericht die SRP als Nachfolgeorganisation der NSDAP; ihre Mandate erlöschen. Durch Neuverrechnung des Wahlergebnisses gewinnen DP/CDU 5, FDP 2, KPD 1, der BHE 4 und das Zentrum 1 Sitz. Da angesichts dieser Mehrheitsverhältnisse eine von den Bonner Koalitionsparteien erstrebte bürgerliche Regierung nicht zustande kommt, bilden SPD und BHE nach einer auf Bundesebene voraufgegangenen Verständigung über den Lastenausgleich gemeinsam mit dem Zentrum (bis 1. Dezember 1953) das zweite Kabinett Kopf.

Neben *Maßnahmen zur Förderung der allgemeinen Wirtschaftsstruktur* (1953 *Flurbereinigungsgesetz,* 1954 *Zonenrandprogramm,* 1954/55 *Küstenplan*) gehört zu den vordringlichsten Aufgaben der zweiten Legislaturperiode die *Neuordnung des uneinheitlichen Schulwesens.* Weniger um das *Schulverwaltungsgesetz* vom 19. März 1954 als um das *Gesetz über das öffentliche Schulwesen Niedersachsens* vom 14. September 1954, das die *christliche Gemeinschaftsschule* zur Regel erklärt und die Einrichtung von Bekenntnisschulen an gewisse Bedingungen knüpft (ausgenommen bleibt der Verw.-Bez. Oldenburg), beschwört die katholische Kirche einen mit Heftigkeit geführten kleinen „Kulturkampf“ herauf (Hirtenbriefe der für Niedersachsen zuständigen Erzbischöfe und Bischöfe, Grußtelegramme von Papst Pius XII. an die 50000 in Hannover demonstrierenden Katholiken, Feststellungsklage der Bundesregierung beim Bundesverfassungsgericht wegen Verletzung des Reichskonkordats von 1933 und damit auch der Bundestreue, am 26. März 1957 jedoch abgewiesen). Mit den evangelisch-lutherischen Landeskirchen in Braunschweig, Hannover, Oldenburg und Schaumburg-Lippe sowie der Evangelisch-reformierten Kirche in Nordwestdeutschland, denen fast 80% der Gläubigen des Landes angehören, kommt es im Anschluß an die Schulgesetze, die von ihnen bejaht werden, zu einer vertraglichen Klärung des Verhältnisses zwischen Staat und
1955 Kirche. Der *Loccumer Vertrag* wird von Kopf und den Landesbi-
19. März schöfen (an ihrer Spitze der 1947–1971 amtierende hannoversche Landesbischof *Hanns Lilje*) unterzeichnet. Der Staatsvertrag enthält Garantien der Freiheit des Glaubens und des Wirkens der fünf Landeskirchen, regelt die staatlichen Zuwendungen, die Ausbildung des theologischen Nachwuchses und die Einstellung der Pfarrer.

Mit den Ländern *Schleswig-Holstein* und *Hamburg* schließt Niedersachsen am 16. Februar 1955 einen *Staatsvertrag* über die Errichtung einer gemeinsamen Rundfunkanstalt (Norddeutscher Rundfunk) in Hamburg, die an die Stelle des Nordwestdeutschen Rundfunks tritt, von dem sich das Land Nordrhein-Westfalen 1954 mit der Gründung des Westdeutschen Rundfunks zurückzieht.

Die **Niedersächsische Gemeindeordnung** vom 4. März 1955 löst die Revidierte Ausgabe der Deutschen Gemeindeordnung von 1946 ab und ersetzt ihre reine Ratsverfassung durch die modifizierte, die dem Legislativorgan des Rates den aus diesem hervorgehenden Verwaltungsausschuß als Exekutivorgan zur Seite stellt, die Zweigleisigkeit zwischen Ratsvorsitzenden und Hauptbeamten jedoch beibehält. Gemäß Art. 42 der Vorläufigen Niedersächsischen Verfassung und Art. 93 Abs. 1 Nr. 4 GG wird am 31. März 1955 das Gesetz über die **Errichtung eines Niedersächsischen Staatsgerichtshofes** als Hüter der Verfassung und des Verfassungsfriedens beschlossen, dessen Sitz in *Bückeburg* ist.

Die *dritte Landtagswahl* steht nicht nur im Zeichen des fortdau-
1955 ernden Schulkampfes, sondern wird sowohl von der Bundes-
24. April regierung wie vom Ministerpräsidenten als eine Abstimmung über
das Saarstatut und über die Pariser Verträge angesehen, die Niedersachsen mit seiner 564 km langen Zonengrenze zur strategischen Grenzzone machen. 58% der Wähler entscheiden sich für die Bonner Koalitionsparteien (DP/CDU 62, GB/BHE 17, FDP 12 Sitze); die SPD erhält von 161 Landtagsmandaten nur 59, die DRP 6, die KPD 2, das Zentrum 1. Zum erstenmal nach Kriegsende erhält Niedersachsen eine *bürgerliche Koalition* nach Bonner Muster, geführt von **Heinrich Hellwege** (DP). Die Berufung des rechtsgerichteten Göttinger Verlegers neonazistischen Schrifttums Leonhard Schlüter (FDP) zum Kultusminister entfacht, ausgehend von der Universität Göttingen, über Niedersachsen hinaus einen Sturm der Entrüstung und stürzt die Regierung Hellwege in ihre erste schwere Krise. Der Widerstand der Professoren und Studenten sowie ein Abberufungsantrag der SPD veranlassen Schlüter nach 17 Tagen zum Rücktritt. Im November 1957 zerbricht die bürgerliche Koalition an der Weigerung der FDP- und GB/BHE-Fraktion, das eingegangene Hospitantenverhältnis mit den sechs rechtsorientierten DRP-Abgeordneten zu lösen. Am 19. November bildet Hellwege eine *große Koalition* mit der SPD, in die *Kopf* als stellvertretender Ministerpräsident und Innenminister eintritt.

Am 8. Juli 1958 erhält Niedersachsen eine **Landkreisordnung,** die eine eingetretene Entwicklung nachträglich legalisiert und als Organe des Kreises – in Anlehnung an die Niedersächsische Gemeindeordnung – den Kreistag und den Kreisausschuß, beide unter Vorsitz des gewählten Landrats, sowie den Oberkreisdirektor als Verwaltungsbeamten institutionalisiert.

Obgleich Niedersachsen am allgemeinen **wirtschaftlichen Wiederaufstieg** der Bundesrepublik teilnimmt – Wiederbelebung des Erzbergbaus und der Eisenverhüttung im Salzgittergebiet, Umstrukturierung der früheren Rüstungsindustrie in Wilhelmshaven und Ausbau eines großen Ölumschlaghafens mit Ölleitung zum Ruhrgebiet, konjunkturbegünstigter Ausbau der Volkswagenwerke in Wolfsburg und Hannover –, hat es als gemischt agrar-industrielles Land mit mannigfachen Faktoren zu kämpfen, die seine Gesamtwirtschaft nachteilig beeinflussen: Krisenanfälligkeit einer ausgedehnten Landwirtschaft, der im Rahmen der Ernährungswirtschaft des Bundes überregionale Bedeutung zukommt, unzureichende Industriedichte, Wachstums- und Verkehrsbenachteiligung vieler Industriezweige in der Nordostecke der EWG. Jahrelang weist Niedersachsen neben einem großen Wohnungsdefizit das niedrigste Pro-Kopf-Steuerauf-

Abb. 42: Das Volkswagenwerk in Wolfsburg; Blick vom Mittellandkanal

kommen und die relative höchste Arbeitslosenzahl innerhalb der Bundesrepublik auf. Als Abrundung und Ergänzung der im Emsland- wie im Küstenplan in Angriff genommenen wirtschaftlichen Gesundung des Landes tritt 1958 das *Binnenlandprogramm für die Wasserwirtschaft und Bodenkultur* in Kraft.

1959 19. April In der *vierten Landtagswahl* fallen das Zentrum und die DRP der in einer Novelle vom 12. Juli 1958 in das Wahlgesetz eingeführten *5%-Klausel* zum Opfer (die KPD war am 17. August 1956 vom Bundesverfassungsgericht verboten worden), so daß nur noch fünf Parteien in das Parlament einziehen (SPD 65, CDU 51, DP 20, GB/BHE 13, FDP 8 Sitze). Da CDU und DP ihre Fraktionsgemeinschaft der dritten Legislaturperiode aufgeben, ist die SPD stärkste Fraktion. Sie stellt mit *H. W. Kopf* den Ministerpräsidenten, der eine Regierung aus SPD, GB/BHE und FDP bildet. Diese sieht ihre Aufgabe im Unterschied zu den Gründungsjahren nicht mehr in erster Linie in der gesetzgeberischen Arbeit, sondern hauptsächlich in der Wahrnehmung von Verwaltungsaufgaben zur Fortführung und Wahrung des Erreichten.

Im **Cuxhaven-Vertrag** vom 26. Mai/4. Juni 1961 erhält *Niedersachsen* von *Hamburg* Gebiete zum Ausbau seines Fischereihafens Cuxhaven und überläßt der *Freien und Hansestadt Hamburg* zum Bau eines Seehafens ein Wattgelände mit den Inseln Neuwerk und Scharhörn.

Mit dem Tod des Ministerpräsidenten **Hinrich Wilhelm Kopf** verliert Niedersachsen am 21. Dezember 1961 seinen überragenden Staatsmann und volkstümlichen Landesvater, der in ganz bewußter Anknüpfung an die historischen Traditionen (der „Rote Welfe") dem Bundesland Niedersachsen das Gepräge gab. Nachfolger wird am 29. Dezember der bisherige Sozialminister **Georg Diederichs** (SPD), der die alte Koalition weiterführt.

Die große *Orkanflut* vom 16./17. Februar 1962 beschädigt 34% der niedersächsischen See-, Strom- und Flußdeiche, überflutet 37 000 ha Land und fordert 19 Menschenleben sowie große Verluste an Viehbeständen und Sachwerten. Aufgrund dieses verheerenden Ereignisses sieht der **Erweiterte Küstenplan** vom Dezember 1962 die Verstärkung der Deiche wie den Ausbau von Wassersperr- und Wasserschöpfwerken als seine Hauptaufgabe an.

Am 11. September 1962 bezieht der Niedersächsische Landtag, nach fünfzehnjährigem Untermieterdasein in der hannoverschen Stadthalle, das wiederaufgebaute Leineschloß, in dem 1814 schon der erste Allgemeine Landtag für das Königreich Hannover zusammengetreten war.

Die vierte Legislaturperiode steht im Zeichen einer *Veränderung des Parteiengefüges*. Im Januar 1961 legt Hellwege den Vorsitz der DP nieder, und bald darauf tritt die Mehrzahl der DP-Landtagsabgeordneten zur CDU über, da die zur vierten Bundestagswahl (1961) vorgenommene Fusion der DP mit dem GB/BHE von den Wählern nicht honoriert wird.

1963 19. April Bei der *fünften Landtagswahl* scheitern sowohl verschiedene Splittergruppen an der 5%-Klausel wie auch die GDP und die neue DP, die trotz der Kandidatur eines Welfenprinzen und eines ausschließlich landsmannschaftlichen Programms nur 2,7% der Stimmen gewinnt. Damit verschwindet in Niedersachsen (wie etwa gleichzeitig in Bayern mit der BP) das ausgesprochen landsmannschaftliche Element aus der Landespolitik. Nach einem wieder vorwiegend von bundespolitischen Gesichtspunkten bestimmten Wahlkampf, der des landespolitischen Engagements weitgehend entbehrt, bestätigt das Wahlergebnis den seit Anfang der 1960er Jahre allenthalben spürbaren *Zug zur Konzentration auf wenige Parteien* (SPD 73, CDU 62, FDP 14 Sitze). Bei der Regierungsbildung kommt der FDP (als Zünglein an der Waage) eine ihrer Größe nicht entsprechende Bedeutung zu; sie stellt in der von *G. Diederichs* gebildeten Regierung ebenso viele Minister (4) wie die fünfmal stärkere SPD.

Nachdem bereits der vierte Landtag im Hinblick auf eine notwendige Gebiets- und Verwaltungsreform am 14. Dezember 1962 das *Gesetz zur Ordnung des Großraums Hannover* verabschiedet und in der am 18. April 1963 novellierten Niedersächsischen Gemeindeordnung die seit Ende der 1950er Jahre verstärkt gebildeten *Samtgemeinden* herausgestellt hat, kommt 1964 im Zusammenhang mit dem einsetzenden umfassenden Ausbau der *Universität Göttingen* das *Gesetz über die Neugliederung des Landkreises und der Stadt Göttingen* (Göttingen-Gesetz) zustande.

Das schwierigste Thema der fünften Legislaturperiode sind das nach jahrelangem Verhandeln zustande kommende **Konkordat** und die damit verbundene **Schulgesetznovelle.** Kurz vor Abschluß der parlamentarischen Arbeit verweigert die FDP die Mitarbeit und distanziert
1965 27. Febr. sich von der Unterzeichnung des Vertrags mit dem Heiligen Stuhl. Die SPD/FDP-Koalition zerbricht und wird am 18. Mai durch eine *große Koalition* abgelöst (die dritte seit Kriegsende); stellvertretender Ministerpräsident und Kultusminister wird *Richard Langeheine* (CDU). Zugleich kommt es besonders an den Hochschulorten Niedersachsens zu Demonstrationen vor allem gegen die Schulgesetznovelle, die die Errichtung

Abb. 43: Das Landtagsgebäude in Hannover; vorn der 1962 eingeweihte Plenarsaal, dahinter das alte Leineschloß mit dem Portikus von Laves

weiterer, jedoch mindestens vierklassiger Bekenntnisschulen möglich macht und damit das Schulgesetz von 1954, das die christliche Gemeinschaftsschule als Norm vorsah, abschwächt. Im übrigen enthält das Konkordat ähnliche Abmachungen zwischen Staat und Kirche wie der Loccumer Vertrag und sichert darüber hinaus die Errichtung einer Fakultät für katholische Theologie an der Universität Göttingen zu, sobald genügend Studenten (150) vorhanden sind.

Im Sommersemester 1965 nimmt die *Medizinische Hochschule Hannover* ihren Lehrbetrieb auf. Zur Erhöhung der Studienkapazitäten wie zur Verbesserung der Studienbedingungen beschließt der Landtag am 2. März 1967 das „Gesetz über den Ausbau der Universität Göttingen und der Technischen Hochschulen Braunschweig und Hannover“.

Das Ende der Legislaturperiode steht im Schatten der sich besonders für Niedersachsen mit Schärfe abzeichnenden *allgemeinen Wirtschafts- und Finanzkrise.* Der Wahlkampf zum *sechsten Landtag* wird von den beiden großen Parteien angesichts der Großen Koalitionen in Bonn und Hannover, die man offensichtlich fortzusetzen bestrebt ist, mit weitgehender Zurückhaltung geführt. Bei der Landtagswahl muß die SPD Verluste hinnehmen,
1967 bleibt aber mit knappem Vorsprung stärkste Partei (66 Sitze). Die
4. Juni CDU, als Gewinner, erhält 63 Sitze, die FDP fällt auf 10 zurück.

Die zweite rechtsradikale Welle der Nachkriegszeit, die bereits im Herbst 1966 und im Frühjahr 1967 der *Nationaldemokratischen Partei Deutschlands (NPD)* zu Landtagsmandaten in Hessen, Bayern, Schleswig-Holstein und Rheinland-Pfalz verholfen hat, ermöglicht dieser den Einzug ins Parlament mit 10 Abgeordneten.

Angesichts der großen Aufgaben der sechsten Legislaturperiode (Verbesserung der Wirtschaftsstruktur, Durchführung der Gebiets- und Verwaltungsreform, Beseitigung der schulrechtlichen Sonderstellung Oldenburgs, Verabschiedung eines neuen Hochschulgesetzes) entschließen sich SPD und CDU zur Fortsetzung der *Großen Koalition* unter Ministerpräsident *G. Diederichs.*

Auf dem Gebiet der **Wirtschaft** wird der Zwang zu Konzentrationen und Fusionen immer stärker: Zentralisierung von Kapazitäten in der Landwirtschaft, bei Molkereien und Zuckerfabriken; Fusionen im hannoverschen Brauereigewerbe (1969), zwischen der Ilseder Hütte und der Salzgitter AG (1970) sowie den öffentlich-rechtlichen Kreditanstalten Hannovers und Braunschweigs (Norddeutsche Landesbank, 1970). Im Küstenraum und im Zonenrandgebiet gelingt es, *neue Industrien* anzusiedeln; Kernkraftwerke entstehen bei Lingen (Ems) und Stade. Mit dem Baubeginn des Elbeseitenkanals (6. Mai 1968) zeichnet sich für das Zonenrandgebiet eine bessere Verkehrserschließung ab, die mit der nach 15jähriger Bauzeit im Juni 1968 beendeten Mittelweserkanalisierung für den Raum Minden-Bremen bereits geschaffen ist. Durch die Elektrifizierung wichtiger Bahnstrecken seit 1963 wird der Personen- und Güterverkehr leistungsfähiger, was sich besonders im Raum Hannover durch die Schaffung eines Nahschnellverkehrssystems bemerkbar macht. Die Einführung eines gemeinsamen Fahrscheins für alle öffentlichen Verkehrsmittel im Großraum Hannover (16. März 1970) sowie der Erwerb der hannoverschen Straßenbahn (Üstra) durch den Verband Großraum Hannover (15. Juli 1970) sind nicht nur ein Schritt zur Verbesserung der Verkehrsbedingungen, die in der Stadt Hannover mit dem Bau einer U-Bahn (Beginn: 16. November 1965) in eine völlig neue Phase treten, sondern zugleich ein Stück praktizierter Raumordnung, wie sie die Landesregierung in ihrem *„Landes-Raumordnungsprogramm“* vom 18. März 1969 als fortzuschreibende Zielvorstellung für das gesamte Land konzipiert. Am 19. März 1969 legt die „Weber-Kommission“ nach dreieinhalbjähriger Arbeit ihr Schlußgutachten zur Gebiets- und Verwaltungsreform vor. „Großräumiges Denken, Planen und Handeln“, ausgerichtet am Grundsatz der Überschaubarkeit, soll zur „bürgernahen“ Ansiedlung möglichst vieler Verwaltungskompetenzen führen. Zur Schaffung eines Optimums an Dezentralisierung bei gleichzeitiger Konzentration sollen die Regierungs- bzw. Verwaltungsbezirke von 8 auf 4, die Landkreise von 60 auf 28, die kreisfreien Städte von 15 auf 7 verringert, die 16 größten Städte des Landes arrondiert, die Einwohnerzahlen der Landkreise möglichst nicht unter 150000, die der Gemeinden nicht unter 5000 angesetzt und etwa 1500 Zuständigkeitsgruppen vom Land auf die Regierungsbezirke, Kreise und Gemeinden verlagert werden. Trotz der Großen Koalition erlangt das Gutachten, zu dem zahlreiche einschneidende Änderungsvorschläge vor allem des von den Koalitionsparteien eingesetzten „Kronsberger Kreises“ vorgebracht werden, keine Gesetzesreife.

Aufgrund eines Verwaltungsaktes der Regierung werden die acht *pädagogischen Hochschulen* des Landes mit Wirkung vom 1. April 1969 zu Abteilungen der neugeschaffenen Pädagogischen Hochschule Niedersachsen und sollen den in einem in Vorbereitung befindlichen **Hochschulgesetz** geplanten sieben Gesamthochschulen in Hannover, Braunschweig, Hildesheim-Clausthal, Göttingen, Osnabrück, Oldenburg, Lüneburg integriert werden. Mit Gesetz vom

4. Juli 1969 gelingt es der Großen Koalition, die *schulrechtliche Sonderstellung* des Verw.-Bez. *Oldenburg zu beseitigen;* an die Stelle der Bekenntnisschule tritt auch hier (wie seit 1955 im übrigen Niedersachsen) die christliche Gemeinschaftsschule. Als rechtliche Grundlage für eine geregelte Zusammenarbeit zwischen Schule, Eltern, Öffentlichkeit, Schulträgern und -behörden sowie als Ausdruck des fortschreitenden Demokratisierungsprozesses im Bildungswesen tritt am 1. April 1970 das *Niedersächsische Elternvertretungsgesetz* in Kraft.

In der Mitte der Legislaturperiode gerät die Koalition in eine *Dauerkrise,* da drei FDP-Abgeordnete zur CDU übertreten, diese damit über die gleiche Mandatszahl verfügt wie die SPD und anschließend weitere vier Abgeordnete (2 SPD, 1 CDU, 1 NPD) ihre Fraktionen verlassen – womit der sechste Niedersächsische Landtag einen Rekord an Fraktionswechseln liefert. An der Unmöglichkeit, sich über den Abstimmungsmodus des Landes im Bundesrat zu einigen, und dem Entschluß der CDU-Fraktion, den NPD-Überläufer als Hospitanten aufzunehmen, sowie nicht zuletzt als Folgeerscheinung der seit Herbst 1969 veränderten Bonner Koalition *zerbricht* am 25. Februar/4. März 1970 *die Große Koalition* in Hannover. Nach einer „parlamentarisch-demokratischen Tragikomödie" lähmenden Ausmaßes beschließt der Landtag am 21. April seine *Auflösung,* nachdem er tags zuvor durch eine Verfassungsänderung seine Amtszeit bis zum Tag der Neuwahl verlängert hat.

Die Große Koalition der sechsten Wahlperiode hat die Aufgaben, zu deren Bewältigung sie erneut angetreten war, nicht lösen können. Die wichtigsten legislatorischen Vorhaben, die *Gebiets-* und *Verwaltungsreform* und das *Hochschulgesetz,* blieben auf der Strecke, der Landtag steht am Ende der fünfjährigen Großen Koalition in seinem Ansehen geschädigt da (Mißachtung des Parlaments bei Schaffung der PH Niedersachsen, bei der Gründung einer Hochschul-Planungskommission, bei der Bildung des „Kronsberger Kreises").

Mit dem Zerfall der Großen Koalition endet nach achteinhalb Jahren die Amtszeit des Ministerpräsidenten *Georg Diederichs.* Mit Diederichs scheidet ein Mann des Ausgleichs und der Kompromißbereitschaft, der sein Amt stets im Sinne H. W. Kopfs führte: „Wir alle sollten uns nicht als Regierende, sondern als Diener der Regierten fühlen."

1970 14. Juni Zur *Wahl* – das Wahlalter wird mit Wirkung vom 1. April 1970 auf das 18. bzw. 21. Lebensjahr herabgesetzt – treten die Parteien (SPD, CDU und FDP mit verjüngter Parteiführung, die drei CDU-Landesverbände nun als ein Verband „CDU in Niedersachsen") im Zeichen der sozial-liberalen Bonner Koalition vorwiegend unter bundespolitischen Aspekten an. Da gleichzeitig in Nordrhein-Westfalen und im Saarland gewählt wird, erhalten die Wahlen den Charakter einer „halben" Bundestagswahl, erscheinen sozusagen als Fortsetzung der Bundespolitik mit anderen Mitteln. Mit der knappen Mehrheit von nur 0,5% der Stimmen und 1 Sitz *siegt die SPD* unter ihrem Spitzenkandidaten *Alfred Kubel* und dem neuen Landesvorsitzenden *Peter von Oertzen;* sie erlangt 75 Mandate, die CDU 74; FDP und NPD scheitern an der 5%-Klausel, desgleichen die zum erstenmal kandidierende DKP. Damit ist der *siebte* Niedersächsische Landtag das erste bundesrepublikanische Parlament mit *Zweiparteiensystem* und der erste Niedersächsische Landtag, in dem eine Partei die absolute Mehrheit hat.

Vierter Ministerpräsident wird der mit Ausnahme der Jahre 1955–1957 allen Kabinetten angehörende bisherige Finanzminister Alfred Kubel, dessen Einparteienkabinett die SPD-Landespolitik mit den Zielen Fortschritt und Reform fortsetzt.

In der Bildungspolitik soll das Schulgesetz von 1974/75 langfristig zu einer horizontalen Gliederung des Schulsystems führen (u. a. Einrichtung von Vorklassen in der Primarstufe, Einführung der Orientierungsstufe, des 10. Hauptschuljahres in der Sekundarstufe I, der reformierten gymnasialen Oberstufe in der Sekundarstufe II sowie der Integrierten und der Kooperativen Gesamtschule). Im tertiären Bildungsbereich werden ab 1971 20 Akademien und höhere Fachschulen zu acht Fachhochschulen zusammengeschlossen. Auseinandersetzungen entstehen um das Vorschaltgesetz von 1971, das bis zum Inkrafttreten eines Gesamthochschulgesetzes die Funktionsfähigkeit der Hochschulen garantieren soll. Urteile des Nds. Staatsgerichtshofs (1972) und des Bundesverfassungsgerichts (1973) führen zur Novellierung des Vorschaltgesetzes, das am Prinzip der Gruppenuniversität festhält, der Gruppe der Hochschullehrer aber wieder größeren Einfluß zubilligt.

Die Reformen im Bildungsbereich sind Teil des 1973 verabschiedeten **Landesentwicklungsprogramms Niedersachsen 1985,** das der Landespolitik langfristig das auf regionalen und sozialen Ausgleich gerichtete Ziel setzt, die Lebensbedingungen in Niedersachsen insgesamt zu verbessern und zu verhindern, daß das Land gegenüber dem Bundesdurchschnitt weiter zurückbleibt.

Im Bereich der **Wirtschaft** entsteht 1970 mit der Fusion der Ilseder Hütte und der Salzgitter Hüttenwerke AG zur Stahlwerke Peine-Salzgitter AG Westdeutschlands drittgrößter Stahlerzeuger. Der VW-Konzern, im Zusammenhang mit Marktstrategie und Modellpolitik in eine Krise geraten, erholt sich erst in der zweiten Hälfte der siebziger Jahre. Zu Schwerpunkten der Energieversorgung entwickeln sich Emden (Erdgasaufbereitung) und Wilhelmshaven (Erdölraffinerien).

Die *Verkehrswege* werden verbessert durch den 1973 begonnenen Ausbau der Unterweser sowie durch den im Juni 1976 nach achtjähriger Bauzeit eröffneten, 115 km langen Elbe-Seiten-Kanal, der, zugeschnitten auf das 1350-t-Europaschiff, die Elbe bei Artlenburg mit dem Mittellandkanal bei Wolfsburg-Fallersleben verbindet sowie den Hamburger Hafen und das Braunschweiger Industriegebiet einander näherbringt. Mit dem Ausbau des Flughafens Hannover-Langenhagen (1973/76) erhält das Land einen der modernsten Flughäfen der Bundesrepublik. Bedeutend für Niedersachsen als Grenzland ist die durch den Grundlagenvertrag (Bundesrepublik–DDR) von 1973 ermöglichte Öffnung der zusätzlichen Grenzübergänge Uelzen/Salzwedel und Duderstadt/Worbis.

In der **Gebiets- und Verwaltungsreform** kann 1974 der erste Teil mit der Gemeindereform, die aus 4062 Gemeinden 415 kommunale Verwaltungseinheiten bildet, abgeschlossen werden. Die Teilreform der Kreise verringert deren Zahl von 60 auf 48. In der Frage einer Neugliederung des Bundesgebiets unterstützt die Regierung Kubel – vor allem, um die wirtschaftliche Benachteiligung des niedersächsischen Raums zu beseitigen – vergeblich das Projekt eines „*Nordstaats*“ aus den vier norddeutschen Bundesländern. Im Januar 1975 scheitern *Volksentscheide* in Oldenburg und Schaumburg-Lippe, die aufgrund der Volksbegehren von 1956 formal auf die Wiederherstellung dieser Länder gerichtet sind.

Nach der *Landtagswahl von 1974* koalieren SPD und FDP (67 und 11 Sitze); die CDU geht als nunmehr stärkste Fraktion mit 77 Abgeordneten in die Opposition. Der aus Altersgründen erfolgende *Rücktritt des Ministerpräsidenten* Kubel beendet überraschend die langjährige Vorherrschaft der SPD. Da zwei Abgeordnete aus den Reihen der Koalition für den CDU-Kandidaten **Ernst Albrecht** stimmen, wird dieser im Februar 1976 Ministerpräsident. Im Januar 1977 tritt die FDP in die bisherige CDU-Minderheitsregierung ein.

Die **Gebietsreform** wird Mitte 1977 mit einer modifizierten Kreisreform und der Bezirksreform abgeschlossen. Danach bestehen als Mittelinstanzen die 4 Bezirksregierungen in Hannover, Braunschweig, Lüneburg und Oldenburg (Weser-Ems), denen 37 Landkreise und 9 kreisfreie Städte nachgeordnet sind. Am 1. Juni 1978 wird das *Hochschulgesetz* unter Berücksichtigung der 1972/73 ergangenen Urteile für die 10 wissenschaftlichen, 2 künstlerisch-wissenschaftlichen und 7 Fachhochschulen verabschiedet. Nach vielfachem Protest gegen den geplanten Bau des *Kernkraftwerks* Grohnde/Weser (gewaltsame Auseinandersetzungen im März 1977) und die in Gorleben (Kr. Lüchow-Dannenberg) geplante *Atommülldeponie* mit Wiederaufbereitungsanlage gehen in der Landtagswahl 1978 die Erfolge der Grünen Liste Umweltschutz (3,9 %) offensichtlich zu Lasten der FDP (4,2 %), die nicht wieder in den Landtag einzieht. Die CDU erhält 83, die SPD 72 Sitze, Ernst Albrecht bleibt Ministerpräsident. Der Trend zur CDU hält – nicht zuletzt infolge der zunehmenden Schwierigkeiten der Bonner SPD/FDP-Koalition – auch bei den **Kommunalwahlen 1981** an. Die SPD verliert nahezu alle Hochburgen; in den 38 Landkreisen und 9 kreisfreien Städten bleiben ihr nur 6 Amtssessel. „Grüne" und „alternative" Gruppierungen gelangen in zahlreiche Kommunalparlamente. Die **Landtagswahl 1982** bestätigt diese Entwicklung. Es bleibt bei der CDU-Alleinherrschaft (87 Sitze, SPD 63, Grüne 11, FDP 10) und einer CDU-Politik, die u.a. für „weniger Staat" und mehr „Eigenverantwortung der Bürger", für Regionalisierung und Tradition eintritt (zur Stärkung des Landesbewußtseins u.a. seit 1981 jährlich „Tag der Niedersachsen"). – Im Streit um den **Norddeutschen Rundfunk (NDR)** gelingt es Ministerpräsident Albrecht zwar nicht, sein „Radio Niedersachsen" ins Leben zu rufen, immerhin kommt es im Staatsvertrag von 1980 zu einer stärkeren Regionalisierung und Entpolitisierung des Programms. – Im **Schulwesen** treten im Zuge eines behutsamen Umlenkens u.a. das wohnortnahe Schulangebot, die Regelschulformen und das Lernen wieder mehr in den Vordergrund. – Den Problemen des Denkmalschutzes, vor allem aber des **Natur- und Umweltschutzes** (1/5 des Landes steht mit 270 Gebieten unter Natur- und Landschaftsschutz) versucht die Regierung 1978 und 1981 mit gesetzlichen Maßnahmen zu begegnen. – Da Gorleben als Standort einer **integrierten Entsorgungsanlage** 1979 als „politisch nicht durchsetzbar" aufgegeben wird, konzentrieren sich in der Kernenergiefrage die entsprechenden Pläne seit 1982 auf den Wendland-Ort Dragahn. – Die allgemeine **Wirtschaftskrise** führt zu Zusammenbrüchen vieler kleiner, mittlerer und zur Gefährdung größerer Unternehmen (u.a. Olympia, Telefunken, Hanomag, Pelikan, Rollei); einige können mit Unterstützung des Landes gerettet werden.

Trotz außergewöhnlicher Investitionen führt die größte Wirtschaftskrise seit Bestehen der Bundesrepublik dazu, daß Niedersachsen angesichts der nur langfristig abzubauenden Strukturschwäche seiner Wirtschaft Mitte 1983 mit 11% **Arbeitslosen** erheblich über dem Bundesdurchschnitt liegt.

Von dem Einbruch der Jahre 1979/84 erholt sich das Land infolge seiner ungünstigen westeuropäischen Randlage nur langsam. Im wirtschaftlichen Aufschwung liegt es noch 1986 unter dem Bundesdurchschnitt, mit einer Arbeitslosenquote von 10,6% im Oktober 1987 weiterhin darüber. Erhebliche Anstrengungen werden zur **Einführung neuer Technologien** (1985 Gründung des Technologie-Zentrums Hannover) und zur Verbesserung von Standortbedingungen (u. a. 1986 Kulturvertrag zwischen dem Land Niedersachsen und der Stadt Hannover) unternommen. Auf Erfolgskurs bleibt die Hannover-Messe (1984: 6610 Aussteller auf 741 000 qm Ausstellungsfläche, 740 000 Besucher), die zur Kanalisierung des Ausstellerandrangs 1986 geteilt wird in Hannover-Messe CeBIT (Bürobedarf und Informationstechnologie) und Hannover-Messe INDUSTRIE. Mit einem beträchtlichen Investitionsprogramm steht die Hannover-Messe, die 1985/87 den höchsten Jahresumsatz unter den fünf großen deutschen Messeplätzen erzielt, im harten Wettbewerb mit den vier anderen. – Das Volkswagenwerk, das 1985 die Einfuhr des „Käfers" einstellt (Ende der „Käfer"-Produktion in Wolfsburg bereits 1974) und damit ein Stück Nachkriegsautomobilgeschichte beendet, kann Anfang 1987 auf 50 Mio. produzierte Fahrzeuge zurückblicken, nimmt im gleichen Jahr die Spitzenstellung unter den Neuzulassungen auf dem europäischen Markt ein, muß aber wegen Unrentabilität seine Fahrzeugproduktion in den USA einstellen. – Kritisch bleibt die Lage der Werftindustrie, schwierig die der **Landwirtschaft,** der zwar mit einem Grünbracheprogramm etwas Erleichterung verschafft wird, der aber angesichts der EG-Agrarpolitik mit Landesmitteln nicht aus der Strukturkrise geholfen werden kann.

Im Zuge der Bemühungen, wirtschaftlich schwache Regionen zu fördern, bleibt die Regierung trotz wiederholter Demonstrationen gegen die Atommülltransporte in das Wendland am Ausbau von Stätten für die Endlagerung radioaktiven Mülls interessiert (Schacht Konrad bei Salzgitter, Probebohrungen im Salzstock bei Gorleben). Die zunächst in Dragahn geplante Wiederaufbereitungsanlage wird auf Beschluß der DWK (Dt. Ges. f. Wiederaufbereitung von Kernbrennstoffen) seit 1985 im bayerischen Wackersdorf errichtet. – Vor dem Hintergrund des auch in Niedersachsen um sich greifenden Waldsterbens kommt es zu heftigen Protesten gegen die vom Bundestag zur Erhaltung von Arbeitsplätzen im wirtschaftlich schwachen Landkreis Helmstedt 1984 beschlossene Inbetriebnahme des mit erheblichem Schadstoffausstoß belasteten Braunkohlekraftwerkes Buschhaus; auch dessen Mitte 1987 installierte Entschwefelungsanlage entspricht nicht den Erwartungen. Weitere **Umweltprobleme** erwachsen der Landesregierung durch die vorhandenen (Münchehagen) und geplanten Sondermülldeponien (im Raum Bentheim und Ostfriesland) sowie die zunehmende Verschmutzung der Nordsee, an deren küstennahem Bereich 1985 der „Nationalpark Wattenmeer" geschaffen wird. Trotz der auf der 2. Internationalen Nordseekonferenz (November 1987) gefaßten Beschlüsse zur Entlastung der Nordsee von Schadstoffeinträgen stirbt die Nordsee weiter.

Als erstes Bundesland verabschiedet Niedersachsen 1984 ein **Landesrundfunkgesetz,** das Hörfunk und Fernsehen durch Privatgesellschaften zuläßt. Im gleichen Jahr wird das erste deutsche Glasfaserkabel zwischen Hamburg und Hannover in Betrieb genommen (Übertragung von Daten, Texten, Bildtelefonaten). Parallel dazu beginnt die Verkabelung der Privathaushalte (1987 in Niedersachsen Anschlußdichte 34,7%). – In der **Hochschulpolitik** führt die Berücksichtigung regional-wirtschaftlicher Überlegungen seit 1983 zur Förderung abgelegener Hochschulstandorte zu Lasten der renommierten Universitäten (Göttingen, Braunschweig, Hannover). Anfang 1987 kommt es an allen Hochschulen aufgrund der rigorosen Sparpolitik des Landes zu Unruhen unter Studierenden und Lehrenden. In Göttingen kapitulieren Landesregierung und Universität vor einer angekündigten Demonstration von 40000 Studenten und sagen die 250-Jahr-Feier der Georgia Augusta ab. – 1984/85 sorgt der Ankauf des Evangeliars Heinrichs des Löwen für Aufsehen (Preis 32,5 Mio. DM).

Die **Landtagswahl** am 15. Juni **1986,** die infolge des Reaktorunfalls in Tschernobyl weitgehend von den Auseinandersetzungen um die Kernenergie geprägt ist, wird vom neuen SPD-Spitzenkandidaten Gerhard Schröder auch unter dem Aspekt gesehen, eine SPD-Mehrheit im Bundesrat herzustellen. Trotz erheblicher Verluste der CDU kann Ministerpräsident Ernst Albrecht eine Koalitionsregierung mit der FDP bilden (CDU 69, SPD 66, Grüne 11, FDP 9 Sitze). Bei den Kommunalwahlen im Oktober kann die SPD die 1981 erlittenen Einbußen teilweise wettmachen; die Grünen bleiben hinter den Erwartungen zurück (CDU 46%, SPD 39,9%, FDP 4,6%, Grüne 4,5%). – Die neue Legislaturperiode steht im Zeichen außergewöhnlicher finanzieller Probleme für das Land, noch mehr aber für die Kommunen, die für 1988 infolge von Steuerausfällen und steigenden Sozialabgaben trotz einschneidender Sparmaßnahmen vielfach Schwierigkeiten haben, ausgeglichene Haushalte vorzulegen.

In der zweiten Hälfte der Legislaturperiode gerät die Regierung, deren „Albrecht-Politik“ Niedersachsen zum Aufsteiger- und Forschungsland machen will, infolge des Zusammenbruchs der hannoverschen Spielbank und anderer Affären ins Schleudern. **Wilfried Hasselmann,** seit 1968 Vorsitzender der **CDU** in Niedersachsen, dienstältestes Kabinettsmitglied, seit 1986 im Innenministerium, muß im Zusammenhang mit dem Skandal um die **Spielbank Hannover**, die das Land daraufhin 1987 in eigene Regie übernimmt, 1988 zurücktreten. Das Erfolgsgespann **Albrecht**/Hasselmann kommt aus dem Tritt. Obwohl Oppositionsführer **Gerhard Schröder** 1989 sowohl mit seinem Antrag, den Landtag aufzulösen und Neuwahlen auszuschreiben als auch mit seinem Mißtrauensantrag gegen den Ministerpräsidenten scheitert, schafft es Albrecht, der ohnehin in der Mitte der 12. Legislaturperiode **Rita Süssmuth** Platz machen will, in der *Landtagswahl am 13. Mai 1990* nicht mehr, erneut eine Mehrheit hinter sich zu bringen. **Ernst Albrecht**, mit 14jähriger Amtszeit dienstältester Ministerpräsident in der Bundesrepublik, ein Vertreter des sozial geprägten Konservativismus, zieht sich völlig aus der Politik zurück. Hasselmann legt, nach dem Verzicht auf eine Kandidatur für den Landtag, Ende 1990 auch den Vorsitz der CDU nieder.

Trotz nur geringfügiger Verschiebungen in den politischen Lagern (**SPD** 71 Sitze, **CDU** 67, **FDP** 9, **Grüne** 7) führt die *Landtagswahl 1990* – nach 1955 zum zweitenmal in der Geschichte des Landes – zu einem *Regierungswechsel*. Da sich die **FDP** einer Koalition verweigert, nimmt Schröder die Grünen ins Kabinett und diverse Sollbruchstellen im Koalitionsvertrag in Kauf, bringt seine rot-grüne Reformkoalition allerdings trotz einiger Reibungsverluste und trotz seiner zunehmend an den Herausforderungen des politischen Alltags orientierten, stärker realitätsbezogenen, wirtschafts- und arbeitsmarktpolitischen Zwänge berücksichtigenden Reformziele heil über die gesamte Legislaturperiode.

Zum Problem wird auch der *Regierung* **Schröder** das u. a. auch eigene politische Entscheidungen expandierende Schuldenmachen. Statt in den steuerreichen frühen 90er Jahren Schulden abzutragen, werden Reformvorhaben angepackt und neue Verbindlichkeiten aufgehäuft. Mehr als 8800 neue Stellen werden geschaffen. Kostenträchtig sind eine undifferenziert eingeführte Lernmittelfreiheit sowie das auch die Kommunen belastende **Kindertagesstättengesetz**. Dasselbe gilt für das unter Federführung des 1990 neu eingerichteten **Frauenministeriums** 1993 erlassene Gesetz über die Einstellung von hauptamtlichen **Frauenbeauftragten** in Gemeinden mit mehr als 10000 Einwohnern.

Ein **Schulgesetz** von **1993** wertet die in den 70er Jahren als Angebotsschule eingeführte Gesamtschule zur Regelschule auf, die dort eingerichtet werden muß, wo eine ausreichende Anzahl von Eltern dies verlangen, es sei denn, die Kommune sähe sich außerstande, die neue Schulform zu finanzieren. Im übrigen ist die Schülerzahl, der allgemeinen demographischen Entwicklung entsprechend, von 1,16 Mio im Jahre 1980 auf gut 800000 im Jahre 1990 zurückgegangen, inzwischen aber wieder langsam im Ansteigen begriffen. So herrscht trotz Neueinstellungen ein empfindlicher Mangel an Lehrkräften, so daß die Landesregierung 1993 unter heftigen Protesten der Betroffenen eine Stunde Mehrarbeit pro Woche anordnet. An den niedersächsischen Hochschulen stehen 1990/91 trotz geringerer Schülerzahlen 146000 Studierenden nur 83000 ausgewiesene Studienplätze zur Verfügung.

Im kulturellen Bereich wertet die rot-grüne Landesregierung die soziokulturelle Arbeit durch Bereitstellung erheblicher Mittel auf, fördert aber zugleich, wie ihre christlich-liberale Vorgängerin die sogenannte traditionelle Kultur. Sie finanziert wie diese den Bau des neuen **Schauspielhauses in Hannover** und übernimmt 1992 in einem zweiten **Stadt-Land-Kulturvertrag** unter dem Namen „Bereinigung der wirtschaftlichen Verhältnisse" die Niedersächsischen Staatstheater **Hannover** gänzlich in eigene Trägerschaft, um den Haushalt der Landeshauptstadt zu entlasten. Auch in **Braunschweig** und **Oldenburg** erhalten die dortigen **Staatstheater** neue Schauspielstätten. **Hannovers Sprengel-Museum** kann 1992 seinen zweiten Bauabschnitt eröffnen. Nach **Emden**, wo **Henri Nannen** mit seiner Stiftung 1983/86 den Neubau einer Kunsthalle initiiert, wird 1994 das ebenfalls größtenteils privat finanzierte Kunstmuseum **Wolfsburg** eröffnet. Im übrigen steht die niedersächsische Museumsszene im Zeichen einer ungebrochenen Gründungswelle, die zwischen 1980 und 1992 über 150 neue Museen hervorbringt, überwiegend Heimat- und Spezialmuseen.

Ähnlich innovationsträchtig entwickelt sich die *Medienlandschaft*. Aufgrund des 1987 novellierten Landesrundfunkgesetzes von 1984, das Rundfunk und Fernsehen durch Privatsender zuläßt, öffnen SAT 1 mit „Wir in Niedersachsen“ und RTL mit „Punkt 6“ im Juni 1986 ihre regionalen Fenster; Silvester 1986 nimmt „Radio ffn“ (Funk- und Fernsehen Nordwestdeutschland GmbH und Co KG in der Trägerschaft von Zeitungsverlagen und der Mediengesellschaft Niedersachsen) in Isernhagen bei Hannover sein hauptsächlich an ein Publikum zwischen 14 und 49 gerichtetes Hörfunkprogramm auf. 1990 beginnt der zweite **Privatsender** „Antenne Niedersachsen“ in Hannovers Anzeiger-Hochhaus mit dem Sendebetrieb. Das 1993 vom Landtag erneut *novellierte Landesrundfunkgesetz* ermöglicht jetzt auch lokale, nicht aus Werbung finanzierte Rundfunksender sowie den „Bürgerfunk“ auf „Offenen Kanälen“. Die öffentlich-rechtliche Dreiländeranstalt **NDR**, bisher zuständig für **Hamburg, Niedersachsen** und **Schleswig-Holstein** dehnt sich aufgrund neuer Staatsverträge auch auf **Mecklenburg-Vorpommern** aus.

Trotz der 1984 eingeleiteten und inzwischen durch Satelliten- und Kabeltechnik weiter angeheizten inflationären Entwicklung im Bereich von Rundfunk und Fernsehen erscheinen Anfang der 90er Jahre bei 63 niedersächsischen Verlagen immerhin täglich 1,9 Mio. Zeitungen. Vier niedersächsische Tageszeitungen (Hannoversche Allgemeine Zeitung als größte, Neue Osnabrücker Zeitung, Braunschweiger Zeitung, Nordwest-Zeitung Oldenburg) haben jeweils Auflagen von weit mehr als 100 000. Die Verlagsgesellschaft Madsack, Hannover, bei der neben der Hannoverschen Allgemeinen Zeitung auch die Neue Presse erscheint, übernimmt 1991 gemeinsam mit dem Springer-Verlag die auflagenstarke Leipziger Volkszeitung.

Auf kirchlichem Gebiet ist der im Grunde auf die Staatsbildung des Wiener Kongresses zurückgehende territoriale Umfang der vier *evangelisch-lutherischen* **Landeskirchen** Braunschweig, Hannover, Oldenburg und Schaumburg-Lippe auch nach dem Zweiten Weltkrieg unangefochten geblieben. 1971 bilden sie zusammen mit der Reformierten Kirche in Nordwestdeutschland zur gemeinsamen Erledigung gemeinsamer Angelegenheiten **die Konföderation evangelischer Kirchen in Niedersachsen**. Hingegen erfährt der Zuschnitt der katholischen Bistümer im Bereich des Landes eine nicht unerhebliche Veränderung. Denn 1993 verfügt der Vatikan die *Gründung eines* **Erzbistums Hamburg** auf Kosten des alten und räumlich bis dahin sehr großen Bistums Osnabrück.

Die **wirtschaftliche Entwicklung** Niedersachsens bleibt trotz aller Anstrengungen der Regierung **Albrecht** hinter dem Bundesdurchschnitt zurück – auch ein Zeichen für das seit den 70er Jahren stärker hervortretende Süd-Nord-Gefälle unter den Bundesländern. Sie erholt sich erst gegen Ende der 80er Jahre und profitiert dann kurzzeitig von der Grenzöffnung und der 1990 erfolgenden **Vereinigung** der **DDR** mit der Bundesrepublik, wird allerdings seit 1993 wieder stärker von der allgemeinen *Struktur- und Konjunkturkrise* getroffen. Während die niedersächsische Wirtschaft beim Produktionswachstum vorwiegend aufgrund des überdurchschnittlichen Anstiegs der Arbeitsproduktivität (Wertschöpfung je Beschäftigten) etwa im Bundestrend liegt, bleibt sie bei der Steigerung der Beschäftigtenzahlen hinter diesem zurück, offensichtlich infolge der Rationalisierungsmaßnahmen, die aufgrund des starken Wettbewerbsdrucks im Bereich seiner im Durchschnitt eher standardisierten Massenangebote an Dienstleistungen und Gütern durchgeführt werden. Zugleich ist die wirtschaftliche Entwicklung seit Anfang der 70er Jahre von einem stärker fortschreitenden sektoralen Stukturwandel gravierenden Ausmaßes gekennzeichnet. Während die Beschäftigtenzahlen im produzierenden Gewerbe zwischen 1970 und 1987, den Jahren der Volkszählungen, um knapp 280 000 und in der Landwirtschaft, die wie kaum ein anderer Wirtschaftszweig in den letzten Jahrzehnten einem außergewöhnlichen Strukturwandel unterliegt, gleichwohl weiterhin den Charakter des Landes Niedersachsen als vorwiegend agrarisch geprägt bestimmt, um etwa 180 000 zurückgehen, steigen sie im Dienstleistungsbereich um fast 460 000.

Dem wirtschaftlichen Verlauf entsprechen die **Arbeitslosenzahlen**. 1980 liegen sie mit 122 000 oder 4,7 % etwa 22 % über dem Bundesdurchschnitt, 1985 mit 346 000 jedoch bereits 33 %. Nach einem vereinigungsbedingten Nachfrageschub, der die Arbeitslosenzahlen 1992 auf 249 792 (8,1 %) senkt, übersteigen die niedersächsischen Zahlen im Mai 1994 mit 331 500 (10,4 % gegenüber 8,5 % Durchschnitt alte Bundesländer) den Bundesdurchschnitt bereits wieder um fast 22,4 %.

Hauptgründe dieser hohen **Arbeitslosenzahlen** sind in der allgemeinen Wirtschaftsstruktur und der besonderen Konjunkturabhängigkeit der vorherrschenden Wirtschaftszweige des Landes zu suchen. So sind nach der Arbeitsstättenzählung des Jahres 1987 von den 1 030 000 Beschäftigten in den produzierenden Bereichen annähernd 60 % in den fünf wichtigsten Zweigen, nämlich 200 000 im Baugewerbe, 160 000 im Straßenfahrzeugbau, 107 000 im Ernährungsgewerbe, 78 000 in der Elektrotechnik und 67 000 im Maschinenbau beschäftigt. Da mit dem Straßenfahrzeugbau ein ausgedehntes Netz von großen und kleinen Zulieferbetrieben verbunden ist – ingesamt sind mehr als 40 % aller industriellen Arbeitsplätze von der Automobilindustrie abhängig –, hat das produzierende Gewerbe in Niedersachsen wie in keinem anderen Bundesland einen stark monostrukturellen Charakter, der die gesamtwirtschaftliche Lage des Landes in jeder Weise nachhaltig beeinflußt.

So sieht sich auch die Regierung **Schröder** ungeachtet ihres reformpolitischen Zieles einer Vereinbarkeit von Ökonomie und **Ökologie** wiederholt zu unprogrammatischen und in der rot-grünen Koalition teils umstrittenen *wirtschaftspolitischen Maßnahmen* unterschiedlicher Art gezwungen: beim Bau der Gasleitung Europipe durch den **Naturschutzpark Wattenmeer**; bei der **Ems-Vertiefung** zugunsten der vor allem mit dem Bau von Kreuzfahrtschiffen der Spitzenklasse exportorientiert prosperierenden **Meyer-Werft** in **Papenburg**; bei der durch ökologische und andere Gegenleistungen kompensierten Anlegung einer Mercedes-Teststrecke im **Emsland**; bei der Befürwortung von U-Bootexporten nach Taiwan zur Sicherung von Arbeitsplätzen in den Werften. Die Regierung stützt, meist unter persönlichem Einsatz des wirtschaftsfreundlichen Ministerpräsidenten, Europas größtes Reiseunternehmen TUI ebenso wie die Continental und Pelikan sowie deren Standort Hannover, setzt sich für den Erhalt der Klöckner-Stahlwerke in **Georgsmarienhütte** und das Flugzeugwartungsunternehmen DASA (Deutsche Aerospace AG) in **Lemwerder** ein. Hauptsorge gilt 1993/94 dem in den zurückliegenden Jahren vielfältig im Ausland und in den neuen Bundesländern investierenden und infolge einer Absatzflaute vorübergehend in eine schwere Krise geratenen Flaggschiff

Abb. 44: Die Meyer-Werft in Papenburg: Im größten überdachten Baudock der Welt entstehen Kreuzfahrtschiffe der Spitzenklasse.

der niedersächsischen Industrie, dem **VW-Werk**, für das zur Arbeitsplatzsicherung 1993 die Viertagewoche eingeführt wird.

Trotz allen Engagements der Landesregierung bleibt deutlich, daß angesichts der von Konzernzentralen außerhalb des Landes sowie in Bonn und Brüssel getroffenen wirtschaftspolitischen Entscheidungen die Gestaltungsspielräume auch der niedersächsischen Landesregierung eher geringer werden, zumal auch die weltweiten Konjunkturentwicklungen und Strukturveränderungen vielfach bis in die Regionen der Bundesländer hineinwirken.

Firmenzusammenschlüsse der letzten Jahre erfolgen vorwiegend zur Stärkung der Konkurrenzfähigkeit im europäischen Wirtschaftsraum sowie infolge der deutschen Einheit. 1990 fusionieren die Preussag AG und die Salzgitter AG; niedersächsische und schleswig-holsteinische Zuckerfabriken gründen den Zuckerverband Nord AG. Die Gildebrauereigruppe Hannover übernimmt die Hasseröder Brauerei in **Wernigerode**, die sich sehr erfolgreich entwickelt. Die NORD/LB fusioniert mit der Bremer Landesbank und kann sich 1991 und 1992 aufgrund der Beschlüsse der dortigen Landtage mit den Landesbanken in **Sachsen-Anhalt** und **Mecklenburg-Vorpommern** zusammenschließen. Die Bundesbank faßt drei ihrer Landeszentralbanken zur **Landeszentralbank** in der Hansestadt Bremen, in Niedersachsen und Sachsen-Anhalt zusammen. Landesbank wie Landeszentralbank haben ihren Hauptsitz in Hannover.

Bei der **Hannover-Messe** bewährt sich die Teilung in CEBIT und Hannover-Messe (Industrie). Beide Großveranstaltungen (1994 mit 675 000 bzw. 400 000 Besuchern) beweisen, daß der Messeplatz Hannover auch in konjunkturell schwierigen Zeiten attraktiv ist und als Seismograph für einen sich langsam abzeichnenden Aufwärtstrend gilt.

Da die **deutsche Einheit** den Standort Niedersachsen wieder in seine alte zentrale Lage rückt, kommt dem Ausbau der nach dem Niedergang des eisernen Vorhanges weitgehend unterbrochenen *West-Ost-Verbindungen* auf Straße, Schiene und zu Wasser eine entscheidende Bedeutung sowohl für die allgemeine Verkehrsinfrastruktur als auch für die wirtschaftliche Integration der neuen Bundesländer zu. Neben dem seit Jahrzehnten vorherrschenden, Skandinavien mit Südeuropa verbindenden Nord-Süd-Verkehr sind die Voraussetzungen für eine Wiederbelebung des die westeuropäischen Wirtschaftsregionen mit den Staaten des ehemaligen Ostblocks verbindenden West-Ost-Verkehrs zu schaffen.

Bereits seit Mitte der 60er Jahre läuft die Verbreiterung des **Mittellandkanals**. Mit Ausnahme des Gebietes der Stadt **Hannover** ist er auf niedersächsischem Gebiet für das sogenannte „Europaschiff" bzw. für Motorgüterschiffe bis 2000 t und Schubverbände bis 3300 t weitgehend fertiggestellt. Im Fernstraßennetz ist der sechsstreifige Ausbau der Autobahn Hannover–Berlin 1994 angelaufen, die Südharzautobahn, die den südniedersächsischen Wirtschaftsraum mit den zukünftigen thüringisch-sächsischen Wachstumsregionen verbinden soll, ist in der Planung. Parallel zu diesen Großprojekten erfolgt die Wiederherstellung der durch Zonengrenze und Todesstreifen unterbrochenen zahlreichen Bundes-, Land- und Kreisstraßen. Im Schienenverkehr befindet sich die Strecke Hannover–Braunschweig–Magdeburg–Berlin, die auf DDR-Gebiet nur eingleisig war, im Ausbau, desgleichen die Schnellstrecke Hannover–Berlin über Stendal als Teil einer europäischen Hochgeschwindigkeitsstrecke und damit eines der bedeutendsten „Verkehrsprojekte Deutsche Einheit". In Niedersachsen sind seit den 70er Jahren die wichtigsten Schienenwege für eine Geschwindigkeit bis zu 200 km/h ausgebaut. Seit 1991 ist zur Entlastung der alten Nord-Süd-Strecke die Höchstgeschwindigkeitsstrecke Hannover–Würzburg in Betrieb, auf der die Reisezeit Hannover–München um fast 2 Stunden kürzer ist.

Während der vom **Flughafen Hannover-Langenhagen** ausgehende Berlinflugverkehr als „Überwinder" der von der **DDR** auf den Bodenverkehrswegen bereiteten Schwierigkeiten nach der Herstellung der deutschen Einheit zum Erliegen kommt, gewinnt der einzige große Flughafen Niedersachsens in anderen Bereichen erheblich an Bedeutung. Von 1984 bis 1992 steigen die wöchentlichen Direktverbindungen zu innerdeutschen Zielen von 157 auf 171, zu ausländischen Zielen sogar von 48 auf 185. Unter den 15 großen deutschen Flughäfen steht er 1993 mit einem Fluggastaufkommen von 3443107 an 8. Stelle. Besondere Bedeutung hat der Flughafen **Hannover-Langenhagen** (neben Düsseldorf) im Nichtlinienverkehr, zumal das große Charter-Flug-Unternehmen Hapag-Lloyd-Flug GmbH seit 1973 seine Basis in **Langenhagen**, Europas größtes Reiseunternehmen TUI seinen Sitz in **Hannover** hat, der Flughafen zudem durch eine zentrale Lage in einem großen Einzugsbereich ausgezeichnet ist. Dagegen stehen die sechs großen niedersächsischen Häfen, **Emden, Wilhelmshaven, Nordenham, Brake, Cuxhaven** und **Bützfleth,** die zusammen nur gut 25 % des Gesamtumschlags der 17 großen deutschen Seehä-

Abb. 45: Flughafen Hannover-Langenhagen.

fen erreichen, trotz durchgängiger Umstrukturierungen nach wie vor im Schatten **Bremens, Hamburgs** und der Rheinmündungshäfen. Sie haben, um ihre Wirtschaftlichkeit kämpfend und um Spezialisierung bemüht, angesichts der Herausforderungen im europäischen Wirtschaftsraum und der spürbaren Bündelung des Seeverkehrs nur Überlebenschancen auf niedrigem Niveau, bleiben aber unverzichtbar für die küstennahen Wirtschaftsregionen.

Trotz des 1990 von der rot-grünen Landesregierung angekündigten Ausstiegs aus der **Atomenergie** – die **Atomkraftwerke** in **Grohnde, Lingen, Stade** und **Esensham** (dieses mit dem weltbesten Produktionsergebnis) laufen gut – schaffen Ministerpräsident und Wirtschaftsminister ein kooperatives Verhältnis zur **Energiewirtschaft**. Ungelöst bleibt die Frage der Bearbeitung und Lagerung von **Atommüll**. Während dieser auch in den niedersächsischen Kernkraftwerken weiterhin anfällt, läßt die Umweltministerin im Streit mit dem Bundesumweltminister weder den Salzstock **Gorleben** noch den Schacht Konrad in **Salzgitter** als Zwischenlager ausbauen, sondern beschränkt sich auf die Erkundung von Alternativen.

Das bedeutendste gesetzgeberische Vorhaben erwächst dem Landtag der 12. Wahlperiode infolge der Wiedervereinigung – die 1993 auch das 1945 abgetrennte rechtselbische Amt Neuhaus dem Lande wieder angliedert – aus Artikel 61 der Vorläufigen Niedersächsischen Verfassung von 1951, der für den Fall der **Wiedervereinigung Deutschlands** die *Verabschiedung einer neuen nie-*

dersächsischen Verfassung vorschrieb. Wenn die am 1. Juni 1993 inkraftgetretene neue **Verfassung** des Landes Niedersachsen schon aufgrund ihrer von notwendigen Kompromissen gekennzeichneten Entstehung im Grunde niedersächsischer Wesensart entsprechend eher wie eine Fortschreibung und Modernisierung der Vorläufigen Niedersächsischen Verfassung von 1951 wirkt, so enthält sie dennoch eine Reihe Neuerungen. So übt das Volk seine Staatsgewalt in Zukunft nicht mehr nur bei den Landtagswahlen, sondern auch mittels **Volksinitiative, Volksbegehren** und **Volksentscheid** aus. Eine Volksinitiative, die von mehr als 70 000 Unterschriften getragen wird, bewirkt, daß ein Gegenstand im Landtag auf die Tagesordnung gesetzt wird. So führt die Forderung nach einem Gottesbezug in der Verfassung bereits 1994 zu deren Ergänzung um eine entsprechende Präambel. Ein Volksbegehren kann mit einem Unterschriftenquorum von 10 % der Wahlberechtigten den Erlaß eines Landesgesetzes fordern. Für dessen Wirksamwerden ist ein Volksentscheid erforderlich, bei dem sich 25 % der Wahlberechtigten zustimmend äußern müssen. Für die Landtagswahlen wird die 5-%-Klausel festgeschrieben und auch das passive Wahlrecht auf das 18. Lebensjahr ausgedehnt. Die Wahlperioden werden unter Einführung einer flexiblen Abgrenzung, die einer „landtagslosen Zeit" vorbeugen soll, ab 1998 auf fünf Jahre verlängert. Der Landtag erhält einen

Abb. 46: Landtagspräsident Horst Milde (links) und Ministerpräsident Gerhard Schröder nach der Verabschiedung der neuen niedersächsischen Verfassung am 13. 5. 1993.

Rechtsanspruch auf Information, Beantwortung von Anfragen und Gewährung von Akteneinsicht durch die Regierung. Im übrigen wird eine Gebietsänderung von Kommunen verfassungsmäßig an den Erlaß von Gesetzen gebunden und der Status Hannovers als Landeshauptstadt in der Verfassung festgeschrieben.

Ministerpräsident Schröder, dem es bei der Lösung von Krisenfällen in der niedersächsischen Wirtschaft ungeachtet von Koalitionsabsprachen oder programmatischen Äußerungen seiner Partei in erster Linie um die Sicherung von Arbeitsplätzen geht, zieht – obgleich er Rot-Grün auch als Modell für eine neue Bundesregierung empfiehlt – letztlich mit dem eindeutigen Ziel einer absoluten Mehrheit in den Wahlkampf 1994. Er erreicht sein Ziel in der **Landtagswahl vom 13. März 1994**, da die FDP, die sich 1990 einer Regierungsbeteiligung versagte und 1994 einen wenig profilierten Wahlkampf führt, knapp an der **5-%-Klausel** scheitert und nicht in den Landtag zurückkehrt. Für 44,3 % Zweitstimmen erhält die **SPD** 81 Sitze, die **CDU**, die mit einem neuen Spitzenkandidaten, dem 34jährigen Ratsherrn **Christian Wulff** aus **Osnabrück** angetreten ist, erhält 67 für 36,4 % und die **Grünen** 13 für 7,4 %. Die **Republikaner** erhalten 3,7 %, die **Stattpartei** der „Altparteien-Verdrossenen" 1,3 % und sonstige 2,6 %.

Statt mit einer komfortablen rot-grünen Mehrheit weiterzuregieren, setzt **Gerhard Schröder** – wie **Alfred Kubel** 1970 – für die neue Legislaturperiode auf die Einstimmenmehrheit seiner Partei und bildet ein nur von den Sozialdemokraten getragenes Kabinett. Seine Regierungserklärung wird vom unübersehbaren Zwang zum Sparen geprägt. Denn die Verschuldung des Landeshaushaltes auch infolge sinkender Einnahmen, rapide steigender Soziallasten und wachsender Zahlungen für die Finanzierung der deutschen Einheit hat inzwischen alarmierende Ausmaße angenommen. So steht im Mittelpunkt der Regierungserklärung das Bekenntnis zu einer „aktiven Industrie- und Arbeitsmarktpolitik", zu einer Förderung der schon erfolgreichen *Wachstumsbranchen Umweltwirtschaft und Umwelttechnik*, wie insgesamt zu einer ökologisch vernünftigen, auch in Zukunft sichere Arbeitsplätze garantierenden und schaffenden Wirtschaft. Daneben steht die Landesregierung wie die von vergleichbaren und andern Problemen schwer gebeutelte Landeshauptstadt vor der Aufgabe, die **„EXPO 2000"**, für die die Bundesregierung den Zuschlag schon 1990 zugunsten Hannovers erhalten hat, unter dem vielversprechenden Motto „Mensch, Natur, Technik" im Rahmen der 1994 gegründeten Expo-Gesellschaft als eine **Weltausstellung** neuen Stils überzeugend und erfolgreich vorzubereiten.

Quellen und Literatur

Amtsblatt der Militärregierung Deutschlands. Britisches Kontrollgebiet. 1945–1947; *Niedersächsisches Gesetz- und Verordnungsblatt.* 1947–1994; *Stenographische Berichte* des niedersächsischen Landtages 1976–1994; *Zeitungen:* Neuer Hannoverscher Kurier. 1945–1946; Hannoversche Neueste Nachrichten. 1946–1949; Hannoversche Allgemeine Zeitung. 1949–1994; *Neue Presse* 1983–1994. *Aufbau* 1951–1955. Ein Bericht der niedersächsichen Landesregierung o. O. 1955; *Eingliederung* und Aufbau im Zonengrenzland Niedersachsen. Ein Bericht d. Nds. Ministers f. Vertriebene, Flüchtlinge und Kriegssachgeschädigte. 1963: *Erfolgsbilanz '74.* Vier Jahre sozialdemokratische Landesregierung in Niedersachsen; Hans-Ulrich Jung/Ludwig Schätzl, Atlas zur Wirtschaftsgeographie von Niedersachsen. Hannover 1993; *Heinrich Korte:* Verfassung und Verwaltung des Landes Niedersachsen. Göttingen 1962; Niedersächsisches *Küstenprogramm* – Deichbau und Küstenschutz ab 1963 (Masch.schr. vervielfältigt); *Landesentwicklungsprogramm* Niedersachsen 1985; *Neues Archiv* für Niedersachsen. 1949–1990; *Niedersachsen*, altes Land auf neuen Wegen. Beitrag zur Frühjahrstagung d. Agrarsozial. Ges. E. V.... in Oldenburg. Hg. v. Sekretariat d. ASG i. A. d. Nds. Ministeriums f. Ernährung, Landwirtschaft und Forsten. Göttingen/Hannover 1962; *Niedersachsen* 1955–1959. Vier Jahre Planung und Aufbau o. O., o. J.; Niedersachsen. Politische Landeskunde. Hannover 1988 u. 3. überarbeitete und erweiterte Auflage, Hannover 1993. *Parlamentarisches Leben* in Niedersachsen. Hannover 1964; Portrait eines *Parlaments*. Der Niedersächsische Landtag 1947–1967. Hannover 1967; *Diedrich Saalfeld:* Die Landwirtschaft Niedersachsens. Ihre sozialen und wirtschaftlichen Wandlungen seit 1945 und ihre Entwicklungstendenzen. Schriftenreihe d. Nds. Landeszentrale f. Pol. Bildung. R. B. H.9. Hannover 1965; Gerhard Schröder, Reifeprüfung. Reformpolitik am Ende des Jahrhunderts. Köln 1993. *Taschenbuch Niedersachsen.* Hannover 1962; *Wilhelm Treue:* Zehn Jahre Land Niedersachsen. Hildesheim 1956; *Georg Christoph von Unruh:* Gebiets- und Verwaltungsreform in Niedersachsen 1965–1978. Hannover 1978; Die Verabschiedung der Niedersächsischen Verfassung. Hg.: Der Präsident des Niedersächsischen Landtags. Hannover, 2. Aufl. 1994. Verfassung und Verwaltung des Landes Niedersachsen. Begr. von Heinrich Korte. Fortgef. von Bernd Rebe ... 2. völlig neubearb. Aufl. Göttingen 1986. Verkehrsprojekte Deutsche Einheit. Bonn 1991. *Thilo Vogelsang:* Hinrich Wilhelm Kopf und Niedersachsen. Hannover 1963: *Zur Sache.* Die nieders. Landesregierung berichtet 1978–1983.

Namen- und Sachregister

Abkürzungen

Äbt. = Äbtissin
B. = Bischof
Bd. = Bund(es...)
Bez. = Bezirk
... bg. = ... burg
Brdbg. = Brandenburg
Btm. = Bistum
Dän. = Dänemark
Dep. = Departement
DO = Deutscher Orden
dt. = deutsch
Eb. = Erzbischof
Ebtm. = Erzbistum
Frd. = Friede
Frkr. = Frankreich
Ft(m). = Fürst(entum)
G. = Gattin
GB = Großbritannien
Geschl. = Geschlecht
Gf(n). = Graf(en)
Gfsch. = Grafschaft
Ghz(tm). = Großherzog(tum)
Hann. = Hannover
Herrl. = Herrlichkeit
Herrsch. = Herrschaft
Hochm. = Hochmeister
Hz(n). = Herzog(in)
Hztm. = Herzogtum
Kftm. = Kurfürstentum
Kft(n). = Kurfürst(in)
Kg(n). = König(in)
Kgr. = Königreich
Kl. = Kloster
Kr. = Kreis
Ks(n). = Kaiser(in)
Ld.(...ld.) = Land(...land)
Mgf. = Markgraf
Oldbg. = Oldenburg
Pfgf. = Pfalzgraf
Pp. = Papst
pr. = preußisch
Pr. = Prinz
Prov. = Provinz
Reg. = Regierung(s...)
Rgf(sch.) = Reichsgraf(sch.)
Rtg. = Reichstag
Sa. = Sachsen
Schl. = Schlacht
...st. = ...staat
T. = Tochter
Verw. = Verwaltungs...
Vtg. = Vertrag

Register

Soweit die Nennung der einzelnen Territorien und Staaten aus dem Inhaltsverzeichnis ersichtlich ist, wurden diese Zahlen nicht ins Register aufgenommen.
Im Register stehen nach dem Stichwort die Verweise auf Textseiten, nach 🄱 die Verweise auf Abbildungen, nach 🄺 die Verweise auf Karten und nach 🅃 die Verweise auf Tabellen bzw. Stammtafeln.

PLOETZ
Geschichte der deutschen Länder

Geschichte des Landes Nordrhein-Westfalen

3., aktualisierte Auflage. Herausgegeben von Erich Wisplinghoff u. a. 248 Seiten, gebunden mit zahlreichen Abbildungen und Karten. Register. (ISBN 3-87640-338-3)

Die Geschichte der niederrheinischen und westfälischen Territorien bis zur Gegenwart des heutigen deutschen Bundeslandes Nordrhein-Westfalen. Mit einem Geleitwort des Ministerpräsidenten.

Geschichte Schleswig-Holsteins

5., aktualisierte Auflage. Herausgegeben von Alexander Scharff, Neuausgabe von Manfred Jessen-Klingenberg. 144 Seiten, gebunden mit zahlreichen Abbildungen und Karten. Register. (ISBN 3-87640-340-5)

Schleswig-Holsteinische Landesgeschichte vom frühen Mittelalter bis zur Gegenwart des heutigen Bundeslandes. Mit einem Geleitwort des Ministerpräsidenten.

Weitere Bände sind in Vorbereitung.

PLOETZ – Deutsche Geschichte
Epochen und Daten

Das illustrierte Nachschlagewerk. Herausgegeben von Werner Conze und Volker Hentschel. Mit einer Einführung von Carlo Schmid. 5., erweiterte und aktualisierte Auflage. 414 Seiten. Gebunden, mit 64 Bildtafeln, davon 32 in Farbe. Register. (ISBN 3-87640-347-2)

Verlag Ploetz Freiburg · Würzburg